2010 다보스 리포트
New Normal 뉴 노멀

2010 DAVOS REPORT

2010 다보스 리포트

New Normal

뉴 노멀　　위기 후 변화하는 세계경제지도

박봉권 신헌철 지음
박재현 감수

매일경제신문사

2010 다보스 리포트
New Normal 뉴 노멀

초판 1쇄 2010년 4월 5일
　　2쇄 2010년 4월15일

....

지은이 박봉권, 신헌철　　**감수** 박재현
펴낸이 김석규　　**담당PD** 성영은　　**펴낸곳** 매경출판(주)
등 록 2003년 4월 24일(No. 2-3759)
주 소 우)100-728 서울 중구 필동1가 30번지 매경미디어센터 9층
전 화 02)2000-2610(출판팀) 02)2000-2636(영업팀)
팩 스 02)2000-2609　　**이메일** publish@mk.co.kr
인쇄·제본 (주)M-print 031)8071-0961

....

ISBN 978-89-7442-653-8
값 14,000원

다보스 포럼 화두는 위기 후 뉴 노멀 찾기

2010년 창립 40주년을 맞은 세계경제포럼(World Economic Forum)
이 지난 1월 27일부터 31일까지 닷새간 일정으로 스위스 스키 휴
양지 다보스에서 열렸습니다. 다보스 포럼으로 우리에게 더 잘 알
려져 있는 2010 세계경제포럼 주제는 '더 좋은 세상 만들기 : 재사
고, 재디자인, 재건설(Improve the state of the world : rethink, redesign
and rebuild)'이었습니다.

2009년 주제였던 탈위기 후 세계질서 재편(Shaping the post-crisis
world)이 새로운 글로벌질서 찾기에 집중했다면 2010년 다보스 포럼
은 더 좋은 세상을 만들기 위해 다시 생각하고 다시 디자인하고 다
시 건설에 나서자는 화두를 던졌습니다. 더 좋은 세상을 만들려면
그 토대가 되는 글로벌질서의 새로운 기준, 즉 뉴 노멀(new normal)이

어떤 모습으로 우리에게 다가올지 파악하고 있어야 합니다.

일단 국제질서의 뉴 노멀은 바로 다자주의라는 진단이 다보스 현장에서 도출됐습니다. 수퍼파워 미국의 단극주의가 신흥선진 20개국 정상회의(G20)로 대표되는 다극주의로 진화하는 모습이 뚜렷이 나타나고 있습니다. 글로벌 경제 위기 상황 속에서도 한국, 중국 등 아시아 경제가 상대적으로 강하게 회복하면서 아시아로의 경제패권 이동이 급속도로 진행되고 있습니다. 아시아의 파워, 새로운 글로벌 경제질서를 주도하는 또 다른 뉴 노멀입니다.

시장과 금융기관의 자율조절 기능을 과신한 신자유주의가 힘을 잃고 글로벌 금융 시스템은 보다 강력한 규제감독의 틀 안에서 움직이게 될 것입니다. 위기 후 글로벌 금융 시스템의 뉴 노멀은 한층 강화된 규제가 될 것입니다.

유일한 기축통화인 달러 외에 유로 등 복수통화를 중심으로 한 새로운 기축통화 체제 구축 논의도 수면 위로 떠오른 상태입니다. 복수의 국제통화가 국제통화 시스템의 뉴 노멀이 될 가능성이 높습니다.

경기회복에 대한 기대감에도 불구하고 글로벌 저성장 추세가 앞으로 4~5년간 글로벌시장을 지배하는 뉴 노멀이 될 것이라는 전망도 많이 나왔습니다. 기업들은 저성장 추세를 염두에 두고 사업계획을 짜야 할 것으로 보입니다.

또 유로존발 국가부도 위기감에서 볼 수 있듯 선진국들의 천문학적인 재정적자는 긴축정책의 도래를 예고하고 있습니다. 재정적자 규모를 줄이기 위해 많은 나라들이 한꺼번에 허리띠를 졸라매면 경기회복의 모멘텀이 약화될 수 있습니다. 긴축정책에 대한 사회적 반발도 염려됩니다.

과다 유동성에 따른 인플레이션 압력 고조, 경기회복에도 나아질 기미가 안 보이는 고실업률도 위기 후 뉴 노멀이 될 것이라는 진단입니다.

또 탐욕의 자본주의가 전 세계를 위기로 몰아넣은 만큼 글로벌 협력과 화합, 그리고 도덕적 가치관으로 재무장한 화합·도덕 자본주의가 위기 후 보다 강화된 자본주의 뉴 노멀이 될 것입니다.

한국 경제는 어떤 나라보다도 더 슬기롭게 위기를 극복했습니다. 그러나 이제부터가 더 중요합니다. 단순히 위기에서 벗어났다는 안도감에서 탈피, 위기를 기회로 삼아 더 강력한 경쟁력을 키워낼 수 있는 전략을 준비해야 합니다. 지난 10여 년간 국민보고대회와 세계지식포럼 개최를 통해 국가와 기업이 나아가야 할 비전과 경쟁력 강화 방안을 제시해온 매일경제도 위기 후 뉴 노멀 시대에 국가와 기업들이 보다 큰 경쟁력을 확보할 수 있도록 끊임없이 노력할 것임을 약속드립니다.

세계지식포럼 창립자 겸 집행위원장
매일경제신문·매일경제 TV 회장
장대환

다보스에서 뉴 노멀을 보다

위기 후 글로벌질서를 새롭게 구축해 갈 뉴 노멀(새로운 표준)은 과연 어떤 모습일까? 세계 경제가 더블딥에 빠질까, 아니면 글로벌 경제가 회복세를 이어갈까? 출구전략의 타이밍은 어떻게 맞춰야 할까? 전 세계적인 재정위기가 세계 경제를 또 한 차례 충격에 빠뜨릴 것인가? 무고용 성장이 보호주의를 더욱 강화시키는 단초가 될 것인가? 금융기관의 혁신성과 창의성을 압박할 만큼 강력한 금융 규제가 현실화될까? G20는 세계질서를 어떤 방향으로 재편해 나갈까? 갈수록 힘을 더해가는 소셜미디어가 가져올 사회변화상은? 온난화를 막기 위한 저탄소 경제가 신성장동력이 될 수 있을까?

2010년 40주년을 맞은 다보스 포럼 현장에서 나온 이슈들이다. 2009년 다보스 포럼은 주로 어떻게 하면 경제파국을 막을지, 그리고 어떻게 하면 1930년대 대공황 이후 최악의 글로벌 경제 위기 속에서 생존할지에 초점이 맞춰졌다. 그러나 2010년 다보스 포럼은 위기 후 새롭게 부상하는 글로벌 경제지도의 모습이 어떠할지, 그리고 새로운 게임의 룰 속에서 어떻게 국가와 기업들이 경쟁해야 할지에 대한 화두가 포럼 현장을 지배했다.

《2010 다보스 리포트 New Normal》은 다보스 포럼에서 나온 이 같은 다양한 이슈를 정리한 책이다. 다보스 포럼 현장에서 만난 니얼 퍼거슨 하버드대 교수, 조지 소로스 소로스펀드 회장, 누리엘 루비니 뉴욕대 교수, 마이클 포터 하버드대 교수, 피터 샌즈 스탠다드차터드 CEO, 케네스 로고프 하버드대 교수, 앙헬 구리아 OECD 사무총장, 존 드르지크 올리버 와이먼 회장, 카를로스 곤 르노닛산 회장 등 수십여 명의 석학과 기업인, 그리고 정부 관계자들을 직접 인터뷰하고 주요 세션에 참석해 취재한 내용을 토대로 핵심 이슈별로 일목요연하게 재구성했다.

이 책은 모두 7장으로 구성돼 있다.

1장은 '글로벌 경제 신 패러다임'에 대한 이슈를 담고 있다. 경제전문가들이 글로벌 경제회생 전망 시나리오와 글로벌 신 경제질서에 대해 이야기한다. 2010년 다보스 포럼은 지난해와 분위기가 사뭇 달랐다. 2009년 다보스 포럼 현장에서는 글로벌 경제 붕괴 가능성을 내다본 닥터 둠들이 집중적인 관심을 받았다. 그러나 2010

년에는 닥터 둠의 대부 격인 누리엘 루비니 뉴욕대 교수 등 비관론
자들이 힘을 잃었다. 닥터 둠들이 제기한 극단적인 비관론이 현실
화되지 않았기 때문이다.

비관론자들이 대거 퇴장했지만 그렇다고 글로벌 경기가 강하게
회복할 것으로 보는 전문가도 많지 않았다. 경기회복세가 취약한
만큼 금리 인상, 유동성 회수 등 허리띠를 졸라매는 출구전략을 최
대한 늦춰 시행해야 한다는 주장이 많이 나온 이유다.

세계 경제가 U자형 회복을 하겠지만 지역별로 회복속도에 차이
가 날 것이라는 전망도 많았다. 다보스 포럼에서 인기를 끌었던 러
브(LUV) 경기회복 시나리오는 유럽 경제가 L자형, 미국 경제는 U자
형, 아시아, 그리고 신흥시장 경제는 V자형으로 회복될 것이라는
의미에서 만들어낸 조어다. 다극화 패러다임 속에서 달러 외에 유
로 등 복수의 통화를 기축통화로 사용하는 신 브레튼우즈 체제 구
축 움직임도 포착됐다.

2장의 주제는 '신 블랙 스완'이다. 글로벌 경기회복의 발목을 잡
을 수 있는 위협요인들에 대해 자세하게 다루고 있다. 최대 위협요
인으로 과도한 국가 재정적자 문제가 꼽혔다. 그리스를 신호탄으
로 스페인, 포르투갈 등 남유럽 국가들의 재정위기가 제2의 글로벌
경기침체를 초래할 것이라는 경고음이 다보스 포럼 현장에서 끊이
지 않았다. 유로존발 국가채무 위기가 미국, 영국, 일본 등 선진국
으로 확산될 개연성을 전혀 배제할 수 없다는 주장도 적지 않았다.

고 실업률을 의미하는 휴먼 리세션(human recession)도 글로벌 경
기회복을 위협하는 또 다른 악재로 지목됐다. 전 세계적인 경기부

양책이 수치적인 경기회복을 가져왔지만 일자리 창출에는 전혀 도움이 되지 않고 있다. 특히 유럽·중동지역의 경우 청년실업률이 40%를 넘어선 상태여서 고 실업률이 사회적 혼란과 불안정으로 연결될 수 있다는 불안감이 커지고 있다. 아시아 등 수출주도국과 미국을 중심으로 한 과소비국 간 무역불균형을 의미하는 글로벌 임밸런스 문제도 경기회복에 부담을 주는 요인이다.

3장은 '올드 노멀 VS 뉴 노멀'에 대한 이야기다. 다자주의, 큰 정부론, 금융 규제 강화, 민관협력, 재정적자 축소, 복수 기축통화 등이 위기 후 뉴 노멀이 될 것이라는 진단이다. 글로벌 경제 위기를 몰고 온 자본주의 가치 위기도 건강한 자본주의에 대한 필요성을 키우고 있다. 건강한 자본주의는 주주뿐만 아니라 모든 이해관계자(stakeholder, 스테이크홀더)에게 초점을 맞춘 화합 자본주의(cohesive capitalism), 도덕 자본주의(moral capitalism)가 돼야 한다는 주문이 많았다.

4장은 '아시아 모멘텀'이 관심을 받는 배경을 조명한다. 글로벌 경제가 더블딥에 빠지지 않고 이만큼 회복된 것도 중국, 인도, 한국, 브라질 등 신흥 경제가 강하게 살아났기 때문이다. 아시아 경제 덩치가 커지면서 위기 후 글로벌 경제패권이 아시아로 보다 빨리 움직일 것이라는 전망이 다보스 현장에서 많이 나왔다.

또 경제역사학자 니얼 퍼거슨 하버드대 교수로부터 중국제국의 부상, 한국 통일에 대한 통찰력을 얻을 수 있다. 다보스 포럼 현장에서 귀한 손님 대접을 받은 파워풀한 중국 경제의 현주소와 위안화 절상 논란도 관심사다. 2010년 중국은 일본을 누르고 미국에 이어 세계 2대 경제대국으로 등극할 채비를 갖추고 있다. 세계 경제 회복을 앞당길 수 있는 G2(미국 + 중국) 협력의 중요성도 이야기한다.

5장은 '금융의 재탄생'에 대한 이슈를 말한다. 2010년 다보스 포럼의 뜨거운 감자는 금융개혁·규제가 위기 후 글로벌 금융 시스템을 지배하는 뉴 노멀이 될지 여부였다. 다보스 포럼이 열리기 직전 버락 오바마 미국 대통령은 대형 은행들이 더 이상 무책임한 투자에 나서지 못하도록 하겠다며, 이른바 볼커 룰(Volker rule)로 불리는 강력한 은행규제법안을 내놨다. 다보스 포럼에 참석한 글로벌 금융기관 총수들은 금융개혁안이 유권자들의 인기를 얻으려는 포퓰리즘의 산물이라고 강력 반발했다. 그러나 금융기관 반발에도 불구하고 은행권 자율규제가 실패한 것으로 드러난 만큼 금융권 규제는 더욱 강화될 것이라고 다보스 참석자들은 진단했다.

6장은 '제3차 녹색산업혁명'의 잠재력에 대해 이야기한다. 물이 절반쯤 찬 잔을 보고 어떤 이는 물이 절반밖에 없다고 말한다. 또 어떤 사람은 물이 절반이나 차 있다고 말한다. 코펜하겐 결과물은 이처럼 보는 사람의 시각에 따라 달라진다. 여기서는 절반의 성공을 거둔 코펜하겐 총회 결과물을 점검하고 2010년 제16차 기후변화협약 당사국 총회가 열리는 멕시코 칸쿤에서 어떤 이슈를 논의해야 할지에 대한 다보스 참석자들의 시각을 담고 있다. 저탄소 경제(low carbon economy)로의 패러다임 시프트와 함께 저탄소 경제 시대에 유용한 비즈니스에 대해서도 논한다.

7장의 주제는 '스마트 IT와 인구폭탄'이다. 다보스 포럼이 세계와 소통하는 방식에서 예년과 달라진 대목이 있다면 소셜네트워크

서비스(SNS, 온라인 인맥구축 서비스) 활용도가 크게 늘었다는 점이다. 다보스 포럼 사무국은 글로벌 SNS 트위터, 페이스북, 마이스페이스 등을 통해 다보스 포럼 일부 세션을 실시간으로 중계했다. 소셜미디어의 위력을 알고 있기 때문이다. 소셜미디어의 진화속도는 놀라울 정도다. 오디언스(audience) 500만 명을 확보하는 데 라디오는 38년, TV는 13년, 인터넷은 4년이 걸렸지만 소셜네트워크서비스인 페이스북은 2년밖에 안 걸렸다.

여기에서는 세계경제포럼이 선정한 디지털 시대 유망기업에 대한 정보도 접할 수 있다. 세계경제포럼은 매년 청정기술·건강·바이오테크·정보기술·뉴미디어분야에서 '기술 선각자(technology pioneer)'를 선정한다.

이 책의 말미에는 다보스 포럼이 무엇인지, 그리고 왜 세계적 거물들이 다보스 포럼에 참석하는지에 대한 내용을 담았다.

이 책은 2010년 새로운 10년을 준비하는 기업은 물론 개인들에게 미래를 내다보는 하나의 방향타 역할을 할 수 있을 것이다. 모쪼록 많은 분들이 다보스 리포트를 경쟁력 강화 지침서로 활용했으면 하는 바람이다. 마지막으로 다보스 리포트가 나오기까지 커다란 도움을 준 차윤탁 지식부 기자와 지식부원 여러분들에게 감사의 말씀을 올린다.

대표저자 박봉권

목차

new normal

글로벌 경제 신 패러다임 1

1
닥터 둠의 퇴장

2009년 1월 다보스 포럼 현장에서 글로벌 경제 붕괴 가능성을 내다봤던 *닥터 둠들이 집중적인 스포트라이트를 받았다. 닥터 둠의 대부격인 누리엘 루비니 뉴욕대 교수나 영원한 비관론자 스티븐 로치 모건스탠리 아시아 회장 등이 1년 전 다보스 현장에서 언론의 집중적인 조명을 받았던 인물들이다.

특히 루비니 교수의 경우 2009년 다보스 현장에서 하루에 20여 건의 언론 인터뷰를 소화할 정도로 언론사 섭외 1순위였다. 2008년 9월 리먼 브러더스 파산 후, 글로벌 경제·금융위기가 전염병처럼 전 세계적으로 확산되고 글로벌 경제·금융 시스템 붕괴 가능성이 매우 커졌다. 이러한 가운데 닥터 둠들의 암울한 전망이 커다란 반향을 불러일으켰던 것이다.

그러나 2010년 다보스 포럼 현장에서는 닥터 둠들의 입지가 크게 줄어들었다. 글로벌 경제 붕괴를 예상했던 이들의 암울한 전망이 현실화되지 않았기 때문이다.

닥터 둠 다보스에서
길을 잃다

지난 2009년 1월 다보스 포럼 현장에서 루비니 교수는 세계 경제가 침체(recession)를 넘어 불황(depression)에 빠질 가능성이 높다고 경고할 정도로 극단적인 비관론을 제시했다. 로치 회장도 당시 앞으로 최소 5년간 글로벌 경제가 기존에 낀 거품을 제거하느라 성장세에 접어들기 어렵다는 전망을 내놨다.

이들 뿐만 아니다. 조셉 스티글리츠 컬럼비아대 교수는 "다보스 현장에서 경제전문가들과 대화를 나누다보니 다보스 포럼 현장에 오기 전보다 세계 경제 전망이 더욱 비관적으로 변했다"며 경기침체가 장기화될 것으로 예상했다. 2006년 노벨 경제학상 수상자인 에드먼드 펠프스 컬럼비아대 교수는 "정부의 재정·통화정책이 전혀 효과를 거두지 못할 것"이라며 "전 세계 경제가 L자형 장기침체를 겪을 것"으로 진단한 바 있다.

그러나 이들 닥터 둠들의 극단적인 비관론과는 달리 세계 경제는 2009년 3월 이후 안정화 국면에 접어들었다. 2009년 4분기에 접어들면서 대다수 국가들의 국내총생산(GDP) 성장률이 플러스로 돌아섰다. 물론 아직도 경기가 반짝 상승한 뒤 다시 침체에 빠지는 *더블딥 가능성은 남아 있다. 하지만 세계 경제가 최악의 시나리오

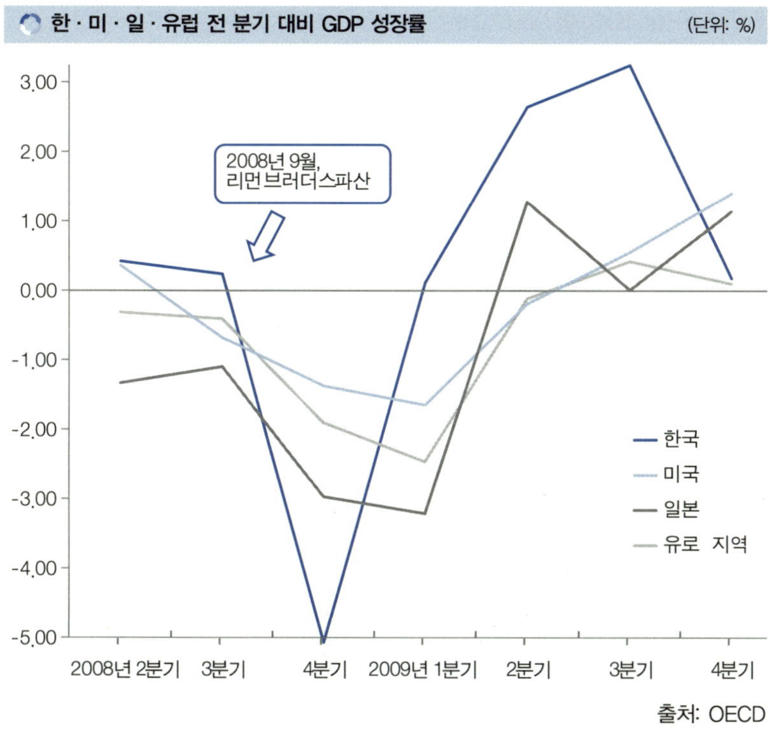

를 벗어났다는 점은 부인하기 힘들어 보인다. 다보스 포럼 현장에서 닥터 둠들이 힘을 잃을 수밖에 없는 상황이 펼쳐진 셈이다.

다보스 포럼 현장에서 만난 아시아의 석학 키쇼어 마부바니 싱가포르국립대 리콴유 공공정책대학원 학장은 "루비니 교수가 2008년 초 2009년 중국 국내총생산(GDP)이 14% 역성장할 것으로 전망했지만 중국 경제는 마이너스 성장이 아니라 8% 이상 플러스 성장을 했다"며 "중국 등 아시아 경제가 추락할 것으로 내다본 루비니 교수는 틀렸다"고 잘라 말했다.

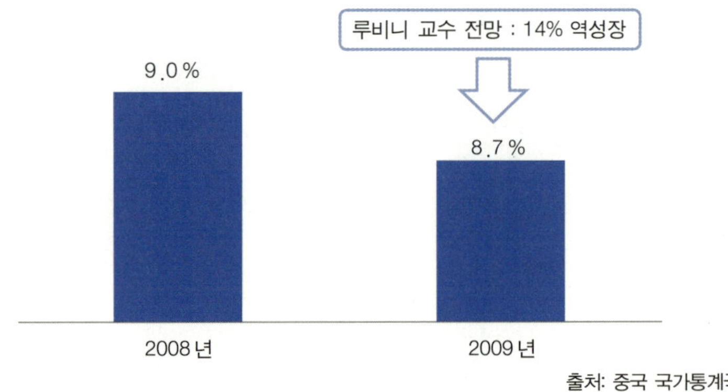

오비이락격으로 지난 10년간 다보스 포럼에 꼬박꼬박 참석, 세계 경제전망 세션을 주도했던 스티브 로치 회장은 2010년 다보스 포럼에 불참했다. 또 한 명의 대표적인 글로벌 경제 비관론자인 2008년 노벨 경제학상 수상자 폴 크루그먼 프린스턴대 교수와 경제적 이슈가 생길 때마다 첨예한 대립을 보였던 니얼 퍼거슨 하버드대 교수는 포럼 참석 전부터 닥터 둠들이 다보스 포럼 현장에서 평가절하될 것으로 내다봤다. 그리고 실제로 다보스 포럼 현장에서 닥터 둠들의 극단적인 비관론은 설 자리를 잃었다.

루비니 U자형 경기회복
시나리오 내놓다

루비니 교수는 다보스 포럼이 열리기 일

누리엘 루비니 뉴욕대 교수

"V, U, W 등 글로벌 경기회복
시나리오에 대해 많은 논의가
이뤄지고 있다. 나는 U자형
글로벌 경기회복을
기대한다."

주일 전 홍콩에서 열린 한 포럼에 참석했다. 홍콩 포럼 현장에서
루비니 교수는 경기회복 기대감에 베팅한 자금이 증시로 흘러 들어
가 지난 10개월간 전 세계 증시가 오름세를 보였지만 실제 뚜껑을
열어보면 경기회복세가 미약할 것이라고 주장했다. 2010년 하반기
부터 미·유럽·일본 경제가 침체에 빠지면 본격적인 글로벌 증시
조정이 시작될 것이란 암울한 전망도 내놨다.

그러나 다보스 포럼 현장에서 루비니 교수는 비관적인 경기전망
을 보여주는 W(더블딥)나 L자형인 아닌 U자형 글로벌 경기회복 전망
을 내놓는 등 극단적인 비관론에서 한 발짝 물러서는 모습을 보였
다. 다보스 포럼 세션에 참여한 루비니 교수는 "V, U, W 등 글로
벌 경기회복 시나리오에 대해 많은 논의가 이뤄지고 있다"고 운을
뗀 뒤 자신은 U자형 글로벌 경기회복을 기대한다고 밝혀 청중들의

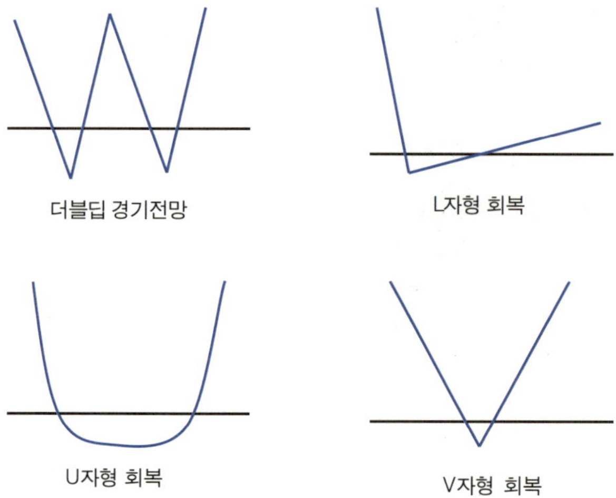

관심을 받았다.

물론 루비니 교수가 비관론을 완전히 폐기처분한 것은 아니다. 신규 일자리 창출이 늦춰지면서 소비가 쉽사리 회복되기 힘든 점, *신용경색으로 여전히 설비투자가 활발하지 못한 점, 과도한 재정 적자로 지속적인 경기부양책 실시가 어려운 점, 여전히 해소되지 않고 있는 글로벌 불균형 등이 강한 경기회복의 발목을 잡을 것으로 경고했다.

하지만 상당수 포럼 참석자들은 루비니 교수가 W나 L자 혹은 장기불황이라는 비관론 대신, U자형 경기회복을 전망한 것에 주목했다. 루비니 교수가 U자형 경기회복 시나리오를 내놓은 것 자체가 극단적인 글로벌 경기전망에서 발을 뺀 증거라는 해석이다.

닥터 둠(Dr. Doom)

둠(doom)의 사전적 의미는 파멸, (피할 수 없는) 비운이다. 이처럼 둠은 좋지 않은 일이 벌어질 것을 예견할 때 자주 사용하는 단어다. 닥터 둠(Dr. Doom)은 비관적인 경제 전망을 내놓는 비관론자를 말한다.

닥터 둠이라는 말이 경제에 좋지 않은 상황이 발생할 것이라는 비관론을 펼치는 경제 전문가들을 의미하는 대명사로 널리 쓰이게 된 것은 지난 1987년 뉴욕 증시 대폭락(블랙 먼데이) 때부터다. 당시 월가의 저명한 투자전략가 마크 파버는 1987년 뉴욕 증시 대폭락이 오기 전부터 뉴욕 증시가 급락할 것이라는 비관론을 퍼트리며 투자자들에게 보유주식을 모두 현금화하라고 충고했다. 실제로 1987년 10월 19일 하루 동안 주가가 22.6%나 곤두박질치는 검은 월요일이 나타났고 그때부터 마크 파버는 닥터 둠이라는 무시무시한 별명을 얻게 됐다. 2010년 들어 경기회복에 대한 기대감이 커지자 속속 비관론자들이 낙관론으로 돌아서고 있지만 마크 파버는 여전히 비관론을 버리지 않고 있다.

파버는 미국 증시가 2010년 하락세를 지속할 것으로 내다보고 미국이 과도한 재정적자로 파산할 수 있다고 주장하고 있다. 마크 파버 외에도 누리엘 루비니 뉴욕대 교수, 폴 크루그먼 프린스턴대 교수, 스티븐 로치 모건스탠리 아시아 회장, 로버트 실러 예일대 교수 등이 닥터 둠으로 꼽힌다.

더블딥(double dip)

경기침체에서 벗어난 듯 보이던 경제가 다시 침체에 빠지는 '이중침체' 현상을 말한다. 경기가 두 번 침체의 골짜기에 빠진 뒤 회복한다는 점에서 'W자형' 경기회복 시나리오로도 불린다. V자형은 최적의 경기회복 시나리오다. 모양 그대로 경기침체 후 곧바로 경기가 회복되는 것을 설명할 때 사용한다. U자형 경기회복도 나쁘지 않다. 경기가 저점에 도달한 후 상당기간 바닥을 다진 뒤 회복세로 돌아서는 형태다. L자형은 최악의 경기회복 시나리오다. 경기가 곤두박질친 뒤 바닥에 도달하더라도 쉽사리 회복을 하지 못하고 장기간 경기침체가 지속되는 장기침체 시나리오다.

신용경색(credit crunch)

시장에 돈이 돌지 않아 기업들이 자금운영상 어려움을 겪는 현상을 말한다. 신용경색 현상이 심화되면 기업들은 자금 부족에 시달려 정상적인 경영을 하기 힘들어진다. 무역업체들도 수출입 활동에 큰 제약을 받게 된다. 신용경색은 금융시장에 공급된 자금의 절대량이 적거나 자금 통로가 막혔을 때 발생한다. 2008~2009년 글로벌 금융·경제 위기로 금융기관 파산이 잇따르면서 전 세계적인 신용경색이 발생, 기업들을 어려움에 몰아넣은 바 있다.

2

LUV 시나리오

2009년에는 비관론자들이 득세했지만 2010년 다보스 포럼 현장에서는 낙관론자들이 더 큰 힘을 발휘했다. W자형 경기회복 전망 시나리오를 제시하는 경제전문가를 찾아보기가 힘들 정도였다. 그러면서도 경기가 강하게 회복하기도 쉽지 않다는 전망이 적지 않았다. 특히 글로벌 경제가 회복세에 접어들더라도 지역별로 경기회복 속도에 상당한 온도차가 있을 것이라는 점에 다보스 포럼 참석자들이 주목했다.

이와 관련 2010년 다보스 현장에서 주목을 끈 단어 중 하나는 러브(LUV)다. 유럽 경제는 L자형, 미국 경제는 U자형, 아시아 그리고 신흥시장 경제는 V자형으로 회복될 것이라는 의미에서 만들어진 신조어다.

부서지기 쉬운 취약한
경기회복

글로벌 회계 전문 컨설팅업체 프라이스워터하우스쿠퍼스(PwC)는 전 세계 52개국 1,198명의 CEO를 대상으로 조사한 〈2010 글로벌 CEO 설문조사 보고서〉를 다보스 포럼 현장에서 발표했다. 2009년 조사내용과 비교하면 상대적으로 조사 결과는 상당히 낙관적이었다.

PwC 보고서에 따르면 조사대상 글로벌 CEO 10명 중 8명(81%)이 2010년 회사 실적이 개선될 것으로 전망했다. 2009년 동일한 질문에 대한 긍정적 답변이 64%였던 것과 비교하면 17%포인트 더 높아진 수치다. 반면 실적 전망이 비관적이라는 답변은 2009년(35%) 절반 수준인 18%에 불과했다.

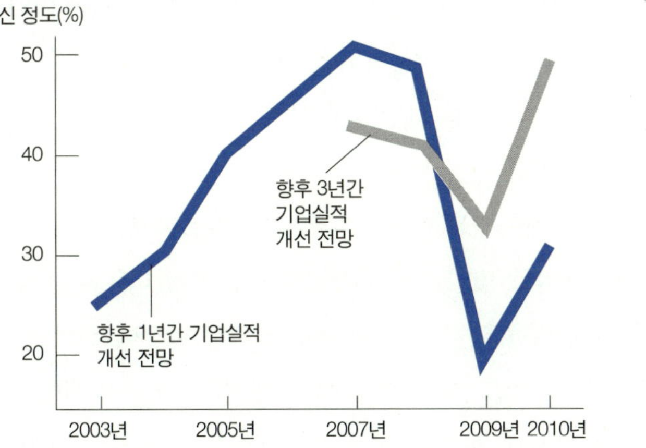

출처: PwC 글로벌 CEO 설문조사 보고서, 한국 포함한 52개국 1,198명 CEO 설문조사

"이제 글로벌 시스템
실패 위험은 끝났다."

또 앞으로 1년간 회사실적이 개선될 것으로 확신(very confident)한다는 답변은 2009년보다 10%포인트 높은 31% 선으로 올라섰다. 특히 회사실적에 대한 글로벌 CEO들의 중장기적 전망이 단기 전망보다 상대적으로 더 좋은 것으로 파악됐다. 설문대상 CEO 10명 중 9명이 앞으로 3년간 기업 실적이 꾸준히 개선될 것으로 내다봤다. 또 앞으로 3년간 기업실적 개선을 강하게 자신한다는 답변도 50%를 넘어섰다.

이와 관련 데이비드 루벤스타인 칼라일 공동창업자는 "미국 경제가 심장마비를 맞았지만 치명적이지는 않았다"며 "이제 글로벌 시스템 실패 위험은 끝났다"고 다보스 포럼 현장에서 선언했다.

이처럼 낙관적인 분위기가 다보스 포럼 현장을 지배했지만 글로벌 경기가 강하게 회복할 것으로 기대하는 전문가는 많지 않았다.

제2차 세계대전 이후 최악의 글로벌 경기침체를 겪은 만큼 위험한 고비는 넘겼지만, 세계 경제가 막 병상에서 나온 환자와 같은 상태이기 때문에 병을 앓기 이전 모습으로 돌아가려면 상당한 노력이 필요하다는 진단이다.

실제로 포럼 현장에서 진행된 BBC 글로벌 설문조사 결과, 응답자의 75%는 아직도 글로벌 경기침체가 완전히 끝나지 않았다는 답변을 내놨다. 근로자들이 아직 일자리를 찾지 못하고 있고 *가처분소득 증가세도 미미하기 때문이다. IMF가 최근 세계 경제 성장률을 상향조정하고 있지만, 여전히 앞으로 5년간 글로벌 경제의 GDP 성장률은 위기 이전 5년간(2003~2007년) 성장률에는 미치지 못할 것으로 전망하고 있다. 회복하더라도 저성장 국면에 빠질 것이란 분석이다.

이처럼 글로벌 경제가 회복세에 접어들었지만 성장 모멘텀은 강하지 않을 것이라는 점에서 '신중한(cautious)' 혹은 '외부충격에 부서지기 쉬운 취약한 경기회복(fragile recovery)'이라는 단어가 포럼 현장에서 많이 흘러나왔다.

데니스 낼리 PwC 회장은 "글로벌 CEO들이 1년 전에 비해 훨씬 개선된 기업실적 전망을 내놓고 있지만 아직 신중한 낙관론(cautiously optimistic)을 펼치고 있다"며 "강력한 경기회복(robust recovery)세를 기대하기 힘들다는 점에서 아직도 많은 글로벌 기업 CEO들이 투자보다는 현금흐름에 무게 중심을 두고 있다"고 지적했다. 낼리 회장은 "아직 숲에서 완전히 벗어난 것은 아니다"며 "앞으로 12~18개월 동안 글로벌 경제가 어떤 방향으로 나아갈지

"강력한 경기회복세를 기대하기 힘들다는 점에서 아직도 많은 글로벌 기업 CEO들이 투자보다는 현금흐름에 무게 중심을 두고 있다."

면밀히 살펴봐야 한다"고 강조, 신중한 입장을 보였다.

도미니크 스트로스칸 국제통화기금(IMF) 총재도 "2009년 4분기 미국의 국내총생산(GDP) 성장률 등 경제 관련 지표가 개선되고 있다는 점은 누구나 다 알고 있다. 경기회복이 기대했던 것보다 더 빠르게 올 것"이라면서도 "회복세가 아직 취약하다"는 말을 빼놓지 않았다.

스트로스칸 총재가 염려하는 부분은 현재 경기회복의 원동력이 대부분 정부의 경기부양책이라는 점이다. 민간기업 투자나 가계 수요 등 민간부분 총수요는 취약한 상황이다. 결국 정부의 경기부양책이 주춤거리면 언제든지 다시 경기회복세에 급브레이크가 걸릴 수 있다는 점에서 경기회복세가 취약하다고 보고 있다.

요제프 아커만 도이체방크 회장은 "단순히 국내총생산(GDP) 성장률 수치만 보면 착시효과를 일으킬 수 있다”며 “일부 산업분야는 글로벌 경제 위기로 그 이전에 비해 30~50%까지 조정을 받았다는 점에서 5~7%가량 GDP가 성장하더라도 위기 이전 수준으로 돌아가려면 상당한 시간이 걸릴 수밖에 없다”고 지적했다.

아커만 회장은 “일부 지역에서 자산 인플레이션이 발생하고 있고 또 다른 지역에서는 상업 부동산 가치 하락 문제가 여전히 금융권을 긴장시키고 있다”며 경기회복의 발목을 잡을 수 있는 위협요인이 도처에 산재해 있다고 경고했다.

LUV 경기회복
시나리오

신중한 경기회복론에 무게 중심이 맞춰졌지만 2010년 다보스 포럼에 참석한 대다수 글로벌 리더들이 주목한 것은 바로 아시아 경제가 글로벌 경기회복을 주도할 것이라는 기대감이었다. 글로벌 금융 · 경제 위기의 직격탄을 맞은 선진국 경제의 회복속도가 더디지만 아시아 경제 회복속도가 빨라지면서 글로벌 경제의 더블딥 위험을 줄일 것이란 진단이다.

스트로스칸 IMF(국제통화기금) 총재는 “아시아지역의 경우 이제 완전 회복세(total recovery)에 접어든 것처럼 보인다. 유럽이나 다른 지역과 회복속도가 같지 않다”며 “유럽 · 미국에 비해 아시아 경제가 좀 더 강하게 회복하는 등 지역별로 멀티 스피드(multi-speed) 경기회복이 나타날 것”이라고 강조했다.

"유럽 · 미국에 비해 아시아 경제가
좀 더 강하게 회복하는 등
지역별로 멀티 스피드 경기 회복이
나타날 것이다."

글로벌 경제의 U자형 회복을 내다본 루비니 교수도 같은 U자형 회복이더라도 신흥시장과 선진시장 간 회복속도에 차이가 있을 것으로 진단했다. 스트로스칸 총재처럼 지역별로 중국 등 신흥시장이 선진시장보다 상대적으로 더 빠른 경기회복세를 보일 것이란 설명이다. 루비니 교수는 선진시장의 경우 하반기보다 오히려 상반기에 경기가 더 좋을 것으로 전망했다. 하반기로 갈수록 오히려 선진국 경기가 상대적으로 더 나빠질 것이란 이야기다.

또 아시아지역이 주도하는 글로벌 경기회복 자체가 선진국에서 개도국으로 글로벌 경제파워가 넘어가는 증거라는 해석을 내놨다.

마부바니 학장은 "그동안 미국이 재채기를 하면 미국 외 다른 국가들은 폐렴에 걸렸다. 그러나 2009년 아시아지역에 놀라운 일이 벌어졌다. 2009년 미국 경제가 지독한 독감에 걸렸지만 아시아에

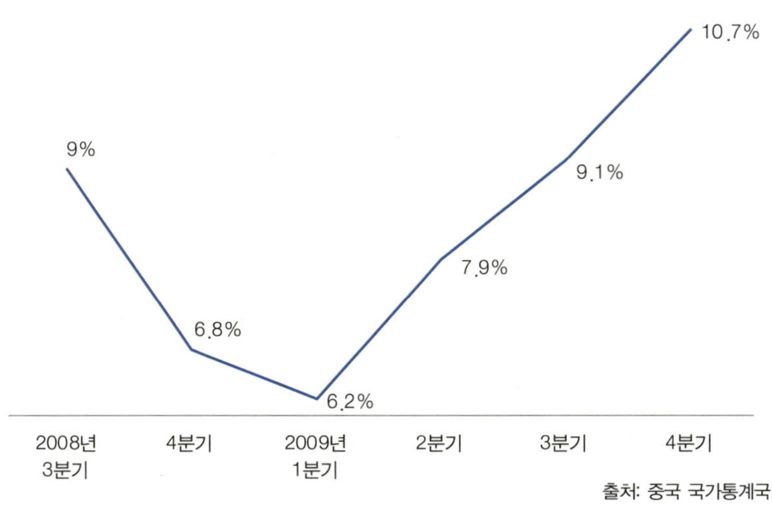

서 가장 인구가 많은 중국 · 인도 · 인도네시아 3국은 각각 8.7% · 6.5% · 4.4%의 높은 성장을 기록했다. 누구도 예상치 못했던 일"이라며 "앞으로도 아시아가 글로벌 경제 성장을 주도할 것"으로 자신했다.

아커만 도이체방크 회장은 "L자형 경기회복 시나리오는 유럽 경제를 너무 비관적으로 바라보는 것"이라면서도 "유럽 경기회복 형태를 U나 V로 보는 것도 너무 낙관적인 시각"이라고 지적, 유럽 경제 회복이 상대적으로 뒤처질 것임을 실토했다.

PwC 글로벌 CEO설문 조사 결과도 아시아 경제의 상대적인 강세를 그대로 보여준다. 설문조사 결과, 글로벌 경제 위기 충격을 상대적으로 덜 받은 신흥경제국 CEO들의 기업실적 전망이 글로벌

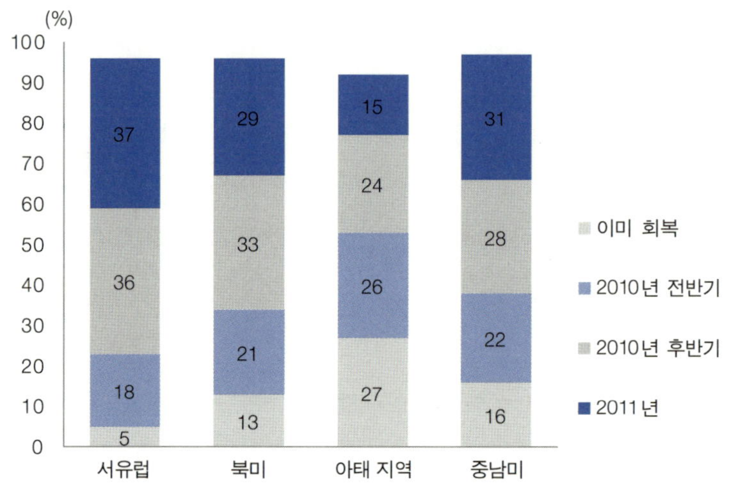

경기침체의 직격탄을 맞은 선진국 CEO들보다 더 낙관적인 것으로 드러났다. 2010년 기업실적 전망과 관련, 아시아 등 신흥 경제 기업인들이 내놓은 긍정적인 답변이 북미·유럽지역 기업인에 비해 각각 11%·20%포인트 높게 나타났다.

루벤스타인 칼라일그룹 공동창업자는 "투자자들이 이제 다시 시장에 돈을 집어넣고 있다. 지금은 투자하기에 아주 좋은 시기"라며 "최적의 투자처는 경기회복을 주도하는 신흥시장이다. 한국·중국·대만·인도·브라질로 해외투자자금이 흘러들어 갈 것"이라고 자신했다.

제라드 라이언스 스탠다드차터드뱅크(SCB) 수석 이코노미스트도 "서에서 동으로 힘의 이동이 나타나고 있다"며 "서구 세계는 무고용 회복을 하겠지만 아시아지역은 비교적 강한 반등을 할 것"으로 내다봤다.

다케나카 헤이조 게이오대 교수는 글로벌 경제가 W자 회복을 할 것이라는 비관적인 전망을 내놨지만 중국과 BRICs(브라질, 러시아, 인도, 중국) 국가들이 글로벌 경기회복의 원동력이 될 것으로 진단했다.

가처분 소득(disposable income)
개인이 벌어들인 소득 중 소비나 저축을 할 수 있는 실제 소득을 말한다. 개인 소득에서 세금 등을 뺀 나머지 소득이 바로 가처분 소득이 된다. 가처분 소득이 적으면 소비가 줄고 가처분 소득이 많으면 소비도 늘어난다.

3
조기 출구전략은 재앙

뭉치면 살고 흩어지면 죽는다. 위기상황 때 흔히 말하는 위기타 개책이다. 실제로 위기상황에 처하면 모두가 힘을 합치는 분위기가 자연스럽게 조성된다. 최근 글로벌 경제 위기 상황에서 전 세계 모든 국가들이 경기회생을 위해 동시다발적으로 금리 인하, 경기 부양 조치를 실시한 것도 그만큼 급박한 위기상황에 직면했기 때문이다. 이처럼 위기상황 속에서 전 세계 국가들은 경기를 살리기 위한 입구전략(entrance strategy) 실시와 관련, 글로벌 공조합의를 쉽게 이룰 수 있었다.

그러나 경기회생을 위해 과도하게 시장에 풀린 유동성을 단계적으로 회수, 인플레이션 등을 미연에 방지하려는 금리 인상 등 *출구전략은 조율이 쉽지 않다. 경기 회복속도 면에서 국가별로 회복의 편차가 심한 데다 경기가 진정한 회복세에 접어들었는지 여부를 확실히 판단하기 힘들기 때문이다. 출구전략 타이밍을 맞추기도 힘들다. 게다가 섣부른 출구전략은 자칫 더블딥을 초래하는 단초가 될 수 있다는 점에서 정책 결정권자들의 고민이 깊어지고 있다.

세계 경제 회복의 싹이 움트면서 금리 인상, 통화 환수, 경기부양책 축소 등 출구전략 시행시점을 놓고 논란이 빚어지고 있다. 다보스 현장에서도 출구전략이 최대 이슈 중 하나로 등장했다.

사실 위기상황 속에서 각국 정부가 시행한 재정·통화정책은 역사상 유례가 없을 만큼 강력했다. 선진국을 중심으로 전 세계적으로 4조 달러 규모의 경기부양책이 실시됐다. 또 금융 시스템 회생과 기업 살리기에 들어간 자금만 11조 달러에 달한다. 이는 2008년 전 세계 GDP(60조 달러)의 6분의 1을 넘어서는 어마어마한 돈이다. 그만큼 시장에 많은 돈이 풀린 상태다.

경기가 회복되는 상황에서 정부가 무한정 돈을 풀다보면 과잉 유동성이 인플레이션이라는 부메랑으로 돌아와 경제를 망가뜨릴 수 있다. 또 각국 정부의 재정적자 규모가 사상 최대치로 눈덩이처럼 불어난 만큼 국가부도 위험을 막기 위해서라도 이제는 정부 지출을 줄이고 유동성을 회수해야 하는 상황이다.

그렇다면 금리를 올리고 유동성을 회수하는 출구전략을 쓰면 될 것 아니냐고 쉽게 이야기할 수 있다. 그러나 출구전략은 말처럼 쉬운 게 아니다. 일단 입구전략은 조율하기 쉬웠지만 출구전략은 조율하기 쉽지 않다. 지역·국가별로 경기회복 속도가 다르고 정책의 우선순위를 어디에 맞추느냐에 따라 출구전략 타이밍이 달라질 수밖에 없기 때문이다.

예를 들어보자. A라는 국가가 있다. A국가 정책결정권자는 인플레이션 위험과 과도한 재정적자 문제가 지속 가능한 경기회복을 막는 최대 위협요인이라고 생각하고 있다. 그래서 재정적자가 과도하거나 과다 유동성으로 인플레이션 발생 위험성이 크다고 판단되면 경기회복세가 완전하지 않더라도 금리 인상 등 출구전략에 나서 과잉 유동성 회수에 나서는 정책적 결정을 내릴 확률이 높다.

반면 경기회복이 발등에 떨어진 불이라고 생각하는 B국가가 있다고 하자. B국가 정책결정권자에게 최우선 순위는 경기회복이다. 이때 B국가는 인플레이션이나 재정적자가 확대되는 위험성을 감수하더라도 우선 국가 경제부터 살리고 보는 것이 더 중요하다는 판단을 내릴 수 있다. 이 경우 출구전략은 최대한 늦춰진다.

이처럼 특정 국가의 경기상황과 정책적 판단에 따라 국가·지역별로 출구전략을 놓고 불협화음이 생겨날 수 있다. 경기회복에 무게 중심을 둔 국가의 경우, 특정 국가가 금리 인상 등을 통해 출구전략쪽으로 방향을 잡으면 커다란 부담을 느낄 수밖에 없다. 전 세계 국가들이 금리 인상에 나서는 마당에 끝까지 금리 인상을 늦출수는 없기 때문이다. 인플레이션 위험도 위험이지만 고집을 피워 자국 금리와 타국 금리 차가 커질 경우 국내자본이 고수익을 노리고 해외로 빠져나가는 자본 유출 가능성까지 불거진다. 이 경우 울며 겨자 먹기로 금리를 올렸는데 덜컥 경기회복의 발목을 잡을 경우 진퇴양난에 빠질 수밖에 없다.

또 출구전략에 나서려면 경기회복에 대한 강한 자신감이 뒷받침돼야 한다. 그러나 경기회복을 자신하기에는 최근 글로벌 경제 상황이 만만치 않다.

다보스 포럼에서 만난 대다수 글로벌 석학들도 최악은 벗어났지만 아직도 진정한 경기회복세에 접어들었다고 보기 힘들다는 신중한 의견을 내놨다. 경기가 회복되고 있지만 아직 위협요인이 많아 사소한 충격에도 언제든지 글로벌 경제가 어려움에 처할 수 있다는 진단이다. 이래저래 출구전략 타이밍을 맞추기가 쉽지 않은 상황이다.

늦은 것보다 빠른 출구전략 리스크가 훨씬 크다

과도하게 늦은 출구전략이나 혹은 과도하게 빠른 출구전략 모두 국가 경제에 충격을 준다. 일단 출구전략을 늦게 시행하면 국가부채가 지속적으로 확대될 수밖에 없다. 출구전략을 늦춘다는 것은 정부의 경기부양책이 지속된다는 의미를 담고 있기 때문이다. 이 경우 재정적자가 지속적으로 늘어나 국가가 빚더미에 올라앉을 수 있다.

최악의 경우 그리스나 유로존의 재정적자가 큰 나라들처럼 국가부도 위기에 처할 수도 있다. 과도하게 풀린 유동성은 인플레이션 압력을 높이고 자산버블을 부추긴다는 점에서 역시 부담이다.

그러나 출구전략을 최대한 늦출 경우에도 이에 따른 재정적자 · 인플레이션 · 자산거품 문제가 어차피 단시일 내 해결될 문제가 아니라는 점을 감안할 필요가 있다. 재정적자의 경우 일반적으로 5～6년간에 걸쳐 점진적으로 해결해야 할 이슈다. 그러므로 재정적자 해결을 다소 늦추더라도 곧바로 큰 문제가 되는 것은 아니다. 과거에도 세계 경제가 어려움에 처할 때마다 경기를 살리기 위해 많은 국가들이 재정을 확대하는 정책을 펼쳤다. 이후 재정 위기를 겪기도 했지만 경기회복 후 재정적자를 줄이는 데 큰 문제가 없었다는 점을 강조하는 학자들도 많다.

최소한 2010년 한 해 동안 출구전략을 논하지 말고 오히려 재정 확대정책을 지속해야 한다고 주장하는 석학 중 한 명이 바로 2008년 노벨 경제학상 수상자인 폴 크루그먼 프린스턴대 교수다. 크루그먼 교수는 완전히 위기를 극복한 후 증세와 정부 지출 삭감을 통해 정부 부채문제를 충분히 해결할 수 있다고 강조한다. 기업들의 유휴 공급능력이 남아있는 상황에서 인플레이션 위험은 없다고 잘라 말한다.

반면 조기 출구전략이 상대적으로 늦은 출구전략보다 훨씬 더 큰 충격파를 준다는 의견이 많았다. 섣부른 출구전략이 실업률을 높이고 수요기반을 와해해 더블딥을 가져올 수 있기 때문이다. 쿠퍼효과(cooper effect)도 출구전략을 늦춰야 한다는 데 힘을 실어준다. 쿠퍼효과란 입구 · 출구전략 정책이 시장에 미치는 파급효과가 시간차를 두고 나타나는 것을 설명하는 용어다. 쉽게 말해 일반적으로 경기가 좋지 않을 때 취하는 경기부양책 효과는 6~9개월가량 시간이 흐른 뒤에야 나타난다. 그러나 금리 인상, 유동성 축소 등 허리띠를 졸라매는 긴축정책 효과는 시장에 곧바로 영향을 미친다.

대공황을 극복하기 위해 *뉴딜정책을 펼쳤던 미국 프랭클린 루스벨트 정부는 1937년 대공황 충격이 끝났다고 자신하고 공공 지출 축소에 들어갔다. 미 중앙은행도 은행 지급준비율을 올려 은행들의 대출여력을 줄였다. 결과적으로 바로 다음해인 1938년 미 총생산이 다시 6.3% 역성장을 했고 실업률은 20% 가까이 치솟았다.

일본이 장기 경기침체를 겪고 있던 1990년대 중반에도 일시적으로 경기가 반등한 적이 있었다. 이때 일본 정부는 경기회복을 자신하고 재정적자를 줄이기 위해 소비세율을 올렸지만 곧바로 내수가 위축되면서 일본 경제는 더블딥에 빠졌다. 쿠퍼효과가 현실화된 셈이다.

이처럼 조기출구전략은 늦은 출구전략보다 훨씬 더 위험한 결과를 초래할 수 있다. 글로벌 경제 주체들이 조기 출구전략을 얼마나 두려워하는지는 2010년 들어 중국정부가 실시한 긴축정책이 글로벌 경제에 미치는 충격파만 봐도 쉽게 알 수 있다. 지난 2009년 4분기 중국 GDP 성장률이 10.7%를 기록, 6분기 만에 두 자릿수 성장률로 복귀한 뒤 경기과열 논란이 일었다. 그러자 중국은 곧바로 은행 지급준비율을 높이는 등 허리띠를 졸라맸다. 그러자 글로벌 증시가 일제히 급락한 바 있다. 중국이 금리 인상 등 본격적인 출구전략에 나설 경우 글로벌 유동성이 위축될 것으로 해석했기 때문이다.

조기 출구전략으로 경기가 더블딥에 빠질 경우 사용할 정책수단이 제한된다는 점도 부담이다. 다시 얼어붙은 경기를 되살리기 위해 또 다시 재정 확대, 통화 팽창 정책을 펼쳐야 하지만 전 세계 국가들의 재정상황을 볼 때 강력한 경기부양책에 나서기는 힘들다. 이것이 다보스 포럼 참석자들이 출구전략을 최대한 늦춰야 한다고 주장한 이유다.

스트로스칸 총재는 "IMF는 글로벌 경제의 더블딥 전망을 전혀 하고 있지 않지만, 있을 것 같지 않은 더블딥이 발생할 수 있는 유일한 가능성은 바로 출구전략을 너무 빨리 시행하는 것"이라며 조기 출구전략에 반대했다. 크리스틴 라가르드 프랑스 재무장관도 "민간분야가 참여하는 지속 가능한 회복과 성장이 나타날지에 대한 불안감이 큰 상황"이라며 "가장 큰 위기는 늦은 출구전략(late exit)이 아니라 조기 출구전략(early exit)"이라고 지적했다.

니콜라 사르코지 프랑스 대통령도 "위기국면에서 과도하게 풀린 유동성을 회수하는 정책을 취해야 한다"면서도 "갑작스런 긴축이 글로벌 경제 붕괴를 초래하지 않도록 주의해야 한다"고 말했다.

특히 최소한 2010년을 위해 마련한 부양안은 실행에 옮겨야 한다고 다보스 포럼 참석자들은 지적했다.

스탠다드차터드뱅크(SCB) 피터 샌즈 CEO는 "출구전략 시점을 잡는 것은 어려운 일이다. 다만 중국·인도·인도네시아처럼 내수시장이 큰 아시아 국가들이 먼저 출구전략을 시행할 수 있을 것"으로 내다봤다. 다만 출구전략을 시행하더라도 당장 금리를 올려 시

"출구전략 시점을 잡는 것은
어려운 일이다. 다만 중국 · 인도 ·
인도네시아처럼 내수시장이
큰 아시아 국가들이 먼저
출구전략을 시행할 수 있을 것이다."

피터 샌즈
스탠다드차터드뱅크(SCB) CEO

장에 충격을 주기보다는 은행 지급준비율을 높이거나 대출을 제한하는 등 정책 수단을 먼저 사용할 확률이 높다고 진단했다. 중국이 지급준비율 인상에 나선 데 이어 미국이 *재할인율 인상 등 소프트한 출구전략 수단을 활용하고 있는 것도 섣부른 출구전략의 위험성을 잘 알고 있기 때문이다.

미국 연방준비제도이사회(FRB)는 2010년 2월 18일 재할인율을 0.5%에서 0.75%로 0.25%포인트 올렸다. 재할인율(discount rate)은 중앙은행이 시중은행에 빌려주는 대출금에 적용하는 금리다. 재할인율이 높아지면 그만큼 대출이자가 늘어나 시중은행의 이자 부담이 커진다. 시중은행이 중앙은행으로부터 그만큼 돈을 덜 빌리게 되고 통화 창출량도 줄어들게 된다. 연준은 재할인율 인상 외에도 미 국채와 *모기지담보증권(MBS) 매입을 중단하는 등 우선적으로 유동성을 흡수한 뒤 경기가 제자리를 잡으면 금리 인상에 나설 계획이다.

민간 경제 성장모멘텀 회복돼야
출구전략 시행

다보스 포럼 참석자들은 일단 고용이 회복되고 민간 경제 자생력이 회복될 때까지는 출구전략을 늦출 필요가 있다고 조언했다. 정부의 경기부양 조치로 살얼음판을 걷는 듯한 경기회복세를 유지하고 있는 만큼 세계 경제가 민간부분이 이끄는 회복(private led recovery)세로 접어들어야 경기회복을 자신할 수 있다는 얘기다.

이와 관련 민간투자가 살아날 수 있는 부분으로 농업, 헬스케어 등을 꼽았다.

패트리샤 워츠 ADM 회장은 "농업에 대한 투자가 경기회복의 주요한 지렛대가 될 수 있다"며 "그동안 농업분야가 다소 뒤처져 있었던 게 사실이다. 혁신과 투자를 통해 미래에 수십억 명의 인류를 어떻게 먹여 살릴 수 있을지에 대한 논의가 더 많이 이뤄져야 한다"고 설명했다. 루벤스타인 칼라일 공동창업자도 헬스케어와 녹색산업의 성장가능성에 주목했다.

출구전략

침체에 빠졌던 경기가 회복세로 돌아설 때 인플레이션 발생 가능성을 사전에 차단하기 위해 유동성을 회수하는 긴축정책이다. 일반적으로 재할인율·지불준비율을 올리거나 금리 인상이라는 수단을 통해 시중에 과도하게 풀린 유동성을 적절한 수준으로 낮춘다. 2009년 4월 미국 워싱턴에서 열린 G20 재무장관·중앙은행 총재 회의에서 출구전략을 언급한 이후 전 세계 정책결정권자들이 최적의 출구전략 타이밍을 맞추기 위해 고심 중이다. 경기가 완전히 회복되지 않은 상황에서 무리하게 출구전략을 시행할 경우 경기가 재침체하는 더블딥 상황이 연출될 수 있기 때문이다.

뉴딜정책(new deal policy)

뉴딜정책은 1933년에서 1940년경까지 프랭클린 루스벨트 미국 대통령이 실시한 경제 정책을 총칭한다. 1930년대 대공황 때 루스벨트 미국 대통령은 불황타개를 목표로 대규모 토목사업 등을 실시, 미 경제를 불황의 늪에서 건져냈다.

재할인율(discount rate)

재할인율은 중앙은행이 시중은행에 빌려주는 대출금에 적용하는 금리다. 재할인율이 높아지면 그만큼 대출이자가 늘어나 시중은행 이자부담이 커진다. 이자부담이 커지는 만큼 시중에 풀리는 통화량이 줄게 된다. 반대로 재할인율을 낮추면 대출이자가 줄어들고 통화량은 늘어나게 된다. 이처럼 중앙은행은 재할인율 조작을 통해 시중 통화량을 조절할 수 있다.

중앙은행이 시중 통화량을 조절하는 또 다른 수단으로 지급준비율(cash reserve ratio)이 있다. 중앙은행은 예금자들이 예금 인출을 요구할 경우 은행이 언제든지 이에 응할 수 있도록 예금총액의 일정비율을 현금으로 보유할 것을 요구한다. 이것이 바로 지급준비금이다. 중앙은행은 지급준비금의 비율을 올리거나 내리는 방식으로 시중 통화량을 조절할 수 있다. 시중에 돈이 너무 풀려 인플레이션 압박이 커질 경우 중앙은행이 지급준비율을 높이면 시중은행은 현금보유량을 늘려야 한다. 그만큼 대출할 수 있는 여력이 줄어들게 돼 통화량이 축소된다. 지급준비율을 낮추면 그만큼 통화량이 늘어난다. 2009년 말 이후 중국 정부가 통화량 조절을 위한 지급준비율을 높이면서 전 세계적으로 유동성 축소에 대한 염려가 커지고 있다.

모기지담보증권(MBS, mortgage backed securities)

대다수 가계는 은행대출을 끼고 주택을 구매한다. 목돈이 부족하기 때문이다. 이때 은행으로부터 받는 대출이 바로 주택담보대출이다. 은행은 주택담보대출을 제공하고 일정기간 대출이자를 받아 수입을 챙긴다. 그러나 주택담보대출로 제공한 대출금이 묶여

은행 유동성이 줄어들게 된다. 이때 은행들이 자체 유동성을 확대해 대출여력을 키우기 위해 어떤 식으로든 주택담보대출을 유동화(채권, 토지 등을 현금화하는 것)하기를 원한다. 이때 활용하는 것이 파생상품이다. 은행 등 금융기관이 주택담보대출채권을 자산유동화 회사에 판매하고 자산유동화 회사가 주택담보대출채권을 토대로 MBS 파생상품을 만들어 일반투자자들에게 판매한다. MBS 판매를 통해 일반 투자자로부터 거두들인 현금이 자산유동화회사를 거쳐 은행으로 들어가는 구조다. 은행은 이 돈을 가지고 다시 주택담보대출 확대에 나서고 덩달아 늘어나는 주택담보대출채권을 기초자산으로 다시 MBS를 발행, 유동성을 확보한다. 이처럼 MBS는 주택, 토지 등을 담보물(기초자산)로 발행되는 채권인 자산유동화증권(ABS)의 일종이다. MBS의 경우 담보물이 토지나 주택이 아닌 주택담보대출채권이 되는 셈이다.

4
다극화 패러다임과 신 브레튼우즈 체제

글로벌 경제 위기 이후 이제 수퍼파워라는 말이 생소해졌다. 위기 이전만 하더라도 미국이라는 세계 유일의 수퍼파워와 유일한 *기축통화 달러가 글로벌 경제·정치 패러다임을 좌지우지했다. 그러나 미국발 글로벌 금융위기가 터진 후 미국의 글로벌 패권에 커다란 생채기가 생겼다. 미국뿐만 아니다. 미국으로 대변되는 서구 선진국들의 힘이 동시에 줄어들었다. 이 같은 힘의 공백기를 비집고 들어온 것이 바로 아시아 등 신흥국가들이다.

몰라보게 커진 경제적 덩치를 배경으로 위기 후 '뉴 노멀(새로운 표준)'을 구축하는 과정에서 이들 신흥국들의 목소리가 커지고 있다. 단극적인 글로벌질서가 다자주의적인 신 세계를 향해 나아가고 있다. 이제 글로벌 지배구조를 형성하는 주도세력은 선진국 클럽인 G7이나 G8이 아니다. 바로 신흥개도국이 참여하는 신흥선진 20개국 정상회담을 의미하는 G20다.

다극화
패러다임

　　　　　　글로벌라이제이션 확산으로 국지적인 위기가 전 세계적인 위기로 빠르게 전염되는 모습을 글로벌 금융 위기를 통해 뚜렷이 체감했다. 이제 국지적인 지배구조(governance)로는 위기 후 새롭게 바뀐 글로벌 경제질서를 조율할 수 없다. 스트로스칸 IMF 총재는 "수퍼파워가 지배하는 글로벌 경제가 이제 다극화 세계로 변모하는 리밸런싱이 나타나고 있다"고 강조했다.

이처럼 신흥국들의 목소리가 커진 다극화 시대에 선진국 중심의 글로벌 지배구조인 G8은 대표성을 갖기 힘들다. G8을 대체해 21세기를 이끌 새로운 글로벌 지배구조로 등장한 것이 바로 G20다. 앞으로 G20가 지속 가능하고 강력한 글로벌 경기회복을 이끄는 한편 글로벌 지배구조 갭을 메우는 새로운 글로벌 지배구조 플랫폼이 될 것이라는 기대감이 크다.

특히 2010년 다보스 포럼을 계기로 G20가 G8을 대체할 확실한 글로벌 지배구조로 인정받았다. 사르코지 대통령은 다보스 개막연설을 통해 신 브레튼우즈 체제 구축을 제안하고 G8이 아닌 G20에서 논의를 진행시키겠다고 밝혔다. G20 의장국인 한국과 캐나다 정상도 다보스 현장에서 특별연설을 하는 등 G20 바람몰이가 포럼 기간 중 계속됐다. 존 립스키 IMF 부총재는 세션에 참여, "G20가

G8 체제를 대체할 것"이라고 말했다.

아커만 도이체방크 회장은 "수퍼파워가 지배하던 시기에서 다극화된 세계로 이행하는 과정에 많은 불확실성이 생겨날 것"이라며 불확실성과 함께 오는 큰 변동성에 대비해야 한다고 목소리를 높였다.

다극화 시대 지역 협력 · 글로벌 협력의 필요성도 커지고 있다.

사미르 알 리파이 요르단 총리는 "더 이상 개인국가로 생각하거나 행동할 수 없다. 물이든 에너지든 혹은 식량 안보든 이들 이슈들은 개별 국가가 아닌 지역 레벨 혹은 글로벌 레벨에서 논의해야 할 필요성이 더욱 커지고 있다"고 지적했다.

물을 예로 들어보자. 요르단은 세계에서 4번째로 건조한 나라 중 하나다. 수자원이 없다. 바닷물을 식수로 전환하는 대규모 탈염장치를 설치할 재원도 없다. 그래서 요르단만이 아닌 사우디아라비아 · 이라크 · 이스라엘이 함께 사용할 수 있는 지역 탈염 프로젝트를 추진 중이다. 이들 탈염장비 프로젝트는 이집트에서 유럽으로 이라크에서 시리아로 연결되는 철도노선과도 연계된다.

한편 제이콥 주마 남아프리카공화국 대통령은 다극화 패러다임이 자리를 잡으려면 유엔 등 국제기구도 다수 의견을 존중하는 방향으로 변화해야 한다고 지적했다. 주마 대통령은 "유엔에서 내린 결정은 전 세계 모든 국가에 영향을 미친다. 그러나 유엔 총회장에서 어떤 이야기를 하든 이것은 단순히 논쟁에 그칠 뿐"이라며 "안전보장이사회가 비토권한을 가지고 있기 때문"이라고 지적했다.

국제금융기구도 마찬가지다. 주마 대통령은 대다수 국가들의 목소리가 반영되지 않은 채 힘 있는 서구 중심으로 돌아간다고 꼬집었다. 대다수가 지배적인 힘을 발휘할 수 있는 방향으로 글로벌 지배구조가 변화해야 한다는 지적이다.

조지 여 싱가포르 외무장관도 "G20가 글로벌 개혁의 원동력으로 관심을 받고 있는 것은 유엔이 급변하는 변화에 신속하게 반응하지 못하고 있기 때문"이라고 진단했다.

글로벌라이제이션
계속된다

"글로벌라이제이션 속도가 잠시 더뎌졌을 뿐이다. 지금 글로벌라이제이션을 주도하는 기업이 장기적으로 승리한다."

글로벌 회계 · 컨설팅 기업 언스트앤영이 경제분석기관 이코노미스트인텔리전스유닛(EIU)과 공동 조사해 다보스 포럼 현장에서 발표한 '2009 글로벌라이제이션 지수'는 기업들에게 많은 시사점을 던졌다. 글로벌 금융위기로 국가 간 무역 · 자본 이동이 위축되면서 글로벌라이제이션이라는 명제가 잠시 흔들리고 있지만 글로벌 경제 회복과 함께 글로벌화된 기업들부터 먼저 비즈니스 기회를 창출할 수 있을 것이란 점에서다.

언스트앤영이 국내총생산(GDP) 기준으로 세계 60위권 국가의 글로벌라이제이션 수준을 분석한 결과 역(逆)세계화 현상이 뚜렷하게 나타났다. 지난 2007년 4.12로 최고점에 달했던 글로벌라이제이

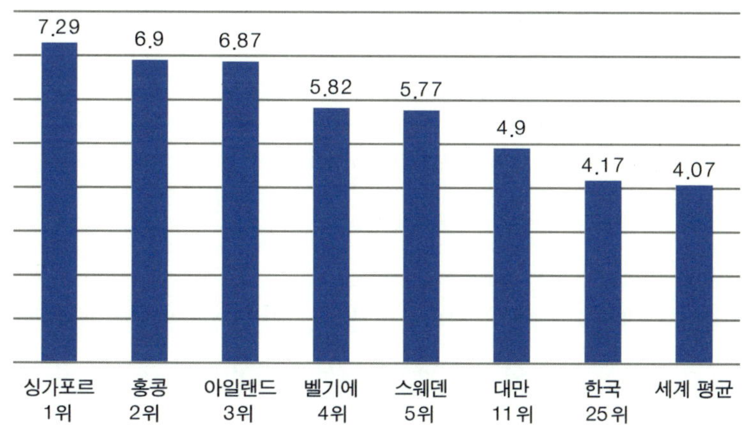

출처: 언스트앤영 〈Redrawing the map〉 보고서

션 평균지수는 2009년 4.07로 낮아졌다. 그러나 언스트앤영은 2010년부터 글로벌라이제이션 지수가 다시 상승해 2011년이 되면 2007년 수준을 상회할 것으로 전망했다. 국가별로는 싱가포르가 글로벌라이제이션 지수 1위를 차지했다. 그 뒤를 홍콩, 아일랜드, 벨기에, 스웨덴 등 전통적으로 개방을 지향해 온 아시아와 북유럽 강소국들이 이었다. 한국은 25위를 차지하는 데 그쳤지만 1995년에 비해 무려 20계단이나 높아진 수치다.

잠시 글로벌라이제이션이 주춤한 상황에서 기업들은 어떻게 미래에 대비해야 할까? 언스트앤영은 글로벌 기업 520곳을 대상으로 설문 조사를 한 뒤 5가지 교훈을 도출했다.

첫째, 기업들은 새롭게 바뀐 경쟁 환경에 적응해야 한다. 둘째,

첫째, 새로운 경쟁 환경에 적응하라.
둘째, 세계로 무대를 확대하라.
셋째, 혁신의 초점을 신흥시장에 맞춰라.
넷째, 기업 경영에 유연성과 다양성을 집어넣어라.
다섯째, 주요 국가들의 정책 변화를 꼼꼼히 살펴라.

세계로 무대를 확대해야 한다. 설문대상 기업 중 38%는 매출액의 절반 이상을 국내가 아닌 해외시장에서 올리고 있다. 셋째, 연구 · 개발(R&D) 등 혁신의 초점을 미래 잠재수요가 큰 신흥시장에 맞춰야 한다. GE는 신흥시장 고객 요구를 충족시키기 위한 R&D를 현지에서 진행한 뒤 서구시장에 이를 재적용하고 있다. 넷째, 기업 조직은 유연성과 다양성을 갖춰야 한다. 본사에서 해외지사로 직원을 파견하는 시대는 끝났다. 전 세계에서 인재를 흡수하는 기업만이 살아남을 수 있다. 다섯째, 보호주의 등 주요 국가들의 정책 변화를 꼼꼼히 살펴봐야 한다.

신 브레튼우즈 체제 필요하다

니콜라 사르코지 프랑스 대통령은 다보스 포럼 개막연설을 통해 "*신 브레튼우즈 체제가 필요하다(We need a new Bretton Woods)"고 주장했다. 브레튼우즈 체제가 무엇인가? 그리고 왜 다보스 현장에서 사르코지 대통령은 신 브레튼우즈 체제를 이야기했을까?

브레튼우즈 체제(Bretton Woods system)는 한마디로 미 달러화를 글로벌 준비통화(reserve currency), 즉 세계의 기축통화로 만든 국제통화 시스템이라고 볼 수 있다. 브레튼우즈 체제가 구축되면서 세계 대표 통화로서의 달러화 위상이 강화됐다. 전 세계 국가들이 교역을 할 때 자국통화 대신 달러화를 교역 수단으로 활용하게 됐고 그만큼 미국의 세계 경제패권이 확대되는 토대가 됐다.

1944년 미국 뉴햄프셔주 브레튼우즈에서 이 같은 국제통화 시스템에 합의했다고 해서 브레튼우즈 협정이라고 불린다. 이때 달러 기축통화 시스템을 지지하기 위해 국제통화기금(IMF)과 세계은행이 함께 설립됐다.

브레튼우즈 체제 하에서 달러화가 세계통화 역할을 보장받게 됐다. 그러나 미국이라는 특정 국가의 통화를 기축통화로 사용하다 보니 미국이 무역흑자를 내면 미국 외 지역 달러 유통량이 줄어 신용경색이 발생하고, 반대의 경우 달러가 너무 많이 풀려 인플레이션 압력이 커지는 부작용이 발생했다.

브레튼우즈 체제는 기본적으로 금태환 시스템을 통한 기축통화 제도였다. 다시 말해 금과 달러 간 일정 교환비율을 정해놓고 달러화 보유자가 달러를 금과 교환해줄 것을 요구하면 미리 정한 교환비율에 따라 달러가치만큼 금을 내주는 시스템이었다.

그러나 1960~1970년대 베트남 전쟁으로 전비물자 조달 규모를 급격히 늘린 미국의 무역적자가 급속도로 커지고 전비 조달을 위한

"더 이상 한 손에는 다극화된 세계를
들고 다른 한 손에는 하나의
기축통화(달러)를 들고 있을 수 없다."

통화량 증발로 엄청난 양의 달러화가 세계시장에 쏟아져 나왔다.
결국 달러 인플레이션 현상이 발생, 달러가치는 급락했다. 떨어지
는 달러가치를 견디다 못한 달러 보유자들이 대거 금태환을 요구하
는 사태가 발생하자 1971년 미국 닉슨 대통령은 금태환 정지를 선
언했다.

금태환 정지를 신호탄으로 달러와 금의 교환을 토대로 구축된
브레튼우즈 체제가 무너졌다. 이후 국제통화 시스템은 변동환율제
로 옮겨갔다. 그러나 브레튼우즈 체제 붕괴 후에도 여전히 달러화
는 세계의 기축통화 지위를 유지하고 있고 미국도 세계 경제패권을
쥐고 있다. 전 세계 외환보유고의 60%는 달러표시 자산이다.

이 같은 배경 속에서 사르코지 대통령이 "더 이상 한 손에는 다
극화된 세계를 들고 다른 한 손에는 하나의 기축통화(달러)를 들고

있을 수 없다"며 신 브레튼우즈 체제 구축을 요구하고 나섰다. 기존 달러 중심 국제통화 시스템이 2008년 글로벌 금융 · 경제 위기 후 그 효율성을 잃었다고 보고 있기 때문이다. 1944년 브레튼우즈 협정 이후 기축통화 역할을 해온 달러화가 이제 수명을 다했다는 진단이다.

크리스티앙 누아예 프랑스 중앙은행 총재도 "과도한 달러 중심 체제가 글로벌 임밸런스를 초래했다"며 "달러가 유일한 기축통화 역할을 하면서 미국으로 과도하게 많은 자본이 유입돼 자산거품이 발생했다"고 지적했다.

사실 신 브레튼우즈 체제를 구축하자는 목소리는 유럽연합을 중심으로 그동안 꾸준히 제기됐다. 그 중심에는 바로 2011년 G20 의장국을 맡게 되는 프랑스 사르코지 대통령이 자리 잡고 있다. 유로존의 대변자임을 자임하고 있는 프랑스가 2011년 G20 의장국을 맡으면 신 브레튼우즈 체제에 대한 본격적인 논의에 들어갈 것으로 보인다. 기본적으로 다극화된 세계에서 달러만을 유일한 기축통화로 삼기보다 유로 등 다수의 기축통화 후보를 복수 기축통화로 활용하는 것을 신 브레튼우즈 체제의 기본으로 삼을 전망이다.

다극화시대
글로벌 자본 흐름의 변화
　　　　　　　　지난 2008년 글로벌 금융 · 경제 위기로 전 세계적인 신용경색이 발생하고 금융보호주의가 발호하면서 국

"달러가 유일한 기축통화
역할을 하면서 미국으로 과도하게
많은 자본이 유입돼
자산거품이 발생했다."

가 간 자본흐름이 82%나 급감했다. 이는 전 세계적인 자본 부족을 초래했다. 글로벌 차입 축소(디레버리징) 바람이 불고 있는 상황에서 어떻게 기업들이 필요한 자본투자 재원을 조달할 수 있을까? 기업들이 직접 자금을 조달할 수 있는 주식·채권시장이 있지만 이들 시장이 위기 이전 수준으로 회복되려면 상당한 시간이 소요될 수밖에 없는 상황이다. 필요한 자본 확보를 위해 위기 후 자본배분 구도가 완전히 뒤바뀌고 있음을 파악해야 한다.

우선 위기 후 자본시장의 가장 큰 특징은 자금줄이 말라붙고 있다는 것이다. 위기 전까지만 해도 장기적 추세로 증가세를 지속하던 글로벌 자금흐름이 2008년 말부터 완전히 바뀌었다. 신용경색 상황에 빠진 은행의 대출여력이 줄어들었기 때문이다.

둘째, 경기부양책 등 정부 지출 필요성이 커지면서 정부의 자금

수요가 급격히 늘었다. 이 때문에 민간자본 구축효과가 발생했다. 결국 투자등급으로 분류되는 중소기업들에 대한 대출 문이 좁아지는 부작용이 발생하고 있다.

셋째, 정부 역할이 달라졌다. 선진국에서는 정부부채가 늘고 개인부채는 줄어드는 부채스왑(debt swap) 현상이 벌어지고 있다.

넷째, 더 높은 수익을 좇아 자본이 선진국에서 개도국으로 이동하고 있다.

다섯째, 위험 회피 성향이 아직 강하게 남아있다. 이처럼 대출을 받기가 힘들어졌지만 좋은 프로젝트에는 자금이 몰리고 있다. *국부펀드(sovereign wealth fund) 등은 안정적인 수입이 기대되는 인프라·에너지 프로젝트에 더 큰 관심을 기울 것으로 보인다.

기축통화(key currency)

기축통화는 미국 예일대 트리핀 교수가 처음 쓴 말이다. 전 세계 시장에서 국가 간 교역이나 금융거래를 할 때 일반적으로 사용하는 세계통화를 의미한다. 현재 전 세계 국가들은 지난 1944년 브레튼우즈 체제 구축 이후 70여 년간 달러화를 기축통화로 활용하고 있다. 미국을 기축통화국이라고도 부르는 이유다. 2008~2009년 글로벌 경제 위기 후 글로벌 다극화체제가 부상하면서 달러 외에 유로 등 복수 통화를 기축통화로 활용해야 한다는 목소리가 커지고 있다.

신 브레튼우즈 체제(New bretton Woods system)

브레튼우즈 체제는 미 달러화를 글로벌 기축통화로 만든 국제통화 시스템이다. 프랑스를 중심으로 유럽에서 밀고 있는 신 브레튼우즈 체제는 쉽게 말해 달러가 유일한 기축통화로 인정받는 국제통화 시스템에서 벗어나자는 이야기다.

미테랑 프랑스 전 대통령이 지난 1983년 5월 윌리엄즈버그 서미트(선진국 정상회담)를 앞두고 국제통화 안정을 도모하는 차원에서 신 국제통화 시스템을 제안했다. 미테랑 전 대통령이 의도한 신 통화체제는 미국 달러, 일본 엔, ECU(유럽통화단위) 등 3개 통화를 기축통화로 활용하는 것이었다. 최근 신 브레튼우즈 체제를 적극적으로 주장하는 프랑스 사르코지 대통령은 2011년 프랑스가 G20 의장국을 맡는 것을 계기로 신 브레튼우즈 체제 구축에 대한 본격적인 논의를 시작할 것이라고 공언하고 있다. 다극화된 세계에서 달러만을 유일한 기축통화로 삼기보다는 유로 등 다수의 기축통화 후보를 복수 기축통화로 활용하자는 제안을 내놓을 것으로 보인다.

국부펀드(sovereign wealth fund)

국부펀드란 말 그대로 국가가 관리하는 투자펀드를 말한다. 보통 해당 국가 외환보유고의 일부를 떼어내 투자자금으로 활용한다. 그리고 국가기관이 자금 운용을 담당한다. 석유를 수출해 벌어들인 오일달러나 무역수지 흑자로 발생한 외환보유액 등이 주요 자금원이다. 과거에는 투자규모가 작고 투자 대상도 안정적인 국채투자 위주여서 큰 주목을 받지 못했다. 그러나 중국, 일본 등 외환보유액 1·2위 국가와 오일머니로 무장한 중동의 국부펀드까지 거대한 자금력을 갖춘 국부펀드들이 속속 등장하면서 글로벌 금융시장에 커다란 영향을 미치고 있다. 일부 국가에서는 민감한 산업기술 유출을 피하기 위해 자국의 중요 산업에 대한 국부펀드 투자를 제한하는 조치까지 시행하고 있다.

ⅢⅢ 도미니크 바튼 맥킨지 회장

도미니크 바튼 맥킨지 회장

세계 최대 컨설팅업체 맥킨지의 도미니크 바튼 회장은 글로벌 경제 전반에 대해 조심스런 낙관론을 펼쳤다. 바튼 회장은 "2009년 다보스 포럼 때는 글로벌 경제 시스템 붕괴에 대해 많은 참가자들이 걱정을 했다"며 "그러나 2010년에는 세계 경제가 완전히 붕괴되는 위험에서 벗어났다는 점에 안도하는 참가자들이 많은 것 같다. 2009년보다는 많이 나아졌다"고 밝혔다.

그러면서도 바튼 회장은 세계 경제가 안정화단계에 접어들었지만 경기가 강하게 성장하지는 못할 것으로 진단했다. 바튼 회장은 "경기회복을 위한 여러 단계 중 이제 첫 번째 단계를 통과한 것에 불과하다"며 "은행 부실자산 청산 문제, 무역 회복속도가 약한 점 등 아직 몇 개 단계를 더 지나가야 완전한 경기회복이 가능할 것"이라고 지적했다. 경기회복 속도와 관련, 아시아가 가장 빨리 회복하고 미국, 유럽 순으로 경기가 회복될 것으로 내다봤다.

한국 경제에 대해 바튼 회장은 "다른 나라와 비교해 봐도 한국의 회복속도는 놀랍다"며 "삼성전자가 10조 원의 영업이익을 냈는데 이는 전 세계 모든 전자회사들의 이익과 맞먹는 수치"라고 강조했다. 다만 청년실업과 환율의 불확실성 등 외부변수에 시달리고 있는 중소기업들의 경우 다소 걱정이 된다고 밝혔다.

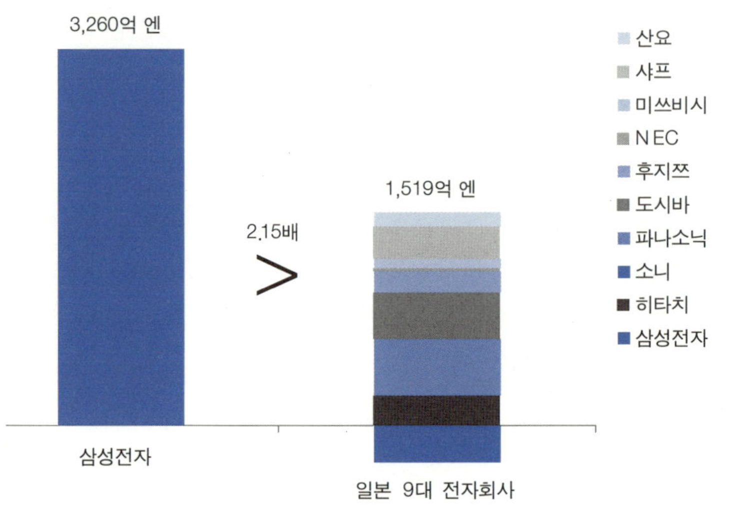

바튼 회장은 "청년실업은 사회적 문제가 될 수 있다는 점에서 시급하게 대처해야 한다"며 "실업은 기업들이 움직여야 해결될 수 있기 때문에 청년 일자리 창출에 대해 기업들에게 세제혜택을 주는 방안을 정부에서 고려해야 할 것"이라고 강조했다. 특정 산업군 인력을 대거 양성하는 것도 일자리 창출의 또 다른 방법이다. 바튼 회장은 "건강산업(헬스케어)분야의 경우 전 세계적으로 270만 명에 달하는 인력 공급이 부족한 상태"라며 "한국도 헬스케어 인력을 육성해 글로벌시장에 내보내는 것을 생각해 볼 수 있을 것"이라고 제안했다.

바튼 회장은 "싱가포르에 맨파워플랜이라는 직업훈련 프로그램이 있는데 유전공학 혹은 수자원 관리 인력이 필요할 경우 전문대학(폴리테크닉)에 가서 필요한 인원을 정해주고 2년 과정의 수업을 개설하는 식으로 인력을 육성하고 조달하고 있다"고 설명했다.

한국 금융기관들의 해외시장 진출과 관련, 바튼 회장은 "한국 금융기관의 덩치가 어느 정도 커진 만큼 적극적인 M&A를 통해 해외시장 진출을 확대해야 한다"며 "한국 금융기관들이 해외시장 특히 최고의 성장시장으로 주목받는 아시아지역 진출을 늘려야 한다"고 주문했다. 바튼 회장은 "아시아시장은 가장 많이 수익을 낼 수 있는 지역"이라며 "특히 대만지역에 큰 기회가 있고 싱가포르·베트남·중국시장도 관심을 가지고 지켜봐야 한다"고 주장했다.

은행업 외에도 자산운용회사 설립을 적극 추천했다. 바튼 회장은 "스위스 은행들만 자산관리·운용업을 해야 할 이유는 없다"며 "자산관리분야에 커다란 수익 창출·성장 기회가 있는 만큼 한국 금융기관들이 해외 자산관리시장 진출을 늘려야 한다"고 말했다. 한국 금융기관들이 글로벌 금융기관으로 성장할 수 있는 탄탄한 토대와 실적을 갖춘 만큼 성공적인 해외 진출이 가능하다고 바튼 회장은 덧붙였다.

환율과 관련, 바튼 회장은 "점차 아시아로 경제파워가 옮겨가면서 아시아 통화 가치가 올라갈 것"이라며 "원화, 위안화 모두 가치가 상승할 것이다. 내가 환율 베팅을 한다면 아시아 통화에 할 것"이라고 강조했다. 또한 그는 성장산업으로 농산물시장을 주목했다. 바튼 회장은 "단순히 농산물 생산은 물론 농산물 가공·보관·물류를 한꺼번에 감안한다면 농산물이 커다란 성장산업이 될 수 있다"고 내다 봤다.

▥ 데븐 샤마 스탠더드 & 푸어스 회장

데븐 샤마
스탠더드 & 푸어스 회장

데븐 샤마 스탠더드 & 푸어스(S&P) 회장은 "전 세계적으로 기업들이 역사상 가장 많은 현금을 보유하고 있다"며 "지속 가능한 경제 성장을 위해 이제 기업들이 투자에 나서야 한다"고 주문했다.

무디스·피치와 함께 세계 신용평가시장을 주도하는 3대 신용평가회사 중 하나인 S&P를 이끌고 있는 샤마 회장은 "취약한 회복이 예상되지만 그래도 2009년과 비교해 보면 다보스 포럼 현장 분위기가 훨씬 나아졌다"고 밝혔다. 또 그는 "아시아지역이 상대적으로 더 빨리 회복되고 있다"며 "아시아지역이 세계 경제 성장을 이끄는 성장모멘텀을 가지고 있다"고 강조했다.

다만 실업률, 재정적자 등 위험요인들이 여전히 경기회복의 발목을 잡고 있기 때문에 이 같은 회복세가 지속될지 여부를 지켜봐야 한다고 샤마 회장은 설명했다. 특히 최근 유로존 사태와 관련 국채 위험 수준이 높아질 수 있다고 지적했다.

국제신용평가기관이 국가나 기업의 실제 모습을 제대로 반영하지 못하고 있다는 비판과 관련해서는 신용평가 내용을 보다 투명하게 만드는 등 고객 요구에 적극 대응하고 있다고 설명했다. 샤마 회장은 "신용평가 레

이팅을 줄 때 과거나 현재 수치 외에도 미래전망(forward-looking) 수치까지
반영하는 한편 다른 지역과 레이팅을 더 쉽게 비교할 수 있도록 개선책을
마련해 시행하고 있다"고 전했다. 또 신용평가 레이팅을 줄 때도 어떤 기
준에 의해 이 같은 결과물이 도출됐는지에 대해 기준을 투명하게 밝히는
등 대외 자료공개 범위도 확대했다고 덧붙였다.

샤마 회장은 "신용평가 레이팅이 특정 대상의 위험 정도를 알려주는 기
준일 뿐 투자권유 자료는 아니라는 점을 알려주는 교육을 강화하는 등 투
자자 교육도 확대하고 있다"고 말했다. 또 샤마 회장은 "은행이든 증권이
든 규제대책을 만들 때는 국제적인 조율을 거쳐야 한다"며 "특정 국가에
만 적용되는 규제보다는 국제적으로 통용될 수 있는 일관성을 가진 국제
적인 규범이 G20에서 합의·도출됐으면 한다"고 주문했다.

new normal

신 블랙 스완 2

1

국가부채의 저주

2008년 9월 15일 미국의 4대 투자은행 리먼 브러더스 파산으로 촉발된 미국발 금융 위기는 글로벌라이제이션이라는 매개체를 통해 순식간에 전 세계적인 경제·금융 위기로 연결됐다. 제2의 대공황, 디프레션(depression)이라는 단어가 세계 경제를 옥죄는 상황에서 전 세계적으로 많은 나라들이 글로벌 공조를 통해 일사불란하게 사상 유례 없는 경기부양책을 실시했다. 금리는 사상 최저 수준으로 낮추고 정부는 돈을 무제한적으로 찍어내 정부 지출을 늘렸다.

이 같은 노력에 힘입어 글로벌 경제는 '글로벌 경제 시스템 붕괴'라는 최악의 시나리오를 피했다. 그러나 여기저기서 너무나 많은 돈을 끌어 쓴 나머지 국가 곳간이 텅 비어버렸다. 빚 독촉은 계속되는데 부채를 갚을 길이 없는 국가들도 생겨나고 있다.

안정을 되찾아가는 글로벌 경제에 찬물을 끼얹을 수 있는 2010 신(新) *블랙 스완은 바로 과도한 재정적자와 이에 따른 국가파산 가능성이다. 다보스 포럼 현장에서 실시한 설문조사 결과도 이 같은 불안감을 그대로 드러냈다. 포럼 현장에서 CNBC가 글로벌 경제 위협요인에 대한 온라인 조사를 실시한 결과, 2명 중 1명(50.7%)이 통제불능 상황으로 불어난 국가채무를 꼽았다. 두 번째는 금융 시스템에 대한 과도한 규제(37.3%) 그리고 세 번째는 자유무역과 글로벌라이제이션 붕괴를 가져오는 *보호주의(12%) 망령이었다.

선진국발
국가부도 위기

그동안 글로벌 경제 · 금융 위기는 대부분 아시아, 남미 등 신흥국이나 개도국에서 발생했다. 지난 1997~1998년 글로벌 금융 위기도 아시아 국가들의 외화부채 급증에 따른 아시아발 외환부족사태 때문에 촉발됐다.

그러나 2008년 발생한 글로벌 경제 위기는 최첨단 금융 시스템으로 무장한 선진국에서 발생했다. 그래서 이번 글로벌 경제 위기로 가장 큰 타격을 받은 지역도 미국, 유럽 등 선진지역이었다. 경제 위기에 직면한 선진국들이 가장 먼저 했던 일은 바로 금융 시스템을 되살리고 벼랑 끝에 서 있던 기업구제를 위해 공적자금을 투입하는 것이었다.

과거 경제 · 금융 위기 상황 속에서 남미 · 아시아 국가들이 부실

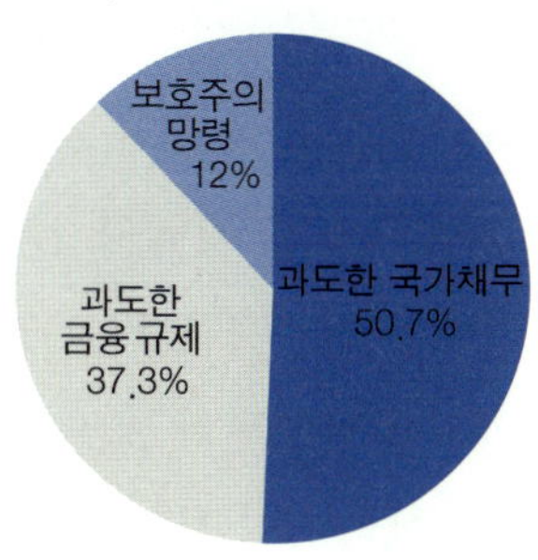

출처: CNBC 온라인 조사

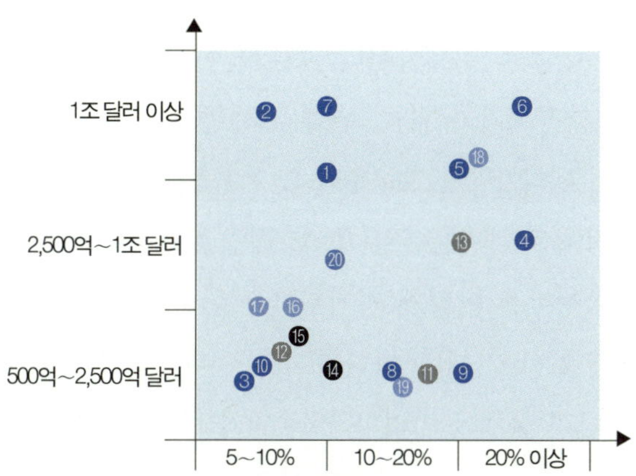

경제적 위협

① 식료품 가격 변동성
② 유가 폭등
③ 달러화 폭락 가능성
④ 차이나 리스크
⑤ 재정 위기
⑥ 자산 가치 폭락
⑦ 역글로벌라이제이션(개발도상국)
⑧ 역글로벌라이제이션(신흥개도국)
⑨ 과도한 규제
⑩ 빈약한 인프라 투자

기술적 위협

⑳ IT보안 시스템 붕괴

지정학적 위협

⑪ 아프가니스탄 정국 불안
⑫ 다국적 범죄와 부패
⑬ 글로벌 거버넌스 갭

환경적 위협

⑭ 이상 기후
⑮ 가뭄 · 사막화

사회적 위협

⑯ 세계적인 전염병
⑰ 감염병
⑱ 만성질환
⑲ 정부부채

출처: 세계경제포럼

기업·금융기관 구제에 나설 때마다 선진국들은 이를 거세게 비판했다. 그러던 선진국들이 위기국면에 처하자 그들이 비판했던 남미·아시아 국가들과 똑같은 조치를 취한 셈이다.

선진국을 중심으로 지난 2년간 각국이 금융기관, 기업 정상화를 위해 쏟아 부은 공적자금만 11조 달러에 달하는 것으로 파악되고 있다. 전 세계 국내총생산(GDP)의 20%에 달하는 천문학적인 돈이 투입된 셈이다. 여기에다 경기부양을 위해 정부 지출도 크게 늘렸다.

재정(public finance)은 정부가 나라 살림살이를 위해 쓰는 돈이다. 경기부양을 위해 지출하는 돈도 재정에서 나온다. 재정의 원천은 국민들로부터 거둬들이는 세금이다. 거둬들이는 세금보다 지출하는 돈이 많으면 재정적자가 된다. 반대로 세입보다 나가는 돈이 적으면 흑자재정이 된다. 양자가 균형을 맞추면 균형재정이다.

글로벌 경기침체로 나가는 돈은 많고 세입은 줄어들어 적자재정이 될 경우 각국 정부는 어떻게 경기부양을 위한 자금을 마련할 수 있을까? 정부도 일반 가계와 마찬가지다. 돈이 없으면 은행에서 대출을 받든 아니면 사채를 빌려다 쓰든 뭔가 방도를 내야 한다.

각국 정부가 자금을 조달하는 가장 쉬운 방법은 바로 전 세계 투자자들을 상대로 국가채권인 국채를 발행하는 것이다. 국채 발행을 통해 조달한 자금을 가지고 정부는 경기를 살리는 데 필요한 지출을 하고 생존 위기에 처한 금융기관에 돈을 집어넣었다. 미국이 세계최대 채무국이 된 것도 이 때문이다. 그리고 미국 등 유럽 각국이 발행한 국채를 중국 등 아시아 국가들이 대거 사들였다. 아시아 국가들이 미국 등 선진국의 빚잔치를 주도한 셈이다.

　가계나 정부가 차입을 하더라도 이를 갚을 만한 충분한 현금흐름이 발생하면 문제가 되지 않는다. 그러나 경기침체로 세입이 급감, 원리금 갚기가 어려워지면 정부도 가계와 마찬가지로 파산할 수밖에 없다. 물론 실제 국가 파산까지는 안 가겠지만 빚이 많아지면 이자 갚느라 경기부양은커녕 기본적인 정부 역할마저 할 수 없게 된다는 점에서 문제의 심각성이 있다.

　2008년 글로벌 경제 위기가 금융과 가계의 과도한 *레버리지(차입) 때문에 발생했다면 이제는 정부의 과도한 레버리지 때문에 새로운 위기가 발생하는 상황에 진입했다. 부실의 주인공이 민간에서 정부로 바뀌었을 뿐 과도한 차입문제가 전혀 해결되지 못했다는 이야기가 나오는 것도 이 때문이다. 케네스 로고프 하버드대 교수는 "은행 위기가 정부 재정 위기로 빠르게 이동하고 있다"며 국가부채 위험성을 경고했다.

돼지들(PIIGS),
세계 경제를 위협하다

　　　　　　가장 먼저 국가부도 위기에 직면한 곳은 바로 유로를 단일통화로 사용하고 있는 *유로존이다. 그동안 과도한 빚더미에 눌려 아슬아슬한 줄 타기를 하던 유로존지역의 과도한 국가부채와 재정적자 문제가 그리스 국가부도 위기를 신호탄으로 수면 위로 떠올랐다.

현재 유로지역에서 재정 건전성이 좋지 않은 나라들이 바로 PIIGS(포르투갈, 아일랜드, 이탈리아, 그리스, 스페인)다. 포르투갈, 아일랜드, 이탈리아, 그리스, 스페인 등 최근 신용등급이 떨어진 남유럽 국가들은 모두 정부부채가 감당하기 힘들 정도로 확대된 데다 재정적자가 계속되고 있는 나라들이다.

유로존 가입 16개 회원국들은 유로국가들의 경제·통화 통합 기초가 되는 유럽통합조약인 *마스트리히트조약(안정성장협약)에 따라 재정적자와 국가부채(채무)를 각각 국내총생산(GDP)의 3%, 60% 내로 유지해야 한다. 마스트리히트조약을 준수하지 못할 경우 범칙금을 물거나 최악의 경우 유로존에서 퇴출당할 수도 있다. 단일통화 유로 가치를 안정화시키고 유로존 국가들의 공동번영을 위해 유로 회원국들이 모두 건실한 정부 재정을 유지해야 한다고 믿기 때문이다.

그러나 PIIGS로 대변되는 남유럽 국가들의 2009년 재정적자 규모는 GDP의 5.3~12.7%(2009년 11월 기준, EU 집행위 자료)에 달한다. 마스트리히트조약이 규정하는 재정적자 기준을 훌쩍 넘어선다. 유로존발 국가부도 가능성을 초래한 그리스의 경우 GDP 대비 재정적자 규모가 12.7% 수준이다. 정부부채도 GDP 대비 112.6% 수준으로 마스트리히트 기준의 두 배에 달하는 등 재정적자와 정부부채가 EU 27개 회원국 중 최악이다.

IMF에 따르면 이탈리아의 경우 2009년 GDP 대비 국가채무 비율이 115%를 넘어섰고 2010년에는 120%에 달할 전망이다. 포르투갈도 2009년 GDP 대비 국가부채가 77% 수준이다. 스페인의 경

PIIGS 국가 GDP 대비 재정적자 규모(2009년 11월 기준)

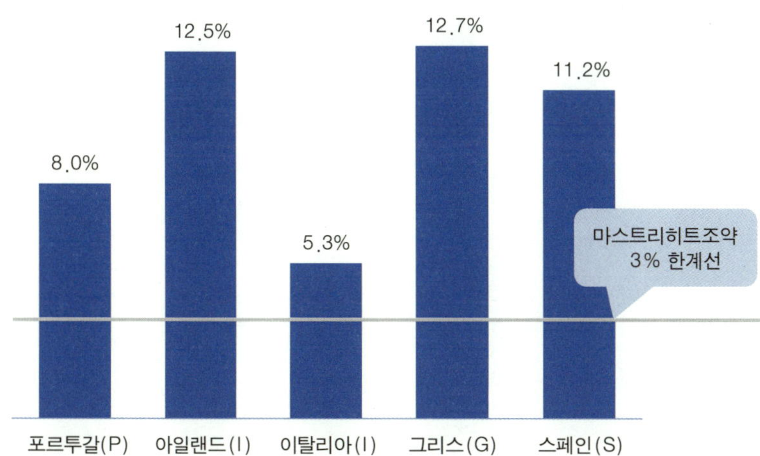
12.5%
12.7%
11.2%
8.0%
5.3%
마스트리히트조약
3% 한계선
포르투갈(P)
아일랜드(I)
이탈리아(I)
그리스(G)
스페인(S)
출처: EU 집행위

PIIGS 국가 GDP 대비 국가부채 규모(2009년 11월 기준)

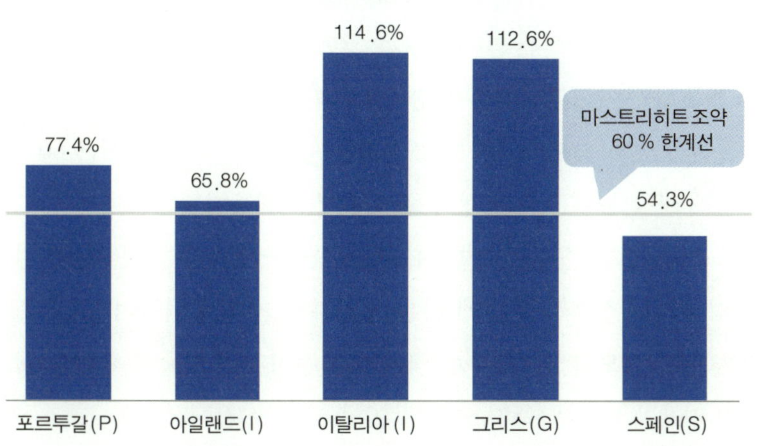
114.6%
112.6%
마스트리히트조약
60 % 한계선
77.4%
65.8%
54.3%
포르투갈(P)
아일랜드(I)
이탈리아(I)
그리스(G)
스페인(S)
출처: EU 집행위

"글로벌 위험요인 중 가장
염려스러운 것이 바로 각국의
재정적자 위기에 따른
국가부도 가능성이다."

우 2009년 재정적자가 GDP의 11%를 넘어섰다.

금융전문 컨설팅업체 존 드르지크 올리버 와이먼 회장은 "위기 발생 이전 신흥·선진 20개국(G20) 국가부채는 국내총생산(GDP) 대비 78% 수준이었다. 그러나 경기부양책 시행으로 정부 지출이 급증하면서 앞으로 이 수치가 118%로 급증할 것"이라며 "최근 60~70년래 가장 높은 국가부채 수준"이라고 지적했다.

드르지크 회장은 "글로벌 위험요인 중 가장 염려스러운 것이 바로 각국의 재정적자 위기에 따른 국가부도 가능성"이라며 "그리스 외에 경제 규모가 더 큰 유럽 국가가 재정적자 어려움에 빠지면 글로벌 경제에 커다란 충격을 줄 것"으로 내다봤다.

재정적자 누적으로 국가부채가 눈덩이처럼 불어날 경우 부채 상환을 위한 국채 발행도 갈수록 어려워질 수밖에 없다. 국채를 발행하더라도 국가부도 위험성 때문에 투자자들에게 위험 프리미엄을 가산한 더 높은 금리를 지급해야 한다. 똑같은 액수의 국채를 발행하더라도 이전에 비해 더 많은 비용을 부담해야 한다는 얘기다.

높은 이자비용은 국가 재정에 두고두고 부담으로 남을 수밖에 없다. 최악의 경우, 국가부채 규모가 통제불능 상황으로 커지면 국채 발행 자금이 모두 국채 이자를 상환하는 데 들어갈 수도 있다. 실제로 일본의 경우 정부가 지불해야 할 국채 이자지급액이 연간 걷어 들이는 세금의 30%에 육박하고 있다.

국가 재정이 열악해지면 국가기능을 제대로 수행할 수 없게 된다. 또 나라빚이 많아져 국가부도 위험이 커지면 당연히 외국인 투자도 줄어들게 돼 경기가 더욱 침체되고 세수는 더욱 줄어 재정적자가 심화되는 악순환의 고리에 빠지게 된다. 부족한 세수를 보전하고 부채 상환을 위해 국채덤핑에 나서게 되면 국채금리는 더욱 올라가고 결국 국가 경제가 와해될 수밖에 없다.

유로존발
국가파산 위험 왜?

그렇다면 남유럽 국가들의 재정적자가 이처럼 심각해진 원인은 무엇일까?

바로 과도한 복지 등 방만한 재정운영이 근본적인 원인이다. 여기에다 글로벌 경기침체 상황에서 경기를 살리기 위해 무차별적으로 시행한 경기부양책이 과도한 국가채무라는 부메랑으로 돌아왔

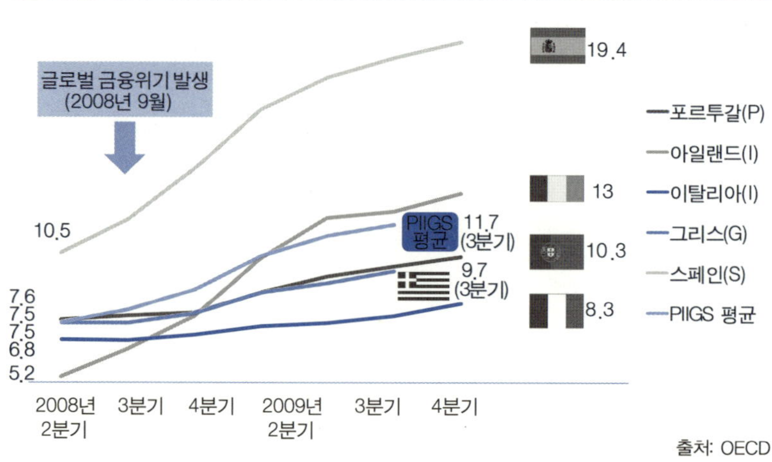

다. 일단 경기회복과 금융 시스템 붕괴 사태를 막기 위해 돈을 풀었지만 결국 정부가 민간을 대신해 빚더미에 짓눌리는 상황이 벌어졌다.

경기침체 속에 유로존 실업률이 급증한 점도 국가 재정에 부담을 줬다. 위기 전 7% 선이던 PIIGS 국가들의 평균실업률이 2009년 11%대를 훌쩍 넘어섰다. 실직수당 등 고용 관련 정부 사회보장 지출이 늘어날 수밖에 없는 구조다.

유로존의 구조적 문제도 남유럽 국가들이 글로벌 경제 위기 상황에서 경기회복을 앞당겨 세입기반을 확대할 수 있는 기회를 박탈했다. 남유럽 국가들은 유로라는 단일통화를 사용하는 유로존 가입을 통해 가입 초기에 통화 안정, 저금리 등 유로존이 제공하는 혜택을 향유했다.

그러나 문제는 유로존 회원국 간 경제덩치와 산업 경쟁력이 천양지차라는 점이다. 각 회원국별로 경제 수준과 환경이 상이하지만 일단 유로존에 가입하면 국가별로 환율·금리정책을 펼칠 수 없다. 경제 위기 상황에서 내수확대가 쉽지 않다면 자국 통화가치를 떨어뜨리는 환율정책을 통해 수출을 늘리는 등 탈출구를 찾아야 한다. 이를 통해 공장가동률을 높여 국내 생산을 늘리고 신규 일자리를 창출, 실업률을 떨어뜨리고 세수 확대 기반을 마련해야 한다.

하지만 유로라는 단일통화를 사용하고 있기 때문에 회원국들이 개별적으로 자국 통화가치를 떨어뜨려 수출을 늘리는 식의 환율정책을 쓸 수 없다는 점이 유로존 회원국들의 정책 재량권을 제약하고 있다.

사실 많은 아시아 국가들은 자국 통화가치 하락을 유도, 글로벌 위기상황 속에서도 수출을 어느 정도 유지해 글로벌 경기침체의 파고를 넘어설 수 있었다. 그러나 유로존 국가들의 경우 수년간 장기적인 추세로 진행된 유로화 강세 때문에 수출경쟁력이 떨어져 경기침체의 불똥을 그대로 안고 갈 수밖에 없었다.

PIIGS의 2009년 경상수지 적자는 OECD 선진국 평균(0.8%)보다 훨씬 높은 GDP의 13%를 넘어설 정도였다. 이처럼 내수와 수출이 모두 줄다보니 당연히 세수가 위축됐고 국가 재정이 파탄지경에 이르게 됐다는 진단이다. 올리버 블랜차드 IMF 수석 이코노미스트는 유럽이 재정적자를 해소하려면 앞으로 20년이라는 기간이 소요될 수 있다는 비관적인 전망을 내놓기도 했다.

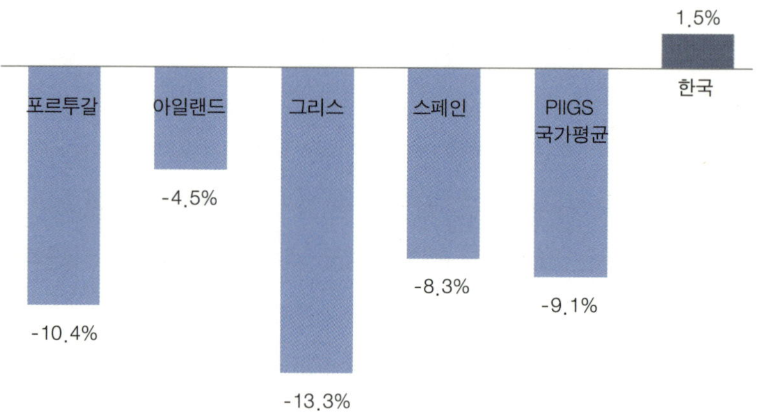

도미노 국가 *디폴트
가능성

그리스 국가부도 사태로 유로존이 흔들리고 있다는 진단에 크리스티앙 누아예 프랑스 중앙은행 총재는 "유로존 회의주의에 동의할 수 없다"고 밝혔다. 그리스 경제 규모가 유로존 국내총생산(GDP)의 2~2.5%에 불과해 유로존에 충격을 주기 힘들다는 얘기다.

그러나 사태의 심각성은 국가 재정위기가 그리스에만 국한된 얘기가 아니라는 점에 있다. 실제로 국가부도 사태에 처해 그리스가 구제금융을 받아야 하는 상황에 직면할 경우 그 충격파는 PIIGS 국가로 확산될 수밖에 없다.

PIIGS 국가 중 하나인 스페인은 유럽에서 4번째로 경제 규모가 크다. 그래서 만약 스페인이 재정위기에 빠진다면 그리스와는 비교할 수 없을 정도의 충격이 발생할 수밖에 없다. 누리엘 루비니 뉴욕대 교수는 "유럽 4대 강국인 스페인 경제가 19%의 고실업률에 허덕이고 있다"며 "그리스가 미치는 충격은 크지 않지만 스페인이 망가질 경우 이는 재앙(disaster)이 될 것"이라고 경고등을 올렸다.

국가부도 위기가 PIIGS에서 멈추는 것도 아니다. PIIGS 파장이 커진 이후 국제금융시장에는 유럽 경제대국 영국을 포함하는 STUPID(스페인, 터키, 영국, 포르투갈, 이탈리아, 두바이) 리스트가 돌았다. 이들 명칭이 6개국이 글로벌 경제 충격의 새로운 뇌관이 될 것이라는 암울한 전망도 함께 나왔다.

2010년 들어 신용등급 하향 압박을 받고 있는 유럽의 경제 강국 영국의 경우 재정적자 규모가 위기 전 GDP의 2.6%에서 2009년에는 11.6%를 넘어선 데 이어 2010년 13.2%로 급증할 전망이다. 2010 국가부채 수준도 GDP 대비 82%대로 올라서 다른 유럽 재정 불량국가들과 엇비슷한 수준이 될 것으로 보인다.

특히 영국은 2010년 1월 43억 파운드의 재정적자를 기록했다. 지난 1993년부터 영국정부가 월별 재정수지를 집계하기 시작한 이후 1월 재정적자는 이번이 처음이다. 1월은 법인세 등 세수가 늘어 흑자재정을 이루는 게 일반적이다. 그만큼 재정적자의 심각성을 보여준다는 설명이다.

영국 외에도 IMF에 따르면 G20 국가의 GDP 대비 평균 국가부채비율은 2009년 75.1%로 나타났다. G8을 중심으로 한 선진국은

98.9%에 달한다. 선진국들의 경우 부채비율이 지속적으로 상승, 2014년에는 118.4%까지 치솟을 것으로 IMF는 전망하고 있다.

전 세계 최대 채무국으로 전락한 미국은 2009년 사상최대 규모의 재정적자(1조 4,200억 달러)를 냈다. 2008년에 비해 3배 가까이 급증한 수치다. 위기 발생 전인 지난 2007년 미국의 GDP 대비 재정적자는 2.8% 수준이었다. 그러나 2009년 GDP 대비 12.5%로 급증했다.

2010년 재정적자를 GDP 10%대 수준으로 떨어뜨릴 것이라고 선언했지만 실현 가능성은 미지수다. 민간 경제의 자생력이 살아나지 않을 경우 세수목표를 채우기 힘들 뿐만 아니라 경기회복을 위한 추가적인 재정 지출 부담 때문에 오히려 재정적자 폭이 한층 확대될 개연성이 여전하기 때문이다.

미국의 국가채무비율은 2010년 GDP의 94%까지 육박한 뒤 2011년에 100%를 넘어설 전망이다. 일본의 경우는 더욱 심각하다. 이미 국가부채가 2009년 GDP의 200%를 넘어섰다. 2010년 GDP 대비 국가부채 규모는 227%에 달할 전망이다. IMF는 일본 국가부채가 2014년에는 GDP의 250%에 육박할 것으로 내다보고 있다.

재정적자 축소
발등의 불

크리스틴 라가르드 프랑스 재무장관은 "우리는 2009년 3T 원칙 하에 움직였다. 일시적(temporary)인 지원,

미 · 영 · 일 GDP 대비 재정적자 규모
13.2%
12.5%
11.6%
10.5%
10.2%
10%
8%
6.8%
6.7%
2.8%
2.6%
2.5%
미국
영국
일본
2007년 (위기 이전)
2009년
2010년
2014년
출처: IMF

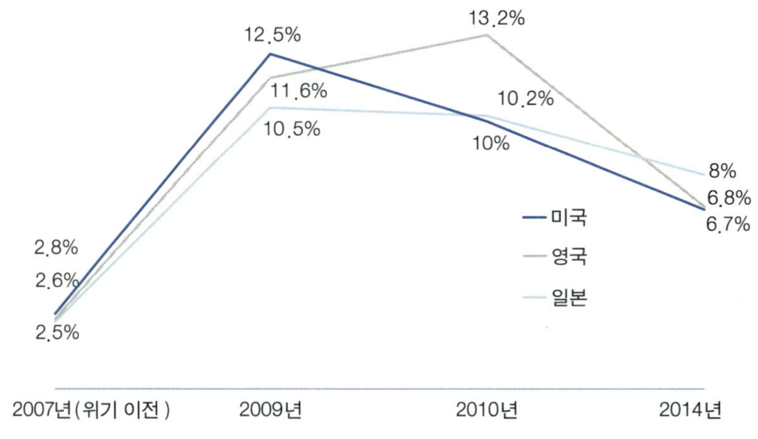

미 · 영 · 일 GDP 대비 국가부채 규모
245.6%
227.0%
218.6%
187.7%
미국
영국
일본
G8 선진국
118.4%
106.7%
108.2%
98.9%
93.6%
98.3%
78.8%
84.8%
81.7%
63.1%
68.7%
44.1%
2007년 (위기 이전)
2009년
2010년
2014년
출처: IMF

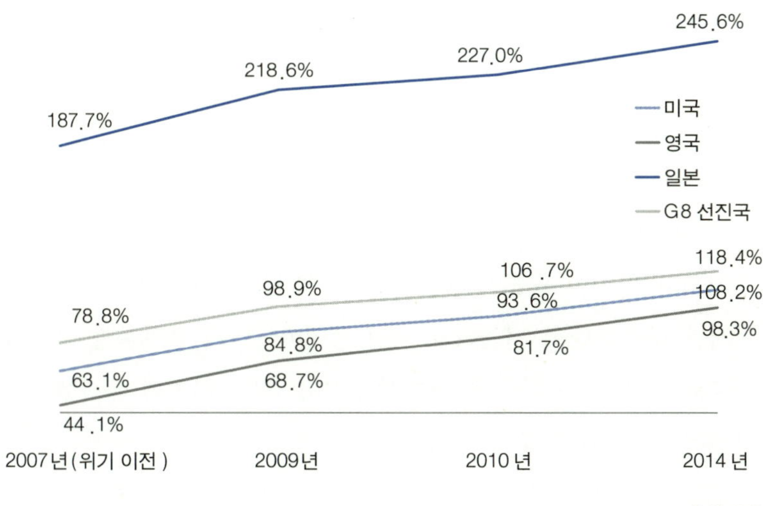

특정대상 지원(targeted), 그리고 적절한 타이밍(timely)이었다. 그러나 이제는 3R로 움직여야 한다. 경기회복(recovery), 개혁(reform) 추진을 통해 경제가 유연성을 발휘할 수 있도록 하는 한편, 재정건전성을 회복(restore)해야 한다"고 다보스 포럼 현장에서 밝혔다.

존 몽스 유럽노조연맹(ETUC) 사무총장은 "금융서비스 산업 구제가 부메랑으로 돌아와 각국 정부가 눈덩이처럼 불어난 나라 빚을 갚아야 할 상황"이라며 "정부는 재정적자 축소를 위해 증세에 나서거나 정부 지출(public spending)을 줄일 것이다. 아니면 두 가지를 동시에 할 수도 있다"고 내다봤다.

이처럼 재정적자를 줄이는 가장 좋은 방법은 세금을 올려 세입 기반을 확대하고 정부 지출을 축소하는 것이다. 그러나 글로벌 경기침체가 지속되는 상황에서 증세라는 선택은 국민적인 반발을 불러오기 쉽다. 결국 지속적인 경기회복이 불확실한 현 시점에서 재정적자를 꼭 줄여야 하는 정부가 선택할 수 있는 옵션은 정부 지출을 줄이는 것이다.

물론 여기에도 어려움이 있다. 실업률이 높은 상황에서 실직수당 등 사회보장성 지출을 오히려 늘려야 할 개연성이 높기 때문이다. 이래저래 재정적자 줄이기가 쉽지 않은 형국이다.

그러나 일단 남유럽 국가들은 물론 전 세계 모든 나라들이 재정적자를 줄이겠다고 선언하고 나선 상태다. 먼저 유로존발 국가파산 위기를 몰고 온 유로존 국가들이 가장 먼저 허리띠 졸라매기에 나서겠다고 약속했다.

*안정성장협약(stability & growth pact)에 따라 대다수 유로권 국가

들이 EU 집행위에 재정적자를 2010~2014년까지 3%대 이하로 낮추기로 했다. 게오르그 파판드레우 그리스 총리는 "2009년 GDP 대비 12%대를 넘어선 재정적자를 2010년까지 4%대로 낮추고 2012년까지 마스트리히트조약 요구대로 3%대로 맞추겠다"고 장담했다. 또 임금, 정부 지출, 세금개혁, 연금개혁 등을 통해 공공예산을 삭감할 것이라고 밝혔다. 국민들도 고통을 분담해야 한다는 이야기다. 그러나 이 같은 강력한 긴축정책에 대해 공공노조가 파업에 나서는 등 정부 지출 삭감을 놓고 마찰이 불가피할 것으로 보인다.

호세 루이스 로드리게스 사파테로 스페인 국무총리도 "스페인이 높은 실업률과 무역적자에 시달리고 있는 어려운 상황이지만 마스트리히트조약을 지킬 것"이라며 "2013년까지 재정적자를 GDP의 3%로 줄이는 등 긴축정책(austerity)을 펼쳐나갈 것"이라고 약속했다. 미국도 재정적자를 줄이겠다고 선언한 상태다. 이들 국가들 입장에서는 어쩔 수 없는 선택이다. 무한정 재정적자를 늘려 국가부도 위기에 처할 수는 없기 때문이다.

그러나 니얼 퍼거슨 하버드대 교수는 "그리스정부가 폭동을 발생시키지 않고 GDP 대비 12% 수준인 재정적자를 2~3년 내에 3%로 줄이는 것은 불가능하다"며 "그리스는 물론 포르투갈, 스페인, 아일랜드 등 유로존 채권시장 전체로 위험이 전염되면 몇몇 유럽은행들이 어려움에 처할 수 있다"고 경고했다.

재정적자 축소의
역설

실제로 남유럽 국가들이 국가부도 사태를 맞을 가능성은 그다지 크지 않다. 어떤 식으로든 유로존 국가들이 국가부도 사태를 막기 위해 십시일반 지원에 나설 것이기 때문이다. 물론 독일 등은 유럽중앙은행과 각국 중앙은행의 특정국 지원을 금지하는 조항(no-bailout clause)을 담고 있는 *리스본조약 등을 들어 자금 지원에 적극적이지 않다.

그러나 결국에는 그리스에 대한 자금 지원에 나설 것으로 전망된다. 그리스 국가부도가 유로화 가치 하락과 유로존 몰락으로 연결될 수 있기 때문이다. 또 남유럽 국가들이 실제 국가부도 상황에 처할 경우 이들 국가에 돈을 빌려준 서유럽 대형 은행들이 큰 손실을 입을 수 있다는 점도 유로존 회원국의 어려움을 나 몰라라 할 수 없는 이유다.

독일, 프랑스 등 유럽경제대국 은행권이 PIIGS에 물린 돈만 9,000억 달러에 달하는 것으로 파악되고 있다. 결국 자국 은행을 살리는 차원에서 그리스 사태를 강 건너 불 구경하듯 할 수는 없는 입장이다.

그리스 등 남유럽 국가들이 유로존의 지원을 받아 국가부도 사태를 넘기더라도 재정적자 문제는 장기적으로 유럽은 물론 글로벌 경제에 큰 부담으로 작용할 전망이다.

특히 PIIGS 국가 등 재정적자가 심각한 나라들이 당연히 재정적자를 줄이는 노력을 해야겠지만, 재정적자 축소는 글로벌 경제에 악재다. 사실 지난 2008년 글로벌 경제 위기 이후 글로벌 경제가 이 정도 버텨준 것도 다 전 세계 정부가 동시다발적으로 재정·통화정책을 통해 경제 살리기에 나선 덕분이다. 미국 GDP성장률의 90%가 경기부양책 덕분이라는 통계도 있다.

이런 상황에서 앞으로 10~20년간 GDP 대비 부채비율을 위기 이전보다 낮은 수준으로 줄이는 긴축정책이 지속된다고 가정해보라. 그동안 경기를 이끌어왔던 정부가 발을 뺄 경우 미약한 회복세를 지속하던 글로벌 경제가 다시 침체하는 더블딥에 빠질 가능성이 높아질 수밖에 없다.

민간경기가 살아나 정부 역할을 대신해줘야 하지만 기대대로 현실화될지 미지수다. 이런 점이 강력한 경기회복에 대한 자신감을 떨어뜨리고 있다.

피터 샌즈 스탠다드차터드뱅크(SCB) CEO는 "각국 정부의 정책 공조와 재정 투입으로 세계 경제가 최악의 위기를 벗어났지만, 재정투입을 통한 경기부양책이 중단될 경우 경기회복이 한계에 부딪힐 수 있다는 점이 불안 요인"이라고 지적하고 있다.

또 재정적자와 과도한 국가부채로 재정 건전성이 악화되면 투자자들의 국채 투매로 인해 '국채가격 급락 → 국채 이자 상승 → 시중금리 상승'을 가져오게 된다. 이는 투자와 소비를 위축시키고 심각한 경제침체라는 악순환을 초래, 사회적으로 커다란 파장을 몰고 올 수밖에 없다.

달러캐리트레이드
청산 가능성 점증

　　　　　　지난 수년간 약세기조를 유지하던 달러화가 유로존 국가부도 위기로 2010년 초부터 유로화에 대해 강세로 돌아섰다. 수출경쟁력 강화 차원에서 유로존 국가들에게는 희소식일지도 모른다. 그동안 유로가치가 과도하게 높아 수출을 제대로 하지 못한다는 불만이 유로존 국가들 사이에 공공연히 터져 나왔기 때문이다.

그러나 기뻐하기에는 이르다. 유로존 국가들의 수출경쟁력이 다소 회복될지는 모르지만 *달러캐리트레이드 청산이라는 부작용이 도사리고 있기 때문이다.

캐리 거래(carry trade)는 저금리 통화를 빌려 상대적으로 금리가 높은 지역의 유가증권 등 금융자산에 투자하는 거래를 말한다. 통화를 빌려 투자한다는 점에서 차입거래라고도 한다.

만약 엔화 차입 금리가 상대적으로 다른 통화에 비해 낮고 또 엔화가치가 장기적인 약세를 보일 것으로 기대한다면, 엔화를 차입해 상대적으로 수익률이 높은 나라 화폐나 통화 절상 가능성이 높은 화폐 표시자산에 투자하면 된다. 이를 통해 금리차만큼 혹은 통화 절상 이익만큼 수익을 올릴 수 있다. 이 수익을 현실화시킨 뒤 나중에 엔화를 사들여 엔화 차입금을 갚으면 된다. 이처럼 엔화를 차입할 경우는 엔캐리트레이드라고 한다. 만약 차입 통화가 달러화라면 달러캐리트레이드가 된다.

최근 수년간 엔캐리트레이드와 함께 국제투자자들 사이에 유행

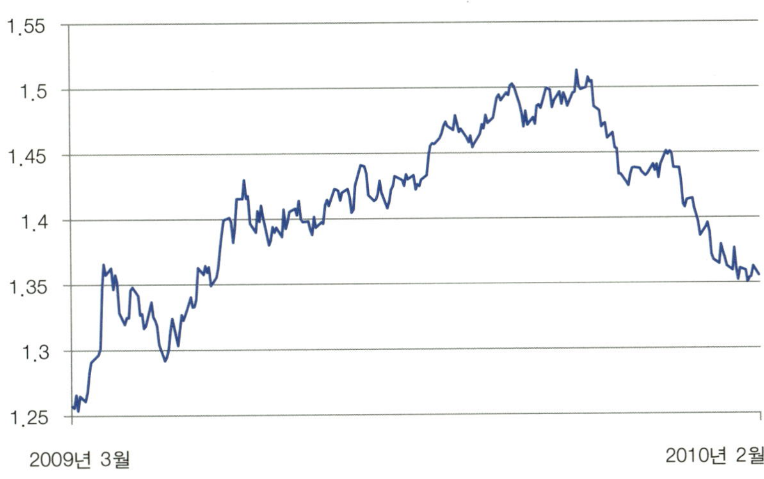

출처: 블룸버그 통신

처럼 번졌던 것이 바로 달러캐리트레이드였다. 달러화 가치가 다른 통화에 비해 상당기간 약세기조를 유지했기 때문이다.

또 미국의 중앙은행인 미국 연방준비제도이사회(FRB)가 역사상 가장 낮은 저금리 기조를 유지한 것도 달러캐리트레이드를 촉발시킨 유인이 됐다.

그래서 많은 투자자들이 달러를 차입해 미국 외 지역의 고금리 자산에 투자해왔다. 유로표시 자산은 달러캐리트레이드의 대표적인 투자처였다. 지난 수년간 유로지역 금리가 미국보다 높은 수준에 있었고 2009년까지만 해도 유로화 가치가 달러화에 비해 지속적인 오름세를 유지해왔기 때문이다.

그러나 유로존 사태로 달러화 대비 유로가치가 급락하면서 달러캐리트레이드가 청산될 가능성이 높아지고 있다. 투자자 입장에서 유로화 가치 하락이 장기적인 추세라고 판단될 경우 환차손을 피하기 위해 유로표시 자산을 팔아 차입한 달러화 상환에 나서야 한다.

또 미국의 출구전략이 빨라질 경우에도 달러캐리트레이드 청산 가능성이 높아진다. 미국이 더딘 경기회복 때문에 금리 인상을 하기 힘든 유로존보다 먼저 금리 인상에 나설 경우 금리차가 역전될 수도 있다. 이 경우 유로캐리트레이드 자금이 달러표시자산을 사기 위해 몰려들 수 있다. 이머징 마켓에 투자된 달러캐리트레이드 자금 청산에 따른 환율쇼크 발생 가능성도 배제할 수 없는 상황이다.

유로존
존폐 위기

유로존이 최대의 위기를 맞고 있다. 유로존은 역내 환율 안정 등 시스템적인 위기 발생을 막기 위해 결성됐다. 그러나 그리스 위기가 유로존 전체 위기로 확대 재생산되면서 단일통화를 사용하는 유로존 체제의 실효성에 의문을 제기하는 목소리가 커지고 있다.

유로존에 가입하면 꼭 지켜야 하는 마스트리히트조약이 회원국들의 위기대응능력을 크게 제약한다는 이야기도 심심치 않게 들린다. 단일통화를 사용하는 유로존에 가입한 후에는 정부 지출, 환율 그리고 금리정책을 각 회원국별로 각국 실정에 맞게 활용할 수 없기 때문이다.

유로 단일 금리는 회원국의 금리정책 활용 가능성을 원천적으로 차단하고 있다. 환율도 마찬가지다. 자국 통화가 아닌 유로화 단일 통화를 쓰다 보니 유로존 16개 회원국의 경제력에 엄연한 차이가 있음에도 불구하고 똑같은 환율·금리에 맞춰 정책을 펴야 하는 어려움이 있다.

이와 관련 조지 소로스 소로스펀드 회장은 유로존 해체 가능성을 제기했다. 누리엘 루비니 뉴욕대 교수도 "유로존이 경제력이 강한 중심부와 경제력이 취약한 주변부로 나눠져 결국 일부 국가들은 유로존을 떠나게 될 것"이라며 "당장은 아니지만 앞으로 2년 후에는 유로존 단일통화 체제가 해체될 수도 있다고 본다"고 진단했다.

유럽연합을 '필연적 재앙(disaster waiting to happen)' 이라고 지적한 바 있는 니얼 퍼거슨 하버드대 교수는 "유럽연합은 구조적으로 불안정하다"며 "단일통화를 사용할 수는 있겠지만 국가재정 이슈를 특정한 틀에 묶어 관리한다는 것 자체가 오히려 위기를 더 키울 수밖에 없다"고 지적했다. 또 퍼거슨 교수는 "종국적으로 그리스 등 재정상황이 좋지 못한 국가들은 구제금융을 받는 상황이 연출될 것"으로 내다봤다.

반면 장 클로드 트리셰 유럽중앙은행(ECB) 총재는 "16개국으로 이뤄진 유로존이 분열될 것이라고 상상하는 것은 터무니없다(absurd)"며 목소리를 높였다.

트리셰 총재는 "유로 단일통화를 사용하는 유로존 16개국 3억

"16개국으로 이뤄진 유로존이
분열될 것이라고 상상하는 것은
터무니없다."

3,000만 명은 EU라는 틀 안에서 통합, 단일시장과 단일통화라는 틀을 갖췄다. 미 합중국과 같은 단일시장이 된 셈이다. 미국 내에서도 다양성이 존재하듯 유로존 국가 간에도 성장률·인플레이션율·노동비용 차이가 존재하는 등 국가마다 사정이 다르기 때문에 그만큼 많은 문제에 직면할 수밖에 없다"고 인정했다.

그러면서도 안정성장협약(staibility & growth pact)은 유로존 통합을 위해 꼭 필요한 틀이라는 점을 강조했다. 재정정책 등에 대한 감시·감독 기능이 없을 경우 통화통합 자체가 불가능하기 때문이다.

사파테로 스페인 총리도 "어느 누구도 유로를 떠나지 않을 것이다. 오히려 더 많은 나라들이 유럽연합 가입을 원하고 있다"며 "유로 체제가 성공적이라는 증거"라고 강조했다. 사파테로 총리는 "유로존 내 국가들 간 협력과 조율을 강화함으로써 위기를 극복할 수 있다"고 덧붙였다.

이처럼 유로존 해체 여부를 놓고 논란이 치열해지고 있는 가운데, 거시경제 전문가들은 이번 사태를 계기로 유로존에 가입하지 않은 채 자국통화를 사용하는 일부 유럽국가들이 유로존 가입을 더 뒤로 미루는 상황이 벌어질 수 있다고 진단했다.

가계부채도
늘어나고 있다

국가부채뿐만이 아니다. 전 세계적으로 가계부채도 늘어나고 있는 것으로 조사됐다. 지난 18개월간 미국 등 선진국 국민들이 과도한 소비를 줄이고 디레버리지(차입 축소)에 나섰지만 오히려 가계부채가 늘어났다는 점은 충격적이다.

다보스 현장에서 만난 금융전문 글로벌 컨설팅업체 올리버 와이먼 존 드르지크 회장은 "15개국의 부채 규모를 조사한 결과 가계가 적극적인 차입 축소에 나서고 있지만 오히려 자산 대비 부채비율이 더욱 높아진 것으로 나타났다"고 밝혔다. 디레버리지에 나서고 있지만 부동산, 금융자산, 주식 등 보유자산 가치가 부채 축소 규모보다 더 큰 폭으로 떨어지고 있기 때문이다.

실제로 주요국들의 GDP 대비 가계부채를 살펴본 결과, 세계최대 채무국인 미국의 경우 지난 18개월간 미(美)가계가 엄청난 디레버리지에 나섰지만 2009년 GDP대비 부채비율이 여전히 101%에 달했다.

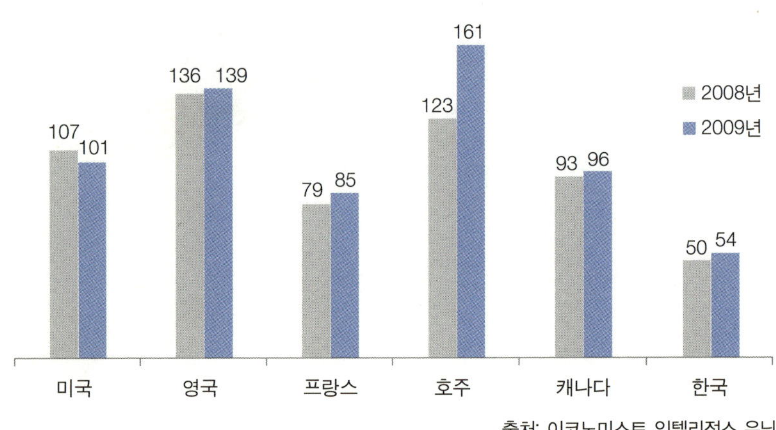

영국은 GDP대비 가계 부채비율이 지난 2008년 136%에서 2009년에는 오히려 139%로 늘어났다. 호주의 경우 더욱 심각하다. 가계부채비율이 같은 기간에 123%에서 161%로 폭증했다. 캐나다와 프랑스도 각각 93%, 79%에서 96%, 85%로 오히려 가계부채가 늘어났다. 한국도 2009년 GDP대비 가계부채비율이 54%를 기록, 전년에 비해 4%포인트 늘어났다.

정부부채가 확대돼 글로벌 국가부도 도미노가 염려되는 상황에서 가계부채마저 오름세를 지속하고 있다는 점은 글로벌 경제에 큰 부담이다. 앞으로 가계가 추가적인 빚 축소에 나서야 하기 때문이다. 이는 곧바로 글로벌 수요기반 약화로 이어질 수밖에 없다.

블랙 스완(black swan)

블랙 스완은 과거의 경험으로 전혀 예측할 수 없는 이례적인 현상을 의미하는 말이다. 블랙 스완의 기원은 이렇다. 오랫동안 '백조는 반드시 희다'는 통념이 진리로 받아들여졌다. 그러나 18세기 호주 대륙에서 검은색 백조가 발견되자 기존 통념은 완전히 무너졌다. 수천 년간 이어져온 믿음과 진리가 호주에서 발견된 검은 백조 때문에 깨진 것. 이처럼 블랙 스완은 한 마디로 기대치 밖에 있어서 예상하기 어려운 극단값을 의미한다. 그러나 결코 있을 것 같지 않은 블랙 스완이 나타나면 세상을 뒤집을 정도의 파장과 후폭풍을 몰고 온다.

2008년 글로벌 경제 충격을 예언한 나심 니컬러스 탈레브 뉴욕 폴리테크닉대 교수가 쓴 글로벌 베스트셀러 《블랙 스완》은 관찰과 경험에 근거한 학습과 지식이 얼마나 제한적이며 취약한지를 질타한다.

보호주의(protectionism)

자국의 일자리와 자국 기업들을 보호하기 위해 취하는 수단이나 방침을 통틀어 보호주의라고 한다. 보호주의 수단으로는 외국상품에 대한 높은 관세(보호관세), 수입과징금과 수입할당 등의 수입통제책 외에도 환경규제를 강화하는 등 비관세 무역장벽도 많다.

레버리지(leverage)

레버리지의 사전적 의미는 '지렛대'다. 지렛대를 이용하면 몇 배의 힘을 발휘할 수 있다. 금융계에서는 자기자본의 몇 배 심지어는 수십 배의 돈을 빌려 투자하는 차입투자를 설명할 때 흔히 레버리지라는 말을 사용한다. 빚을 지렛대로 투자 수익률을 극대화하는 레버리지는 경기가 호황일 때 고수익을 올릴 수 있는 투자 기법이다.

상대적으로 낮은 비용(금리)으로 자금을 끌어와 수익성 높은 곳에 투자하면 조달비용을 갚고도 수익을 남길 수 있기 때문이다. 그러나 경기가 악화될 경우 과도한 레버리지로 기업이 빚더미에 파묻혀 파산하는 상황이 발생할 수 있다. 2008~2009년 글로벌 금융·경제 위기도 금융기관이 과도한 레버리지를 활용, 파생상품 투자에 나섰다가 부실해지면서 초래됐다. 디레버리지(deleverage)는 레버리지와 반대로 빚을 상환한다는 의미다.

마스트리히트조약(Maastricht treaty)

유럽공동체(EC)가 시장통합을 넘어 정치·경제적으로 결합하는 유럽연합(EU)의 토대가 된 조약이다. 네덜란드 소도시 마스트리히트에 EC 정상들이 모여 유럽통합의 기초를 닦은 데서 이름을 따왔다. 마스트리히트조약은 유럽중앙은행(ECB) 창설과 단일통화 유로를 사용하는 경제통화동맹(EMU), 노동시장 통합 등 사회부문, 공동방위정책, 유럽

시민권 등 4개 핵심내용을 담고 있다. 마스트리히트조약은 1992년 2월 EC 외무장관회의에서 정식 조인됐고 그 다음해 11월 발효됐다. 이에 따라 EC는 유럽연합(EU)으로 명칭을 바꿨다.

안정성장협약(stability & growth pact)

유로(Euro) 출범과 함께 회원국 재정건전성 확보와 통화가치 안정을 목표로 독일 정부가 고안한 제도다. 유로로 단일통화로 받아들이기로 한 유로존 회원국들이 1996년 12월 더블린 유럽연합(EU) 정상회담을 통해 안정성장협약에 합의했다. 안정성장협약에 따라 유럽 회원국들은 재정적자와 국가부채를 국내총생산(GDP) 대비 3%·60% 선 이하로 맞춰야 한다. 이를 어기는 국가에 대해서는 벌금을 부과하거나 최악의 경우 유로존에서 퇴출할 수 있다. 재정적자가 GDP의 3%를 넘는 나라에 대해서는 GDP의 0.2%, 4%를 넘는 나라에 대해서는 0.3% 등 최고 GDP의 0.5%까지 벌금을 부과한다.

디폴트(default)

공사채나 은행대출금 등에 대해 원리금을 지불할 수 없는 상황을 말한다. 한마디로 채무자가 채권자에게 돈을 갚지 못해 부도가 나는 것을 말한다. 채무자가 민간기업인 경우 경영부진이나 도산 등이 디폴트의 원인이 된다. 채무자가 국가인 경우, 전쟁이나 보유외환고 고갈 등에 따른 대외 지불 불능이 원인이 된다. 디폴트 발생 위험 정도를 나타내는 말이 디폴트 리스크(default risk)다. 디폴트 리스크는 금융기관 쪽에서 원리금을 회수하지 못하거나 회수하더라도 약정기일에 제대로 회수하지 못함으로써 입을지 모르는 불이익이다. 국가와 관련된 디폴트 리스크를 컨트리 리스크(country risk)라 부른다.

유로존(Eurozone)

유로화를 통화로 사용하는 국가들을 통칭하는 말로 유로랜드라고도 한다. 그리스, 네덜란드, 독일, 이탈리아, 프랑스, 스페인 등 16개국이 유로존 회원이다.

리스본조약

리스본조약의 정식 명칭은 유럽연합 개정조약(EU reform treaty)이다. 유럽연합 27개 회원국 정상들이 2007년 10월 포르투갈 수도 리스본에서 열린 정상회담을 통해 합의했다는 점에서 리스본조약으로 불린다. 지난 2009년 12월 리스본조약이 공식 발효됐다. 리스본조약은 유럽합중국(United States of Europe) 출범을 위한 '미니 헌법'으로 보면 된다. 리스본조약을 통해 임기 2년 6개월의 유럽연합 대통령을 선출할 수 있게 됐다. 벨기에 총리 헤르만 판 롬파위가 유럽연합 초대 대통령으로 탄생했다.

2

휴먼 리세션

수치적으로 보면 전 세계 경제는 제2의 대공황 위험을 벗어났다. 2009년 4분기 경제협력개발기구(OECD) 30개 회원국의 국내총생산(GDP) 성장률이 전 분기 대비 0.8% 증가한 것으로 나타났다. 이는 지난 2007년 1분기 이후 가장 빠른 성장속도다.

전 세계 경제에서 OECD 국가가 차지하는 비중은 61.3%에 달한다. OECD는 2009년 11월 회원국들의 2010년 성장률 전망치를 당초 0.7%에서 1.9%로 상향조정한 바 있다. 2011년 GDP 성장률 전망치는 2.5%다. 중국 등 다른 지역도 지속적인 성장세를 보이고 있다.

이처럼 수치상으로 보면 글로벌 경제가 뚜렷한 회복세에 접어든 것처럼 보인다. 그러나 지속 가능한 경제성장의 토대가 되는 고용성적표는 아직도 낙제점이다. 2009년 OECD 평균 실업률은 전년 대비 2.2%포인트 상승한 8.3%로 1988년 관련 통계 집계 이후 21

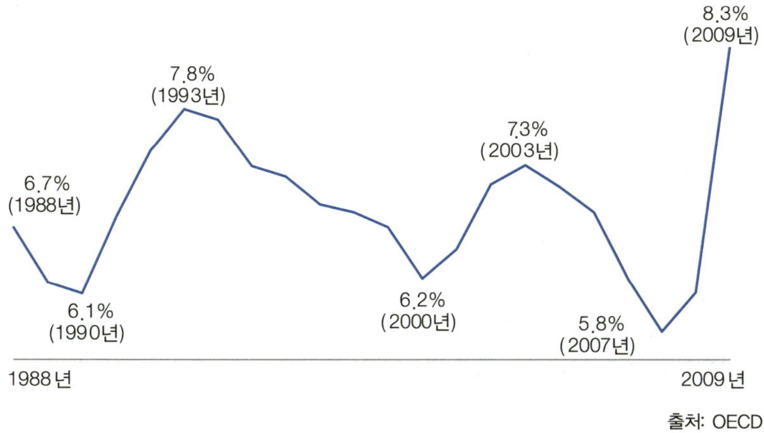

년 만에 최악이었다. 경제적인 침체는 끝났지만 고용침체를 의미하는 휴먼 리세션(human recession) 문제를 해결하지 못하면 지속 가능한 경기회복은 힘들어진다.

휴먼 리세션
해결 못하면 성장도 없다

　　　　　"휴먼 리세션(human recession) 수준까지 악화된 실업문제를 해결하지 못하면 성장은 숫자놀음일 뿐이다."

　다보스 포럼에 참석한 글로벌 정·재계 리더, 경제 석학들의 최대 고민 중 하나는 바로 일자리 창출이었다. 글로벌 경기침체(econmic recession)는 최악의 국면을 벗어나 회복세로 접어들었지만

97

"급격히 줄어든 재고를 다시
채워나가는 차원의 성장일 뿐
민간 수요가 강하게 회복돼
성장률이 올라간 것은 아니다."

일자리가 창출되지 않는 무고용 성장은 휴먼 리세션이라는 새로운 단어를 만들어냈다.

실제로 글로벌 경기회복에 대한 기대감은 커지고 있지만 오히려 실업률은 역사적 고점으로 치솟고 있다. 2008년 글로벌 경기침체 이후 전 세계적으로 일자리를 잃은 실업자 숫자만 3,400만 명에 달한다. 실업률이 고공행진을 지속하면서 전 세계적으로 1억 5,000만 명의 근로자들이 빈곤층으로 전락할 위험에 직면해 있다.

고용의 질도 떨어지고 있다. 전 세계적으로 근로자의 절반 정도는 언제든지 해직될 수 있는 실직의 위험에 노출(vulnerable employment)돼 있다는 분석도 있다.

로렌스 서머스 미국 백악관 국가 경제위원회(NEC) 위원장은 "미국의 2009년 4분기 국내총생산(GDP)이 전년 동기 대비 5.7% 상승한 것은 미국 경제가 제2의 대공황을 벗어난 증거다. 경제 붕괴를 막기 위한 정부 정책이 성공적이었다는 것을 보여준다”며 “앞으로 수 분기 동안 GDP 성장률이 최소한 미약하게나마 성장세를 이어갈 것으로 본다”고 밝혔다.

그러면서도 서머스 위원장은 “급격히 줄어든 재고를 다시 채워나가는 차원의 성장일 뿐 민간 수요가 강하게 회복돼 성장률이 올라간 것은 아니다”고 실토했다. 일자리 창출을 위해선 개인 소비와 기업 소비(투자) 등 총수요가 늘고 수요 증가에 맞춰 기업이 신규 고용을 해야 하지만 이 같은 선순환 사이클이 나타나지 않고 있다는 설명이다.

미국의 실업상황은 심각하다. 2010년 현재 25~54세 미국인 5명 중 1명은 일자리가 없다. 위기가 끝난 후에도 7명 중 1명 혹은 8명 중 1명은 일자리를 찾지 못할 것이라는 전망이 강하다. 이는 지난 1960년대 중반 근로자들의 95%가 일자리를 갖고 있었던 것과 비교된다. 미 정부 입장에선 일자리 창출이 발등에 떨어진 불이 될 수밖에 없다.

케네스 로고프 하버드대 교수도 회복세에 있는 세계 경제가 직면한 제일 큰 문제로 실업률을 꼽았다. 로고프 교수는 “최근 경기 회복 속도로는 실업률을 빠르게 회복시킬 수 없다”며 “고실업률이 경제를 위협할 것”으로 내다봤다. 로고프 교수는 “많은 사람들이 1년 이상 직업을 잡지 못할 확률이 높아지고 있다”며 “실업률이 위기 전 수준으로 복귀하는 데 4~5년이 소요될 것”으로 진단했다.

최근 재정적자 위기가 불거진 유럽권 회원국들의 경우, 2009년 평균 실업률이 9.2%까지 뛰었다. 이 중 스페인 실업률이 전년 대비 6.7%포인트 급등한 18.1%로 가장 높았다. 아일랜드(11.8%), 슬로바

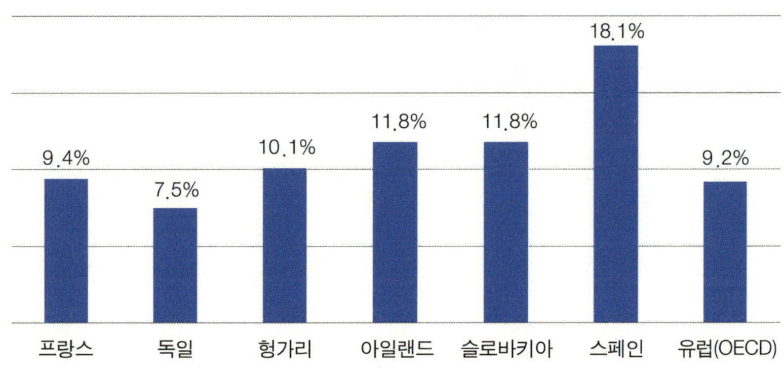

키아(11.8%), 헝가리(10.1%) 등 3개국도 모두 실업률이 10%를 넘어섰다. 프랑스와 독일도 각각 9.4%·7.5%의 높은 실업률을 보였다.

글로벌 경제가 회복세로 접어드는 것은 기쁜 일이지만 지속 가능한 경기회복에 대한 확신이 없으면 기업들이 신규 일자리 창출에 나서기 힘들다. 강력한 성장 *모멘텀 없이는 실업률을 줄이는 것이 불가능하다. 실업률문제가 앞으로 13~15년가량 더 이어질 수 있다는 암울한 전망이 나오는 이유다.

청년실업이
더 큰 문제

다보스 포럼 참석자들은 청년 실업률이 사상 최대치로 치솟고 있는 점이 커다란 사회적 문제로 대두될 것이라는 점에서 대책이 시급하다고 강조했다. 프라이스워터하우스쿠퍼스(PwC)가 전 세계 52개국 CEO 1,198명을 설문조사한 뒤 다보스 현장에서 발표한 〈2010 글로벌 CEO 설문조사 보고서〉만 봐도 이를 알 수 있다.

보고서에 따르면 설문 대상자의 69%가 2010년 기업의 최우선 과제로 투자보다는 비용 삭감을 꼽고 있다. 이들 응답자 중 88%가 2009년 비용을 줄인 데 이어 2010년도 비용 감축에 나서겠다는 의지를 밝힌 셈으로 '비용 축소=인건비 축소'라는 점에서 청년 실업률이 조만간 개선될 여지가 그리 높아 보이지 않는다.

로고프 하버드대 교수는 "미국과 유럽의 청년실업률은 겁이 날 정도다. 미국은 22~25세 청년실업률이 30%를 넘어서고 있어 걱정스럽다"며 "물론 하버드와 같은 명문대 출신은 직업을 구할 수 있겠지만 이들도 과거에 비해 선택의 기회가 크게 줄어들고 있는 게 사실이다. 많은 대학생들이 파트타임 일거리를 찾는 데도 어려움을 겪고 있다"고 강조했다. 특히 청년실업 문제는 사회적 혼란을 가져온다는 점에서 좋지 않다고 염려했다.

유럽의 경우 청년실업률이 더욱 심각하다. 스페인은 14~25세 인구의 42%가 일자리를 찾지 못하고 있다. 요제프 아커만 도이체방크 회장은 "젊은 층 실업률이 놀라울 정도로 높다. 유럽지역의 경우 청년 실업률이 평균 40% 이상이다. 중동지역의 경우 50%를 넘어서고 있다"고 경고했다.

인도의 경우 6~16세 인구가 3억 2,000만 명에 달한다. 이들은 앞으로 10년간 구직시장에 뛰어들 것이다. 따라서 구조적으로 글로벌 경제가 회복되지 않을 경우 청년 실업대란이 더욱 심화될 수 밖에 없는 상황이다.

전체 실업률 대비 청년 실업률이 상대적으로 더 높은 것은 그만큼 신규채용이 되지 않고 있다는 의미다. 전 세계적으로 유권자들의 환심을 사기 위해 일자리 보호에 올인한 각국 정부의 압박으로 기업들은 기존 직원의 고용을 최대한 유지하려고 노력하고 있다. 반면 신규고용은 최소화하고 있어 청년층 실업률이 상대적으로 더 높아지고 있다는 진단이다.

벤 버바이엔 알카텔 루슨트 CEO는 "노조 때문에 50세 이상 근로자들의 해고가 쉽지 않다"며 "이것이 청년실업률을 높이는 또 다른 요인이 되고 있다"고 지적했다.

청년 실업이 가져오는 사회적 폐해는 엄청나다. 일단 사회에 첫발을 내디딘 청년들이 일자리를 구하지 못할 경우 꿈을 잃어버리고 쉽게 구직을 포기할 수 있다. 이는 사회적 불안정과 혼란으로 연결될 수 있다. 아커만 도이체방크 회장은 "구직난으로 유럽 젊은이들이 상류층으로의 신분상승이 힘들다는 패배의식에 사로잡혀 있다"며 "이들에게 열심히 공부하면 반드시 일자리를 찾을 수 있다는 확신을 심어주지 못하면 혼란이 야기될 수 있다"고 지적했다.

도미니크 바튼 맥킨지 회장은 "지금 기업이나 정부에서 나서지 않으면 청년실업 구제는 불가능하다"며 "최근 상황이 지속되면 글로벌 청년층이 '로스트 제너레이션(잃어버린 세대)화'될 수 있다"고 경고했다. 바튼 회장은 "한꺼번에 2~5만 명의 일자리를 창출하려면 정부의 힘만으로는 안 된다. 기업들이 적극적으로 움직여야 한다"며 "기업들이 청년 구직자를 채용할 수 있도록 정부가 기업들에게 일자리와 관련된 세제 혜택 방안을 적극적으로 마련해야 한다"고 주문했다.

이와 관련 다보스 포럼 참석자들은 청년 일자리 창출 문제를 11월 서울에서 열리는 신흥선진 20개국(G20) 정상회의의 핵심 의제 중 하나로 삼을 필요가 있다는 의견을 내놨다.

실업대란의
폐해

전 세계적으로 4조 달러 규모의 경기부양책이 세계 경제를 최악의 상황에서 구제해줬을지 모르지만 일자리 창출에는 실패했다. 이제부터라도 정부차원에서 일자리 창출과 직업교육에 상대적으로 덜 배정된 경기부양자금을 어떻게 일자리 창출부분으로 재배치할지 고민해야 한다고 다보스 포럼 참석자들은 강조했다.

실업대란은 경제·사회적으로 국가안정을 뒤흔드는 심각한 사안이다. 또한 대규모 실직 사태는 가계의 가처분 소득감소를 가져온다. 가처분 소득감소는 소비위축으로 이어진다. 소비가 위축되면 그만큼 구매하는 상품이 줄어들고 기업 재고가 쌓이게 된다. 이 경우 기업들은 재고 조정을 위해 생산량 축소에 나선다.

결국 남아도는 인력 정리가 시작될 수밖에 없다. 이로 인해 또 대규모 해고 사태가 벌어지고 다시 상품소비가 줄고 잉여인력이 구조조정되는 악순환의 고리가 뿌리를 내리게 된다. 워크쉐어링(work-sharing) 등 기존 일자리를 유지하는 것도 중요하지만 신규 고용 창

"대기업 일자리 창출과 마찬가지로
중소기업 자영업자들이 어떻게 하면
많은 일자리를 창출할 수 있을지에
대해 논의해야 한다."

출이 시급한 이유다.

일자리 부족 문제는 사회적으로도 사회 불만세력을 키워내 국가 안정을 위협한다. 이제 각국 정부는 단순히 수치적인 경기회복보다는 실제로 일자리를 창출하는 전략을 만들어 나가야 한다.

실제로 다보스 포럼 현장에서 청중에게 재정적자를 줄이는 게 중요한가 아니면 일자리 창출이 중요한가라고 질문했을 때 청중의 3분의 2가 일자리 창출이 더 중요하다고 답했다. 사회발전의 정도를 가늠하는 잣대로 국내총생산(GDP) 성장률만 보지 말고 이제는 고용지표도 봐야 한다는 진단이다.

피터 샌즈 SCB CEO는 "경기부양에 집중됐던 정부정책이 이제는 일자리 창출과 연결돼야 한다"며 "선진·개도국 모두 일자리 문제가 심각해질 것이다. 정책이 일자리 창출에 맞춰지고 있는지 살

퍼봐야 한다"고 강조했다.

아짐 프렘지 위프로 회장도 "중요한 것은 일자리다. 산업생산
면에서 어느 정도 회복이 되고 있지만 모든 나라가 직면한 주요 이
슈는 고실업률"이라며 "실업률이 높아지면 전 세계적으로 정치불
안정, 포퓰리즘, 그리고 보호주의로의 회귀라는 위험성이 커질 것"
으로 염려했다.

실업대란
어떻게 해결할까

바튼 맥킨지 회장은 정부가 뭔가를 해내
야 한다는 압박을 받고 있지만 독자적으로 일자리 창출에 나서기보
다는 장기적이고 전략적인 시각을 가지고 민관이 합동해 일자리를
창출할 것을 제안한다.

중국정부의 경우 민간분야 인력이 참여하는 국가발전개혁위원
회(NDRC)를 통해 일자리 창출과 경기부양책을 마련하고 있다. 일자
리 창출을 위한 투자처로 보건 시스템을 첫 손으로 꼽고 있다.

싱가포르정부는 경제전략위원회(Economic Strategy Committee)와
함께 정부와 민간 교수들을 총동원, 장기적인 시각 하에 일자리 창
출 전략을 세우고 있다.

민간분야가 할 역할도 있다. 지난 2007년 프랑스정부는 1만 명
의 실업자를 민간 구직기관에 맡겼다. 이 중 70%가 성공적으로 새
일자리를 찾았다. 파트타임 일자리로 실업률을 낮출 수는 있지만

직업의 안정성은 떨어진다. 국내 노동시장의 유연성은 물론 각국 노동시장 간 노동력의 자유로운 이동도 중요하다.

데이비드 캐머런 영국 보수당 당수는 일자리 창출을 위해 창업 환경을 개선할 것을 주문한다. 캐머런 당수는 "창업기업의 경우 직원 10명에 대해 면세 특혜를 주는 등 일자리를 창출할 수 있는 영세기업 창업 기반을 만들어줘야 한다"며 "간소화된 법인세 체계를 만들어 해외로 나갔던 기업들도 되돌아오도록 만들어야 한다"고 제언했다.

프렘지 위프로 회장은 "대기업 일자리 창출과 마찬가지로 중소기업 자영업자들이 어떻게 하면 많은 일자리를 창출할 수 있을지에 대해 논의해야 한다"고 지적했다. 이를 위해 창업을 고취시키고 자영업자가 될 수 있는 토대를 만들어줘야 한다고 주문한다.

프렘지 회장은 "독일처럼 어릴 때부터 직업교육을 시키는 것이 좋다"며 "기본적인 교과과정 외에 자동차, 컴퓨터 등 기술교육부분을 집어넣어 다른 직업을 가질 수 있도록 유도하는 것이 좋다고 본다"고 덧붙였다.

패트리샤 워츠 ADM 회장은 "쓰레기에서 에너지를 생산하는 녹색기술은 실질적으로 새로운 일자리를 창출하고 새로운 성장과 새로운 기회를 만들어내는 분야라고 볼 수 있다"며 "대기업들이 먼저 나서야 중소기업으로 고용창출효과가 확산된다"고 주장했다.

풍력·태양열·바이오 연료와 같은 신재생에너지분야의 경우 2030년까지 2,000만 개의 녹색 일자리가 창출될 것이란 분석도 있다. 사무직 근로자를 의미하는 화이트칼라(white collar)처럼 녹색산업 종사자를 의미하는 그린칼라(green collar) 일자리 창출에 집중해야 하는 이유다.

누아예 프랑스 중앙은행 총재도 "새로운 테크놀로지를 활용해 일자리 창출 기회를 만들어가야 한다. 프랑스는 미래 산업에 대한 연구개발(R&D)프로젝트를 시작했다"고 설명했다. 또 제조업보다 서비스분야에서 고용 창출이 상대적으로 쉽다는 점도 염두에 둬야 한다고 조언했다. 알바로 우리베 콜롬비아 대통령은 "투자를 키워야 한다. 투자 없이는 높은 질의 일자리를 창출할 수도 없고 번영을 지속하거나 빈곤을 퇴치하는 일도 할 수 없다"고 지적했다.

또 고용주와 근로자 간 기술 미스매칭 등 인적자원의 불균형(human capital imbalance)문제를 해결해야 고용이 창출된다. 실업률이 지속적으로 상승하고 있지만 아직도 미국과 유럽에는 각각 260만 명, 400만 명의 일자리가 채워지지 않고 있다. 특정 일자리에 적합한 근로자를 찾기 힘들기 때문이다. 한 번 교육으로 평생 동안 사용할 수 있는 기술을 얻었던 시대는 이미 지나갔다. 완전히 새로운 직업이 생겨나는 등 급변하는 직업시장의 변화에 대응할 수 있도록 근로자들이 준비를 해야 한다.

모멘텀(momentum)
물질의 운동량이나 가속도를 의미하는 물리학적 용어다. 주식시장에서는 일반적으로 주가 상승·하락 추세가 어느 정도인지 측정하는 지표로 쓰인다. 즉, 주가가 상승세를 타고 있을 때 얼마나 더 탄력을 받을 수 있는지, 또는 주가가 하락하고 있을 때는 얼마나 더 떨어지게 되는지를 예측할 때 이용된다. 이외에도 경제 각 분야에서 일의 추진력이나 방향성의 강약을 이야기할 때 많이 활용되고 있다.

3

글로벌 리밸런싱

글로벌 경제 위기가 발생한 이유 중 하나는 바로 세계적 무역 불균형을 의미하는 글로벌 임밸런스(global imbalance) 현상이 세계 경제를 지속 가능하지 못한 방향으로 이끌었기 때문이다.

한국, 중국 등 아시아 무역수지 흑자국들은 그동안 저축률은 낮고 소비성향은 높은, 그래서 가계부채가 많은 미국과 같은 국가에 상품을 수출, 눈부신 경제성장을 지속해왔다. 미국 소비자들은 소득을 넘어서는 소비를 수십 년간 지속하면서 아시아 각국의 수출품을 빨아들이는 블랙홀 역할을 해왔다. 이 과정에서 무역흑자국은 무역적자국이 발행한 국채를 사들여 무역적자국의 소득을 넘어서는 과도한 소비를 지탱해줬다. 수출주도전략을 통해 중국 등 아시아 국가들은 엄청난 무역흑자를 쌓아올리며 경제를 키워왔다. 반면 과소비에 빠진 선진시장은 과도한 무역적자와 부채 확대의 악순환에서 헤어나지 못하는 글로벌 불균형 현상이 발생했다. 이런 불균형 상황은 오래 지속될 수 없었고 결국 글로벌 경제 위기가 촉발됐다.

글로벌 리밸런싱
필요하다

이론적으로 글로벌 불균형을 해소하는 방법은 간단하다. 일단 미국으로 대표되는 무역적자국들은 소비를 줄이고 수출을 늘리는 정책을 펼쳐야 한다. 이를 통해 무역수지를 균형상태로 만들거나 흑자를 내야 한다. 반대로 중국 등 아시아 국가들은 내수 확대를 통해 미국 등 기존 무역수지적자 국가로부터 수입을 늘려야 한다. 그러나 글로벌 경기침체로 내수가 위축되는 상황에서, 경기회복과 일자리 창출을 위해 대다수 국가들이 수출확대를 통한 경기회복에 나서고 있는 점이 문제다. 모든 국가들이 내수를 확대하는 대신 손쉽게 수출주도 성장을 하려고 한다면 글로벌 임밸런스를 해소할 수 없다.

기존 수출주도 국가들이 지속적으로 수출주도 성장을 지속하기를 원하고, 반면 차입에 의존하던 국가들은 소비를 줄이고 차입 축소에 나서면 어떤 일이 벌어지겠는가? 수요기반이 붕괴되면서 글로벌 경제가 침체에 빠질 수밖에 없다. 수출의존적인 국가는 저축률을 떨어뜨리고 소비를 진작시켜 내수를 확대하고, 무역수지적자가 컸던 국가들은 저축률을 높이고 소비를 줄이는 글로벌 리밸런싱 (global rebalancing)이 필요한 이유다.

스트로스칸 IMF 총재는 "글로벌 임밸런스 문제가 위기 이전에 비해 다소 개선된 것처럼 보인다"며 "상당 기간 미국 가계의 디레버리징(차입 축소)이 지속될 경우 글로벌 임밸런스를 줄이는 데 도움을 줄 것"으로 내다봤다. 몬텍 싱 알루왈리아 인도 국가기획위원회 위원장은 "선진국들이 허리띠를 졸라매는 등 세계가 변화했다는 점에서 수출 수요가 줄어들 수밖에 없다"며 "위기 이전만큼 수출 수요가 발생할 수 없다면 인도 경제도 내수를 확대하는 리밸런싱에 나설 수밖에 없다"고 진단했다. 인도의 경우 인프라 투자확대를 통해 내수를 진작하는 리밸런싱에 나서고 있다.

물론 수출·내수 사이의 불균형 해소를 의미하는 '리밸런싱(rebalancing)'이 아시아 국가에만 적용되는 것은 아니다. 캐머런 영국 보수당 당수는 "글로벌 경제 위기가 글로벌 리밸런싱 기회를 주고 있다"며 "선진국들도 리밸런싱을 통해 새로운 성장 모델을 찾아야 한다"고 지적했다. 여기서 말하는 새로운 성장모델은 저축을 많이 하고 투자를 많이 하고 교역을 더 많이하고 수출을 더 많이 하는 모델이다. 주택거품에 의지하거나, 실물보다 금융산업에 과도하게 의존하거나, 혹은 정부에 과도하게 기대는 모델로는 더 이상 경쟁력이 없다는 진단이다.

위안화
절상 압박

　　　　다보스 포럼 현장에서 중국은 커다란 이

슈 메이커였다. 일거수일투족이 모두 뉴스의 초점이 됐다. 중국의 힘을 보여주는 대목이다. 글로벌 경제와 관련된 주제를 다루는 세션의 경우 중국 경제와 관련된 얘기가 빠지지 않았다. 이처럼 중국 경제의 영향력이 막강해졌지만 다보스 현장에선 중국을 바라보는 두 가지 상반된 시각이 나타났다.

일부 참석자들은 중국 경제를 세계 경제의 신성장 엔진이자, 2009년 최악의 침체에 빠진 세계 경제 회복을 주도한 백기사로 본다. 그러나 또 다른 참석자들이 바라보는 중국은 위안화 가치를 의도적으로 떨어뜨려 글로벌 불균형을 조장하는 불공정한 시장참가자일 뿐이다.

다보스 포럼 참가자들은 글로벌 경제 위기를 촉발시킨 요인 중 하나인 글로벌 불균형 문제 해소를 위해 중국정부가 나서줄 것을 주문했다. 글로벌 불균형 문제를 해결하려면 중국이 내수확대·수입증대에 나서야 한다. 이를 위해 필요한 것이 바로 위안화 절상이다.

니콜라 사르코지 프랑스 대통령은 다보스 포럼 개막연설을 통해 "자유시장과 통화 덤핑은 공존할 수 없다"며 "환율 불안정과 특정 통화의 지속적인 저평가가 공정무역과 정직한 경쟁을 가로막고 있다"고 강조, 간접적으로 위안화 절상을 촉구했다. 불공정한 환율체계 때문에 유럽 기업들의 수출경쟁력이 떨어지고 있는 상황에서 공정한 환율 매커니즘과 경쟁구도가 필요하다는 주장이다.

조지 소로스 소로스펀드 회장도 다보스 현장에서 중국정부가 위안화 절상을 용인해야 한다고 주장했다. 이브라힘 다브두브 쿠웨이트 중앙은행 총재도 "중국·미국 간 글로벌 불균형 문제를 해소해야 한다"고 지적, 위안화 절상을 촉구했다.

반면 주민 중국 인민은행 부총재도 "독일, 일본에서 봤듯이 환율수준을 바꾼다고 해서 글로벌 무역불균형을 없앨 수는 없다"며 과도한 위안화 절상압박을 경계했다. 13억 명의 인구를 가진 중국 국내총생산(GDP)의 70%를 수출서비스가 주도하는 상황에서 외부 압력 때문에 쉽사리 위안화 환율을 바꿀 수는 없다는 입장이다.

누가 소비자가
될 것인가

글로벌 리밸런싱이 지속 가능한 세계 경제 회복의 기초를 다지는 데 중요하지만, 세계최대 소비시장인 미 가계가 저축을 많이 하고 소비를 줄인다는 것은 글로벌 경기회복에 부정적이다. 그만큼 전 세계적인 수요기반이 위축될 수밖에 없기 때문이다. 또 수입 수요도 줄어 수출의존적인 국가들의 경제에 타격을 줄 수 있다.

만약 미국이 소비를 하지 않는다면 중국, 인도, 브라질 등 신흥시장으로 눈을 돌릴 수밖에 없다. 그러나 문제는 전 세계 소비의 4분의 1을 차지하는 세계최대 소비시장 미국의 왕성한 소비 수요를 보전하기가 쉽지 않다는 점이다. 인도와 중국 인구를 합치면 전 세계 인구의 40%에 달하지만 소비액은 3조 달러 수준이다. 미국의 10조 달러 규모 소비와 비교하면 3분의 1 수준에 그친다.

루비니 뉴욕대 교수는 "과도한 저축을 하는 국가들(Over-saving

countries)이 지출을 늘리지 못하고 저축률도 낮추지 못하고 있다"며 "때문에 위기 전 과소비를 했던 국가들이 소비를 줄인 데 따라 떨어진 성장률을 보전하지 못하고 있다"고 지적했다. 중국 경제가 혼자서 글로벌 성장기관차가 될 수 없다는 점에서 중국이 글로벌 임밸런스 상황을 개선하는 데 앞장서야 한다는 지적이다.

실제로 중국의 경우 오랫동안 소비를 덜 하고 수출을 많이 하는 산업구조를 유지하고 있었기 때문에 소비문화 확산에 시간이 걸릴 수밖에 없다. 일단 사회안전망부터 갖춰야 한다. 은퇴 후에도 삶을 유지할 수 있을 정도로 사회보장이 잘 돼 있어야 사람들이 안심하고 소비를 할 수 있기 때문이다.

주민 부총재는 중국이 부유해지고 있는 점이 소비 확대에 긍정적인 작용을 할 것으로 진단했다. 영국의 경우 빈곤층이 중산층이 되는 데 150년이 걸렸다. 미국은 60~80년이 걸렸다. 3~4세대가 걸린 셈이다. 그러나 중국의 경우 중산층이 되는 데 한 세대 정도밖에 걸리지 않았다. 2억~2억 3,000만 명에 달하는 20~30대 중국의 젊은이들은 근검절약하는 구세대와 달리 소비성향이 높은 점도 긍정적이라고 주민 부총재는 지적했다.

워크 셰어링(work sharing)
일자리를 유지하기 위해 일의 총량을 가능한 한 많은 사람에게 분담시키는 업무분담을 말한다. 주(週)간 노동시간을 단축하거나, 휴일·휴가를 늘리거나, 퇴직연령을 낮추거나, 교육·직업훈련기간을 연장하는 조치를 통해 워크 셰어링을 하고 있다.

4

프래그멘테이션의 위협

경제 위기 때마다 보호주의가 발호했다. 지난 1930년대 심각한 대공황을 겪은 것도 전 세계 국가들이 앞다퉈 보호주의 장벽을 세웠기 때문이다. 이번 글로벌 경제 위기 상황 속에서도 보호주의에 대한 염려가 적지 않다. 고용이 창출되지 않고 있기 때문이다. 실업률이 높아지면 사회적 긴장관계가 높아진다.

정치인 입장에서 무고용 성장으로는 정권을 재창출하기 힘들어진다. 일자리 창출을 위해 뭔가 해야 한다는 압박을 받을 수밖에 없다. 일자리를 창출하려면 국내 산업을 보호해야 한다. 수출도 많이 해야 한다. 자국에 이익이 되는 일이라면 최우선적으로 해야 할 입장이다.

이처럼 글로벌 경제전망이 불확실하고 경기가 좋지 않을 때 보호주의에 대한 목소리가 커질 수밖에 없다. 그러나 보호주의가 난

립할 경우 그동안 전 세계 경제 번영을 가져왔던 글로벌라이제이션
이 힘을 잃고 해체되는 '분열(fragmented)된 세계'가 뉴 노멀이 되는
상황을 맞을 수 있다. 분열된 세계는 지속 가능한 글로벌 경제번영
의 최대 위협이다.

분열된
세계

위기가 잦아들면서 정부가 일자리를 창
출하고 경기회복을 지속하기 위해 보호주의를 강화할 위험성이 커
지고 있다. 일자리 보호는 두 가지 방향으로 이뤄진다. 일자리가
해외로 빠져나가지 않도록 하거나, 외국 수출품으로부터 국내 일자
리를 보호하는 것이다. 이 경우 명시적이지는 않지만 무역규제, 금
융 규제, 환경규제 등을 통해 얼마든지 보호주의적인 조치를 만들
어낼 수 있다.

자유무역과 글로벌라이제이션의 혜택이 국가 간 공평하게 배분
되지 않고 있다는 여론도 무역장벽을 높이는 압력으로 연결될 수
있다. 글로벌 경제·금융 위기라는 경제적 고통이 자유무역과 글
로벌라이제이션 때문에 발생했다고 보는 시각이 확산되는 것도 보
호주의 발호를 부추긴다.

특히 일자리 창출이 더뎌지고 있는 점이 정치인들이 인기영합적
인 보호주의에 나설 수 있는 토대를 만들어주고 있다. 피터 샌즈
스탠더드차터드 CEO는 "각국 정부가 일자리 창출에 집중하지 않

을 경우 보호주의가 창궐할 가능성이 크다”고 지적했다. 로렌스 서머스 미국 경제자문위원회 위원장도 “미국은 통합된 글로벌 경제에서 얻을 게 많다”며 “문제는 통합된 글로벌 경제가 자국민들의 이익에도 부합해야 한다는 것”이라며, 일자리 창출이 보호주의를 차단하는 중요한 관건임을 강조했다.

아커만 도이체방크 회장은 “위기 후 모든 나라가 자국 이익만 생각하는 분열된(fragmentation) 체제로 나아갈 경우 국제무역이 망가지고 국제적인 생산체계가 무너질 수밖에 없다”고 경고했다.

제이콥 프랭켈 JP모건체이스 회장은 “가장 큰 위협은 각국 정부의 보호주의”라며 “각국 정부가 취한 재정·통화 정책이 실패할 경우 정치인들이 보호주의 유혹에 빠질 가능성이 크다”고 진단했다.

보호주의는 비효율성을 증가시키고 프로젝트 조달비용을 더욱 비싸게 만든다는 점에서 큰 위협이다. 과거 경제 위기 때도 보호무역주의가 나타났을 때 세계 경제 회복이 늦어졌다.

인도의 세계적인 IT기업인 위프로를 이끌고 있는 아짐 프렘지 회장은 보호주의 배격을 위해 일자리의 자유로운 이동을 제안했다. 프렘지 회장은 “소프트웨어는 물론 BPO, 법률 서비스, 회계 서비스, R&D서비스, 유전공학 서비스 등 다양한 분야의 자유로운 일자리 이동이 보호주의 압력을 낮출 것”으로 기대했다.

아난드 마힌드라 인도 마힌드라그룹 부회장은 “보호주의가 옳지 않다는 데 대해 누구도 이견이 없을 것”이라며 “전 세계 무역거래 급감을 가져온다는 점에서 보호주의가 활개를 치지 않을 것”으로 기대했다.

*"신흥시장 국가들이
글로벌 성장동력 역할을 하려면
무역을 열어놔야 한다."*

도하개발아젠다가
정답이다

파스칼 라미 WTO 사무총장은 "신흥시장 국가들이 글로벌 성장동력 역할을 하려면 무역을 열어놔야 한다"며 보호주의 배격을 강조했다.

이와 관련, 보호주의를 막는 한편 자유무역 모멘텀을 강화하는 차원에서 *도하개발아젠다(DDA, doha development agenda)를 반드시 2010년 안에 타결하도록 노력해야 한다는 목소리가 다보스 현장에서 많이 나왔다.

DDA는 지난 2001년 11월, 카타르 도하에서 열린 세계무역기구(WTO) 제4차 각료회의에서 합의한 다자간 무역협상이다. 우루과이 라운드(UR)에 이어 농업, 비농산물, 서비스, 지적 재산권 등 모든

117

분야의 무역장벽을 낮춰 교역을 활성화하기 위한 무역자유화 협상이다.

또한 DDA는 협상결과가 153개 WTO 회원국 모두에게 획일적으로 적용되는 다자간 협상이다. 반면 최근 관심을 끌고 있는 자유무역협정(FTA)은 협상 당사국에만 적용되는 양자 협상이다. DDA 협상이 9년째 타결되지 못하고 있는 것은 일괄타결 원칙(single undertaking)을 세웠기 때문이다.

일괄타결 원칙에 따라 농업, 지적재산권 등 모든 협상 대상에 대해 회원국들이 합의를 해야 협상이 타결된다. 농업개방처럼 선진국과 개도국 간 첨예한 입장 차이가 있는 분야의 협상이 타결되지 않고 있어 DDA 합의가 계속 늦춰지고 있다. 일단 DDA 협상이 타결되면 전 세계시장이 동시에 무역장벽을 낮추는 등 글로벌라이제이션이 한 단계 업그레이드될 수 있다.

이명박 대통령은 다보스 포럼 현장에서 "2010년 말까지 DDA를 완료하도록 노력해야 한다"며 "만약 힘들 경우 개별 국가 간 자유무역협정(FTA)이라도 열심히 해 보호주의를 배격해야 한다"고 조언했다. 한국은 세계에서 가장 많은 FTA를 체결한 나라다.

또 복수무역협정(plurilaterl trade agreement)도 새로운 대안으로 떠오르고 있다. DDA가 진전을 보지 못하고 있는 상황에서 다자 간 무역교섭에만 목매달고 있는 것은 효율적이지 않기 때문이다. 이에 따라 투자, 기후변화, 경쟁정책 등 몇몇 협상분야에 대해 합의를 이룬 일부 국가들 간 복수무역협정을 체결할 수 있는 길을 터놔야 한다는 주장이 나오고 있다. 그래야 보호주의를 막을 수 있다는 다보스 참석자들의 진단이다.

트리셰 ECB 총재도 "성공적인 도하라운드가 글로벌 경제번영을 가져올 것"이라며 "국민들을 설득해 도하라운드 타결이 자국 이익에 부합한다는 점을 알려야 한다"고 강조했다.

도하개발아젠다(DDA, Doha Development Agenda)
2001년 11월 카타르 도하에서 열린 제4차 세계무역기구(WTO) 각료회의 결정에 따라 출범한 새로운 다자간 무역협상. 전 세계 무역장벽을 없앰으로써 글로벌 자유무역을 확산시키는 것을 목표로 하고 있다. 상품 위주로 범위가 제한된 기존 우루과이라운드(UR)와는 달리 상품, 서비스, 지적재산권 등 모든 교역분야를 포괄하고 있다.

5

자산거품

중국 경제 성장의 근간을 이루는 수출이 지난 2009년 한 해 동안 전년에 비해 20% 가까이 급감했다. 수출은 급감했는데 투자와 소비가 회복되고 있다면 이 돈은 어디에서 나왔겠는가?

자본주의 경제 위기는 항상 과잉에서 출발한다. 2010년 중국 경제 성장은 엄청난 과잉을 조장하면서 만들어낸 회복일 수 있다. 과잉유동성이 자산버블·인플레이션이라는 부메랑이 돼 돌아올 수 있기 때문에 유동성 회수가 시작될 가능성이 높다. 중국이 재할인율을 지속적으로 인상, 돈줄을 죄고 있는 것도 이 때문이다. 유동성이 줄어들면 당연히 자산거품이 꺼지면서 또 한 차례 금융 위기가 닥칠 수 있다.

이와 관련 조지 소로스 소로스펀드 회장은 다보스 포럼 현장에서 "중국 주식시장은 과열상태"라며 "중국정부가 조치를 취해야

조지 소로스 소로스펀드 회장

한다"고 주장했다. 그러나 데이비드 루벤스타인 칼라일그룹 공동
창업자는 "중국자산거품에 대해 걱정할 필요가 전혀 없다"며 "현
재 중국이 세계에서 가장 투자하기 좋은 곳"이라고 주장, 소로스
회장과는 180도 다른 의견을 내놓기도 했다.

중국뿐만 아니다. 최근의 글로벌 경기회복은 전 세계적인 경기
부양책과 통화팽창 정책을 통해 돈을 마구잡이로 풀었기 때문에 가
능했다는 진단이 많다. 그러나 과도하게 풀린 돈은 항상 자산가격
과 주식값 급등을 가져왔다. 정부가 인플레이션을 잡기 위해 긴축
으로 돌아설 경우 그간 쌓였던 자산버블이 또 한 차례 붕괴되는 위
험을 초래할 수 있다. 전 세계 정부들이 경기부양책 축소, 금리 인
상 등의 출구정책 사용에 신중을 기하는 이유다.

자산거품 선제대응이냐
사후 관리냐

거품과 거품파괴(boom & bust)는 중세 이래 금융·자산시장의 특징이었다. 거품과 거품파괴는 일회적인 것이 아니라 반복된다.

첫 번째 거품 붕괴는 지난 17세기 *네덜란드 튤립 투기 때 발생했다. 1870년 이후부터는 150번의 거품이 붕괴되는 충격이 있었다고 한다. 매년 한 번 정도 충격이 있었다는 얘기다. 야스치카 하세가와 일본 다케다 제약회사 사장은 "거품붕괴 충격의 주기가 짧아지고 있는 점을 주목할 필요가 있다"고 말했다.

특히 투기적 포지션의 급팽창과 레버리지 확대 효과가 있는 *파생상품시장의 등장, 금융 글로벌라이제이션 진행 등으로 전 세계적인 자산거품이 발생할 확률이 한층 높아진 상태다.

그렇다면 규제당국은 거품이 형성되기 전에 이를 예방하는 데 집중해야 할까? 아니면 거품이 과도한 수준에 도달하기 전에 이것을 미리 터뜨리는 게 좋을까? 아니면 터진 후에 피해를 줄이는 데 집중해야 할까?

일부 전문가들은 최소한 경기회생과 경기진작 수단으로 거품발생을 유도할 수 있다는 점을 주장하기도 한다. 그러나 대다수 의견은 자산거품이 잘못된 자본분배와 같은 심각한 경제불균형을 만들어낼 수 있다고 경고한다. 그러므로 거품을 제거할 수 없다면 최소한 관리 가능한 수준으로 통제해야 한다고 말한다.

파생상품(derivatives)

기초자산(underlying asset)의 가치 변동에 따라 가격이 결정되는 금융상품이다. 거래 기법에 따라 선물, 옵션, 스왑 등으로 나뉜다. 또 기초자산에 따라 통화, 금리, 주식, 신용, 실물 등으로, 거래 장소에 따라 장내·장외로 구분된다. 과도한 파생상품 투자가 부실을 불러와 미국 발 금융 위기를 초래했다는 비판도 많다.

튤립 투기 광풍(tulip mania, tulipomania)

17세기 네덜란드에서 발생한 튤립 투기 광풍을 뜻한다. 17세기 초 네덜란드는 무역과 산업 발전으로 생활에 여유가 생겼다. 여유가 생긴 네덜란드인들은 터키에서 들어온 튤립에 눈을 돌렸다. 부자들은 자신들의 부를 과시하기 위해 다채롭고 화려하면서도 희소성이 있는 튤립을 사들였다. 부의 상징으로 여겨진 튤립을 너도 나도 사 모으기 시작해 집과 토지를 팔아 튤립 투기를 하는 사람들도 생겨났다. 투기 광풍이 절정에 이르렀을 때 알뿌리 가격 하나가 오늘날의 화폐가치로 무려 8만 7,000유로(약 1억 3,000만 원)에 달했다고 한다. 그러나 1637년 튤립 가격이 더 이상 오를 수 없다는 인식이 순식간에 퍼지면서 가격이 폭락해 파산하는 사람이 속출했다. 'tulipomania'란 말은 당시의 역사적 사건을 일컫는 말이다. 17세기 네덜란드 튤립 투기 광풍은 경제의 거품(버블) 생성과 붕괴를 보여주는 좋은 예다.

⫴ 케네스 로고프 하버드대 교수

케네스 로고프 하버드대 교수

"아시아 국가들은 달러자산 위주인 외환보유고를 다양화해야 한다. 미 정부가 인플레이션 유발 정책을 통해 실질 부채 축소에 나설 가능성을 배제할 수 없기 때문이다."

케네스 로고프 하버드대 교수는 "재정적자를 축소하려면 대규모 증세나 정부 지출을 줄여야 하는데 미 정부가 이런 조치를 시행할 것 같지는 않다"며 "다른 것을 생각할 유인이 점차 커지고 있다"고 경고했다. 이와 관련 로고프 교수는 "미 정부가 앞으로 5~6년 내에 재정적자 문제를 해결하지 못해 국가부채가 통제 불능 상황으로 불어날 경우 인플레이션 유발 정책을 통해 부채문제 해결에 나설 가능성이 있다"고 진단했다.

로고프 교수는 "결국 아시아 국가들이 달러자산에 집중돼 있는 외환보유고 투자대상을 점차 다양화해야 할 필요성이 커지고 있다"며 "현 상태에서 다른 통화나 금 등 대체 투자수단으로 투자를 다양화하지 않는 것은 무모한 일"이라고 강조했다.

실제로 지난 1970년대 말 발생한 인플레이션으로 유럽국가들이 보유하고 있던 달러자산의 실질가치가 절반 수준으로 떨어지기도 했다. 현재 한국, 중국, 일본 등 아시아 국가들은 3조 달러 규모의 외환을 보유하고 있다. 이들 외환의 대부분은 달러표시자산이다.

　글로벌 경기전망과 관련 더블딥이 발생할 가능성은 없지만 정상적인 성장률로 복귀하는 데는 상당히 오랜 시일이 걸릴 것으로 내다봤다. 로고프 교수는 특히 "경기회복 속도가 실업률을 떨어뜨릴 정도로 강력하지 못한 점이 문제"라며 실업률에 대해 커다란 염려를 표명했다. 로고프 교수는 "보통 경기침체 때 높아진 실업률을 줄이는 데 약 4~5년이 소요된다"며 "경기가 다소 회복되더라도 앞으로 2년간 미 실업률이 8~9%대에서 추가적으로 떨어지기는 힘들어 보인다"고 지적했다.

　고실업률과 함께 그리스 등 유로존발 국가파산 가능성도 또 다른 글로벌 경제 위협요인으로 지목했다. 로고프 교수는 "글로벌 위기발생 이후 정부가 모든 것을 다 보증해줬는데 이제 정부를 누가 보증해줄 것이냐"고 반문하고 "글로벌 금융 위기 후에는 항상 국채 디폴트문제가 뒤따랐다"고 지적했다.

　한편 한미 FTA 비준안과 관련, 로고프 교수는 "버락 오바마 대통령이 연두교서에서 한국과의 FTA비준을 강조한 것을 보고 다소 놀랐다"며 "오바마 대통령 자신이 FTA에 대해 확신을 갖지 못한 것으로 알려졌기 때문"이라고 설명했다.

　로고프 교수는 또 "오바마 대통령이 의회와 직접 상대하는 것을 어려워한다. 의회가 국가 아젠다를 과도하게 이끌고 있다"며 "이런 흐름 자체가 오바마 대통령에게 도움이 안 된다. FTA 등은 대통령이 좀 더 강하게 끌고 나가야 한다"고 주문했다.

　그러면서도 "현재 미국 내 보호주의 기운이 아주 강하기 때문에 한미 FTA가 의회에서 비준이 되려면 아주 운이 좋아야 할 것"이라고 지적, 비준에 비관적인 입장을 보였다.

new normal

올드 노멀 VS 뉴 노멀 **3**

1

자본주의 가치의 위기

2008년 촉발된 글로벌 금융·경제 위기는 경제적 차원의 위기일 뿐만 아니라 자본주의 가치와 윤리의 위기다. 글로벌 경제 위기는 자본주의 시스템의 도덕적 결함에 대해 다시 생각하게 만들고 있다.

*보이지 않는 손(시장)을 강조한 경제학자 아담 스미스의 시장경제 시스템은 도덕적 기반에 토대를 두고 있다. 스미스는 빈곤을 퇴치하는 해결책으로 시장 시스템을 제안했다. 그러나 시장경제 시스템은 많은 약점을 노출했다. 세계가 제공할 수 있는 것 이상으로 과도한 소비를 하면서 자원부족과 환경문제를 초래하고 있다. 또 자본주의 시스템은 빈익빈 부익부의 불균형을 조장했다.

베를린 장벽이 무너진 후 교황 존 폴 2세는 막시스트 체제와 공산주의 붕괴가 시장 규칙과 도덕성을 상실한 급진적인 자본주의 이데올로기 확산으로 이어질 수 있다고 경고한 바 있다. 보이지 않는 손에 의해 시장이 최적으로 움직인다는 아담 스미스의 시장경제는 오직 경제주체들이 다른 경제주체들을 존중하고 이들의 필요를 인정해 줄 경우에만 효과적으로 작동한다. 문제는 자본주의경제 시스템이 도덕적 나침반을 잃어버렸을 경우다.

이익 극대화(profit maximization)라는 앵글로 색슨 경제모델에 바탕을 둔 금융기관들도 많은 지역에서 신뢰를 잃었다. 이익 극대화는 탐욕을 낳는다. 무차별적인 탐욕은 자본주의를 붕괴시킨다. 경영진의 단기적인 성과 우선주의는 바로 분기별 실적발표와 같은 단기주의(short-terminism)에 기인한다. 이제 기업들은 장기적인 시각으로 사업을 영위해야 한다. 초점은 주주가 아니라 *이해관계자(stakeholder, 스테이크 홀더)에게 맞춰야 한다. 그래야 건강한 자본주의가 재탄생할 수 있다.

그레샴의
법칙을 깨뜨려라

그동안 개인에 대한 경제적 인센티브와 단기적인 동기부여가 공동사회적 선에 대한 책임감을 압도했다. 이러한 가치파괴는 신뢰축적을 막았고, 이 같은 환경 속에서 기업과 사회복지의 토대가 되는 성장, 지속 가능성, 그리고 자유가 파괴됐다. 자본주의는 변화의 수단일 수 있지만 시장은 하나의 수단이지 목적은 아니다. 자본주의를 파괴하는 가장 큰 위협은 막시스트가 아니라 나쁜 자본주의자들이다.

"악화(惡貨)가 양화(良貨)를 구축한다(Bad money drives out good money)"는 말을 들어봤을 것이다. 영국의 경제학자 그레샴이 주장한 것으로 *그레샴의 법칙(Gresham's Law)이라고 한다.

자본주의에서도 그레샴 법칙의 변종이 존재한다. 나쁜 자본주의는 좋은 자본주의를 구축한다. 더 좋은 자본주의 구축에 대한 목소리가 커지는 이유다. 장기적인 관점에서 경영진을 보상하는 시스템을 구축하고 회사 내에 신뢰와 충성심이 흘러넘치고 이해관계자들에게 더 큰 관심을 보이는 회사가 더 좋은 자본주의의 새로운 주인이 돼야 한다고 다보스 참석자들은 주장했다.

화합 자본주의
(cohesive capitalism)

자본주의는 지난 수십 년간 전 세계적인 빈곤퇴치와 경제번영에 커다란 공헌을 해왔다. 그러나 자본주의 성지인 미국에서 발생한 글로벌 금융·경제 위기 발생 후 지난 18개월간 전 세계적으로 3,400만 개의 일자리가 사라지고 1억 5,000만 명의 근로자들이 빈곤층으로 전락했다. 글로벌 금융 위기로 휴지조각이 돼 버린 미국·일본·유럽의 부실자산 상각규모는 4조 달러에 달한다. 역사상 최악의 자산 파괴 현상이다. 자본주의에 대한 비판이 거세지고 있는 배경이다.

또 1년 전만 하더라도 기업인들은 생존을 위해 탐욕(greed), 과도함(excess)에 대한 잘못을 인정했다. 그러나 글로벌 경제가 최악의 상황에서 벗어나자마자 언제 그랬냐는 듯 생존이라는 단어가 기업의 최우선 순위에서 사라졌다. 때문에 일부 경영자들은 과거에 했던 대로 정부 간섭을 최대한 줄이고 시장의 효율성에 모든 것을 맡겨야 한다는 목소리를 내고 있다.

금융기관들은 위기에서 벗어나자마자 천문학적 규모의 보너스 잔치를 벌이는 등 사회적 책임을 등한시하는 올드 노멀로 돌아가고 있다. 기업인·금융인들에 대한 사회적 신뢰가 곤두박질치는 이유다. 자본주의는 기업가 정신을 통해서 성장한다. 때문에 기업가 정신을 발휘해야 하는 이들 기업인들에 대한 불신이 커질수록 자본주의 체제에 대한 불신도 확대될 수밖에 없다. 빌 조지 하버드대 경영대학원 교수는 "지난 2008년 9월 글로벌 경제 시스템 붕괴 이후 시장자본주의가 분수령에 서게 됐다"며 시장자본주의의 반성을 촉구했다.

자본주의를 대체할 수 있는 보다 공평하고 지속 가능한 시스템이 있으면 좋으련만 문제는 자본주의만큼 글로벌 경제번영을 가져올 수 있는 효율적인 경제 시스템이 없다는 점이다. 수급을 통한 가격결정·경쟁·자유기업은 경제번영을 위한 가장 효과적인 시스템이다.

에르네스토 제딜로 전 멕시코 대통령(현 예일대 세계화 연구센터 소장)은 "시장경제는 역사적으로 가장 강력한 경제성장을 위한 체제였다. 경제번영은 물론 국제평화에도 도움이 됐다"며 "여전히 시장경제가 가장 효율적이라고 생각한다. 자유시장경제든 아니면 현대적 의미의 사회주의(modern socialism)든 간에 강력한 시장경제가 필요하다"고 강조했다.

결국 잘못된 부분을 고쳐 보다 신뢰를 얻을 수 있는 자본주의 체제를 만들어가는 수밖에 없다고 다보스 포럼 참석자들은 진단했다.

이와 관련 국제노동조합총연맹(ITUC, International Trade Union Confederation) 가이 라이더 사무총장은 "자본주의 시스템은 지난 20년간 일부 계층에게 매력적인 수익을 안겨줬지만 사회적 불평등성을 심화시켰다"며 자본주의에 대한 규제가 필요하다고 지적했다.

벤 버바이엔 알카텔 루슨트 CEO는 "자본주의는 개인에게 최대한 자기계발을 할 수 있는 기회를 준다. 그러나 단순히 이들을 모아놓고 주당 순이익을 최대한 끌어올리라고 말하는 것만으로는 충분치 않다. 이들은 사회에 뭔가 일조를 해야 한다"며 "자본주의가 다시 살아나려면 시장 인센티브에 의해 개인이 시장활동을 하되 양심을 버리지 않는 화합 자본주의(cohesive capitalism)를 구축해야 한다"고 주장했다.

도덕 자본주의
(moral capitalism)

다보스 포럼 현장에서 신뢰회복과 가치에 대한 이야기도 많이 나왔다. 다보스 포럼이 13만 명의 일반인을 상대로 전자설문조사를 한 결과 응답자의 75%가 현재는 금융 위기뿐만 아니라 가치의 위기를 겪는 시대라고 답했다.

브라질 룰라 대통령은 금융 시스템의 빈약한 윤리의식을 비판했다. 사르코지 대통령은 자본주의를 구원하기 위해서는 자본주의에 도덕적인 면을 더 많이 집어넣어야 한다고 주장했다. 글로벌 위기가 자본주의의 탐욕 때문에 발생한 측면을 간과할 수 없기 때문이다. 자본주의만큼 효율성 있는 체제가 없다는 점에서 자본주의를 폐기할 수는 없다. 어떻게든 수리를 해서 좀 더 효율적이고 공평한 자본주의를 만들어야 한다. 신뢰에 생채기가 난 자본주의체제의 신뢰를 회복하려면 자본주의에 도덕성을 집어넣어야 한다.

지난 수년간 가치 시스템을 압도하는 단기 인센티브 시스템을 만들어온 것도 자본주의 가치에 대한 불신감을 키웠다. 실제로 헤지펀드, 단기투자자 등 투기꾼들이 주식을 보유하고 있는 상장회사들의 경우 경영진들이 단기투자자들의 이익을 위해 회사를 경영해왔다.

서브프라임 모기지 사태를 촉발시켜 전 세계를 금융경제 위기에 몰아넣었던 리먼 브러더스, 베어스턴스 등의 금융기관들은 모두 사적인 파트너십기업에서 상장회사로 변신한 기업들이다. 과연 이들 기업들은 누구의 이익을 위해 기업을 운영했을까? 손 바꿈이 심한 투기꾼과 같은 주식소유자들을 상장회사의 진정한 소유자들로 볼 수 있을까?

하르트무트 오스트로브스키 베텔스만그룹 회장은 "가장 중요한 가치는 신뢰(trust)다. 신뢰가 구축되면 성장을 하게 되고 다음에는 지속 가능한 경영이 강화된다"고 설명했다. 세계적인 출판업체 베텔스만은 가족경영 기업이다. 기업가 정신 · 파트너십 · 창의성 · *기업의 사회적 책임이라는 4가지 가치를 도덕적 나침반으로 활용하고 있다.

시카고학파 후퇴와
행동경제학 부상

　　　　　　다보스 현장에서는 글로벌 경제 위기로 땅에 떨어진 경제학의 유용성을 다시 회복하고 좀 더 효율적인 자본주의 체제를 만들기 위한 논의가 전개됐다.

일단 시장에 모든 것을 맡기는 신자유주의적인 정책이 금융 위기를 초래했다는 비판이 2010년 다보스 포럼에서도 여전히 많이 나왔다. 아담 스미스의 보이지 않는 손(시장)의 힘을 믿는 신고전학파 경제모델이 흔들리고 있는 것도 이 때문이다. 특히 신고전학파가 금과옥조로 여기고 있는 효율적인 시장 가정(efficient market hypothesis)에 대한 회의적인 시각이 적지 않았다.

신고전주의적인 *시카고학파(Chicago school)도 비판에서 자유롭지 않다. 신자유주의 학파라고도 불리는 시카고학파가 가정하는 완벽한 경제주체(purely rational economic actors)가 실제 세계에서 존재하기 힘들다는 점이 이번 글로벌 위기를 통해 명백하게 드러났기 때문이다.

사실 실제 세계에는 이처럼 완전히 합리적인 경제주체란 없다. 미국 시카고대의 밀턴 프리드먼 교수를 중심으로 하는 시카고학파는 정부보다 민간의 자유로운 행동을 중시한다. 그러나 이제 정부의 통제 역할이 필요하다는 점에 대해 어느 누구도 토를 달지 않는다.

완벽한 경제주체를 전제하기보다는 인간의 본성은 변화한다는 점에 관심을 쏟는 *행동경제학(behavioral economics)이 포럼 현장에서 부각된 것은 우연이 아니다. 경제주체의 변덕과 경제의 복잡성을 이해하려면 보다 행동주의적인 접근방식이 필요하기 때문이다. *고전학파적인 경제학자들은 이성적이며 완벽한 경제주체를 상정, 연구를 전개한다. 그러나 행동경제학은 자주 비합리적인 실제 경제 주체의 행동을 연구, 이들이 특정 경제이슈에 대해 어떻게 행동하고 이 같은 행동이 어떤 결과를 초래하는지에 포커스를 맞춘다. 인간의 심리와 경제학과의 연계를 중요시한다.

또 경영진이 주주이익을 늘리는 데 최고의 가치를 둬야 한다는 주주자본주의에 대한 비판도 거세지고 있다. 당연히 주주자본주의를 부르짖은 시카고학파 창시자 밀턴 프리드먼의 이론에 대해서도 의구심이 커지고 있다. 위기 이후 뉴 노멀은 경영진이 주주에게만 신경 쓰지 말고 직원, 지역사회, 고객 등 모든 이해관계자(stakeholder)들의 이익을 포괄적으로 생각하는 것이다.

행복경제학

(The economics of happiness)

한 국가의 경제수준을 이야기할 때 우리가 흔히 쓰는 벤치마크가 바로 국내총생산(GDP)이다. GDP 규모가 얼마인지 성장률은 어느 정도인지가 특정 국가 경제능력, 나아가서는 그 나라 국민의 소득수준과 행복의 정도를 보여준다고 믿는다. 일반적으로 GDP 규모가 크거나 성장률이 높으면 그만큼 해당 국가 국민들의 행복수준도 더 높을 것이라고 판단한다. 그러나 수치적인 부가 항상 행복수준과 정비례하는 것은 아니다. 기본적인 것들이 충족될 경우 부의 증가가 국민의 행복수준으로 직접 연결되지 않는 이스털린 패러독스(easterlin paradox)가 나타나기도 한다는 것이다. 지난 1950년대 미국의 GDP가 급증했지만 설문조사 결과, 국민들의 행복수준이 GDP 증가율이 상승한 만큼 높아지지는 않았다.

때문에 GDP를 측정할 때 단순히 경제적 수치만 참고할 것이 아니라 국민의 복지수준을 평가할 수 있는 요소도 집어넣어야 한다는 여론이 거세다. 경제성장은 물론 사회의 발전 정도, 국민의 행복 정도를 측정할 수 있는 유용한 기준이 필요하기 때문이다. 예를 들어 GDP를 측정할 때 경제 수치 외에 교육, 환경, 건강, 주택사정, 영양상태, 출퇴근 시간 등을 포함시킬 경우 전혀 새로운 GDP 결과물을 도출 할 수 있다.

국민들이 행복한 삶을 영위하고 있는지 여부를 측정하려면 성장과 이익보다는 가치 시스템(value system)을 측정할 수 있는 지수 개발이 필요하다.

실제로 유엔은 사회적 웰빙(social well-being)을 정량화하는 노력을 통해 GDP와는 구별되는 *인간개발지수(HDI, Human Development Index)를 만들었다. 부탄(Bhutan)은 '국민총행복(Gross National Happiness)'지수를 개발, 가난해도 행복할 수 있다는 지표로 활용하고 있다.

보이지 않는 손(invisible hand)

영국 고전파 경제학자 아담 스미스의 경제학 교본 《국부론》(1776년)에 나온 말이다. 스미스는 시민사회에서 개인들이 각자의 이기심에 따라 경제행위를 하면 결과적으로 사회적 생산력을 확대하는 도움을 준다고 봤다. 이 같은 사적 이기심과 사회적 번영을 연결시켜주는 매개체가 바로 보이지 않는 손이다. 현대적인 시각에서 보이지 않는 손은 바로 시장이다. 스미스는 각 개인은 자신의 이익을 추구하고 있지만 보이지 않는 손에 이끌려 상상치 못했던 사회 전체의 이익을 가져온다고 생각했다.

그레샴의 법칙(Gresham's law)

"악화(惡貨)가 양화(良貨)를 구축한다"는 말로 유명한 법칙. 영국의 토머스 그레샴이 16세기에 제창한 학설이다. 어느 한 사회에서 악화(소재가 나쁜 화폐)와 양화(예컨대 금화)가 동일한 가치를 갖고 함께 유통될 경우 양화는 그 자체로 가치가 있기 때문에 사람들이 양화는 유통시키지 않고 가치저장수단으로 금고 등에 잘 보관하게 된다. 때문에 악화만 시장에 유통되면서 양화가 시장에서 사라지게 된다는 법칙이다.

이해관계자(stakeholder)

기업 활동에 의해 직간접적인 영향을 받는, 그래서 이해관계를 가지고 있는 모든 개인 또는 그룹을 말한다. 회사 지분을 가지고 있는 주주는 물론 채권자, 근로자, 소비자, 하청업체, 지역사회 등이 모두 기업의 이해관계자다.

기업의 사회적 책임(social responsibility of enterprises)

기업들이 단기적인 이익에만 집착하지 말고 사회의 책임 있는 기업 시민(corporate citizen)의 일원으로 책임을 자각하고 사회적 책임을 다해야 한다는 사고방식을 말한다.

고전학파(orthodox school)

영국 산업 혁명기에 스미스·리카도를 중심으로 형성된 경제학파. 1776년경부터 1870년대 초 한계효용학파가 등장하기까지 배출된 경제학자들을 가리킨다. 영국의 밀, 프랑스의 세이, 독일의 튀넨 등이 고전학파 경제학자로 분류된다. 고전학파는 개인주의적인 자유경제체제를 옹호한다. 시장이 힘을 발휘하는 자유방임주의를 강조하고, 국가 개입을 강력 반대한다.

시카고학파(Chicago school)

신자유주의 학파라고도 한다. 미국 시카고대 밀턴 프리드먼 교수를 중심으로 하는 경제학파다. 시카고학파는 고전학파와 마찬가지로 시장의 가격조정기능을 강조하고 정부

보다는 민간의 자유로운 경제행위를 중시한다. 정부의 재정정책 활동을 강조하는 케인스 경제학을 따르는 뉴 이코노믹스 철학과 정면 배치된다. 시카고학파는 통화공급량이 생산·고용·가격에 가장 큰 영향을 미친다고 본다.

행동경제학(behavioral economics)

기존 경제학 이론은 합리적이고 이성적인 인간(homo economicus)을 전제한다. 그러나 이 같은 합리적 주체에 대한 가정을 근간으로 하는 경제학 모델이 실제 경제현상을 제대로 반영하지 못하는 문제점이 많이 발생하고 있다. 최근 글로벌 경제 위기는 자본주의와 기존 경제학에 대한 비판적인 시각을 더욱 키웠다.

경제주체인 인간의 행동양식이 변덕스럽고 변화무쌍하다는 점에 착안, 인간의 경제행위에 심리적인 요소를 가미한 행동경제학이 발달하게 됐다. 사람들에게 무엇을 해달라고 말하거나 요청하는 것은 별로 효과가 없다. 열심히 타이르거나 권하는 것도 마찬가지다. 오히려 창피를 주거나 무엇인가를 노출시키는 경우가 더 효과를 가져온다. 예를 들면, 캘리포니아 에너지 회사들은 고객들의 문에 그들이 주변 이웃들이 사용하는 에너지 평균보다 더 많은 에너지를 소비한다는 표시를 걸어 놨다. 그러자 에너지 사용이 줄어드는 효과가 발생했다.

인간개발지수(HDI, Human Development Index)

소득, 교육, 빈곤, 실업, 환경, 건강, 종교 등 인간 생활과 관련된 여러 가지 기본 요소들을 기초로 사회생활에서 느끼는 행복감을 측정하는 것. 일종의 행복지수다. 1인당 국민총생산(GDP)만으로는 국가 간 개발 정도나 생활상을 비교하는 데 한계가 있어 인간의 삶에 영향을 미치는 다양한 요소들을 감안, 산출하는 새로운 인간복지 측정 지수다.

2

위기 후 비즈니스 리더십

피터 드러커는 경영(management)을 "일을 올바르게 하는 것(Doing things right)"이라고 했다. 또한 "리더십은 또 올바른 일을 하는 것(Leadership is doing the right things)"이라고 정의했다. 이처럼 CEO도 리더십을 발휘, 기업이 시장에서 지속적으로 성장할 수 있도록 하려면 올바른 일을 하고 지속 가능한 경영을 해야 한다. CEO에 대한 사회적인 존중은 기업성과로 이어진다.

그러나 글로벌 경제 위기로 기업인들에 대한 신뢰가 땅에 떨어진 상태다. 경기침체를 벗어나고 고용창출, 기후변화 등 사회적 책임을 다하기 위해 기업인들이 발휘해야 하는 비즈니스 리더십은 무엇일까?

기업인
신뢰붕괴 위기

　　　　　기업인에 대한 신뢰가 곤두박질친 것은 기업인들의 잘못된 가치관과 무관심이 크게 작용했다. 2000~2001년 당시로 돌아가 보자. 당시 엔론과 월드컴이 분식회계로 무너졌다. 두 기업이 파산했지만 미 경제가 붕괴되지는 않았다. 금융 시스템도 망가지지 않았다. 그러나 기업과 CEO에 대한 일반대중의 신뢰는 크게 훼손됐다. 유권자들의 비난에 직면한 미 정부는 무엇인가를 해야 했다.

　이때 미 정부는 국내외 기업을 막론하고 분식회계를 저지른 경영진에 대한 사법처리 강도를 크게 높인 *사베인스 옥슬리(sarbanes oxley)법안을 통과시켰다. 이 법안을 통해 기업이 윤리적으로 행동할 것으로 기대했다.

　그러나 사베인스 옥슬리법도 지난 2008년 말 발생한 글로벌 경제 · 금융 위기를 막지는 못했다. 전 세계 금융 시스템 붕괴 위기감이 커지면서 최악의 사태를 막기 위해 정부는 납세자의 돈을 끌어다 금융 시스템에 집어넣었다. 당초 기업과 CEO에 대한 신뢰가 별로 없었던 국민들은 이 일로 기업 · 금융인에 대한 신뢰를 완전히 접었다.

　비즈니스에 대한 신뢰가 지난 18개월간 곤두박질쳤다. 특히 신흥국에 비해 자본주의 상징인 미국 등 선진국 기업인에 대한 신뢰도가 크게 떨어졌다. 글로벌 홍보회사 에델만이 진행한 기업인 신뢰도에 대한 글로벌 설문조사 결과 응답자의 29%만이 CEO가 전하는 정보를 신뢰한다고 밝혔다. 사상 최저수준의 신뢰도를 보였던 지난 2008년 36%보다 더 떨어진 셈이다. 또 조사 대상자의 75%는 경기침체가 끝나면 기업들이 원래 기업을 운영하던 과거 방식인 올드 노멀로 돌아갈 것이라고 응답해 기업에 대한 믿음이 없음을 드러냈다.

또 다른 75%는 정부가 금융분야에 지속적으로 적극 개입할 것으로 내다봤다. 금융산업이 자율규제를 제대로 하지 못할 것으로 판단했기 때문이다. 이처럼 금융분야는 가장 신뢰를 받지 못하는 산업으로 추락한 상태다. 일반 근로자와 경영자 간 보수격차가 지난 30년래 가장 큰 폭으로 벌어진 점도 기업인에 대한 불신을 키우고 있다.

막나가는 기업과 금융권에 대해 뭔가 조치를 취해야 한다는 여론의 목소리가 커지자 미국 등 선진국 정부들은 액션을 취했다. 보너스에 대한 세금 부과, 의결권 자료 공개 확대(proxy disclosure), CEO 보수에 대한 제한 등이다.

그러나 이것만으로 충분하지 않다. 신뢰가 떨어졌다면 해당 당사자들이 도덕적 그리고 윤리적으로 대응해야만 신뢰를 되살릴 수 있다. 이와 관련, 기본으로 돌아가자는 목소리도 많이 나왔다. 금융계는 실물 경제를 지탱해주는 본연의 임무에 충실해야 한다. 또 여론의 공분을 산 경영진 보수문제도 자발적으로 나서 해결하는 모습을 보여줘야 한다.

경영진 신뢰
구조조정 필요하다

재정적자(fiscal deficit)가 전 세계 경기회복을 위협하는 가장 큰 걱정거리로 떠오르고 있지만 신뢰성 적자(credibility deficit) 역시도 큰 문제다. 재정적자가 과도해지면 정부가 제대로 된 기능을 수행할 수 없듯이 자본주의 체제와 자본주의 체제의 근간을 이루는 기업인에 대한 신뢰 없이는 시장경제도 제 기능을 할 수 없다. 경제나 기업이 어려울 때 근로자만 구조조정을 할 게 아니다. 글로벌 경제 위기를 촉발시킨 경영진의 신뢰를 구조조정해야 한다. 기업과 경영진은 더 투명해져야 하고 주주, 직원, 고객, 사회 등 스테이크 홀더(이해관계자)들의 요구에 더 잘 부응해야 한다.

코르데스 독일 메트로 회장은 "CEO는 먼저 직원들에게 우리의 목표와 전략이 무엇이고 앞으로 어떻게 할 것인지, 그리고 무엇을 성취하길 원하는지 명백하고 투명하게 밝혀야 한다"며 "A가 발생하면 B를 할 것이라는 점을 알려줘야 한다"고 강조했다. 기업과 경영진에 대한 투명성을 강화하지 않으면 회사정책은 일관성을 잃고 결국 신뢰를 잃을 수밖에 없다. 원칙을 투명하게 공개하고 이를 지켜나가면 신뢰를 다시 회복할 수 있다. 통신기술 진보로 오늘날 근로자들은 과거에 비해 훨씬 더 많은 정보를 더 빨리 접할 수 있게 됐다는 점에서 소통을 통한 신뢰회복은 더욱 중요하다.

티모시 플린 KPMG 회장도 "최근 상황에 대해 사람들이 화가 나 있는 것은 이해할 만하다"며 "경제 위기 때문에 지난 2007년 이후 전 세계적으로 3,400만 명이 일자리를 잃었다. 젊은 층(15~20세) 실

"경제 위기 때문에 지난 2007년 이후
전 세계적으로 3,400만 명이
일자리를 잃었다.
신뢰가 떨어질 수밖에 없는 상황이다."

업률은 대다수 선진국에서 20%를 훌쩍 넘어선다. 각국의 재정적 자는 급속도로 불어나고 있다. 신뢰가 떨어질 수밖에 없는 상황"이라고 지적했다. 그러면서 어려운 상황에서 올바른 결정을 내릴 수 있는 3가지 체크포인트에 대해 이야기했다.

첫째, 자신의 결정을 합리화시키지 말라(Don't rationalize your decision)는 것이다. "이번 한 번뿐이다. 다시는 이런 일이 없을 것이다", "경영진의 보너스를 위해서가 아니라 직원고용 유지를 위한 것이다" 등 경영진이 자신의 결정을 합리화하려고 시도해서는 안 된다고 지적했다.

둘째, 자기 합리화를 위해 암묵적인 승인(Implied permission)을 요구하지 말라는 것이다. "다른 사람들도 우리가 이것을 하고 있는 것을 잘 알고 있다. 나의 상사도 이것을 하고 있다는 것을 알고 있

144

"기업이 NGO 등 글로벌 인권을 위해
일하는 단체와 파트너십을
구축하면 일반인들의 기업에 대한
신뢰가 높아질 것이다."

다" 등 자신의 가치관을 다른 사람에게 강요하지 말라는 것이다.

셋째, 공포심을 유발하지 말라는 것이다. "당신이 이의를 제기하면 조직에서 허용하지 않을 것이다" 등 공포분위기를 조성, 다양한 의견제시를 가로막아서는 안 된다. 어려운 결정을 내려야 하는 상황에서 자신의 주장을 합리화하지 않으며 다른 사람들로부터 암묵적인 승인을 강요하지 않고 다른 사람들이 또 다른 의견을 내놓지 못하도록 공포감을 조성하지 않는 조직이 돼야 더 좋은 결정을 내릴 수 있다.

또 기업이 더 이상 주주에게만 이익을 안겨주는 것이 아니라 장기적으로 스테이크홀더에게 이익을 주는 것이 더 좋다는 것을 강조할 경우, 신뢰회복이 더 빨라질 수 있다고 플린 회장은 주장했다.

리처드 에델만 에델만 사장은 "기업이 NGO 등 글로벌 인권을 위해 일하는 단체와 파트너십을 구축하면 일반인들의 기업에 대한 신뢰가 높아질 것이라는 설문조사 내용이 있다”며 신뢰회복을 위한 NGO와의 파트너십을 주문했다. 또 단기적인 인센티브 시스템을 가치에 기반을 둔 장기적이고 지속 가능한 성과로 대체할 필요가 있다는 제언도 많이 나왔다.

소비자들도 책임감 있게 행동해야 한다. 많은 미국인들이 주택 담보를 신청할 때 신청서를 허위로 기재했다. 이 같은 기만행위가 정부의 감독기능 부실, 대출자의 탐욕과 함께 주택시장 혼란을 가져온 원인 중 하나가 됐다.

로자베스 모스 캔터 하버드대 교수는 신뢰회복을 위해 경영진이 인사이드 아웃 업사이드 다운(Inside out, Upside down)의 자세를 가져야 한다고 강조했다. 인사이드 아웃은 경영진이 외부의 목소리에 귀를 기울여야 한다는 것이다. 외부의 목소리에 귀를 기울이면 창조성이 강화되고 새로운 시장을 여는 원천이 된다. 업사이드 다운은 경영진이 아랫사람(bottom)들의 말을 듣는 것이다. 근로자들의 참여 없이 기업의 성장은 없다. 조직원들의 상상력을 키우고 이들에게 역할을 부여함으로써 회사의 미래를 창조해야 한다.

사회적 가치
= 성장

다보스 포럼에 참석한 왕젠저우 차이나 모바일 회장은 “글로벌 경제 위기 후 비즈니스 리더십에 대한 신뢰

*"글로벌 경제 위기 후
비즈니스 리더십에 대한 신뢰가
떨어졌다. 위기 이후 애널리스트
분석 보고서를 투자자들이
미심쩍어하는 상황이 지속되고 있다."*

가 떨어졌다"며 "뉴욕과 홍콩에 상장돼 있는 차이나 모바일의 경우 위기 이후 투자자들이 애널리스트들의 보고서를 미심쩍어하는 상황이 지속되고 있다"고 말했다.

이와 관련 왕 회장은 차이나 모바일의 사례를 들어 신뢰회복을 위한 화두를 던졌다. 차이나 모바일은 5년 전 시골지역까지 이동통신망을 확대하는 결정을 내렸다. 당시 애널리스트들은 시골 이동전화 사용자가 너무 적어 이익을 낼 수 없다며 무리하지 말라고 경고했다. 그러나 당시 차이나 모바일은 시골지역으로 서비스망을 확대하는 것이 기업의 사회적 책임이라고 생각했다.

5년 후 상황이 완전히 달라졌다. 중국 전국을 아우르는 이동통신망을 확보함에 따라 기업 경쟁력이 높아졌다. 또 시골과 도시에서 더 많은 가입자들을 끌어들이고 있다. 사회적 필요를 충족시키면 경제적 이익까지 따라온다는 이야기다.

캔터 하버드대 경영대학원 교수는 사회적 책임을 발휘하는 기업들이 성과가 더 좋다고 말한다. 그리고 이들 사회적 기업들은 4가지 특징을 가지고 있다고 강조한다.

첫째, 기업의 사회적 책임이 기업의 명성을 결정한다. 사회적 책임을 완수할 경우 주주가치도 상승한다는 설명이다. 캔터 교수는 IBM, 프록터 & 갬블, 브라질의 방코 레알, 멕시코의 세멕스(SEMEX), 일본의 옴론(OMRON) 등을 사회적 기업으로 꼽았다. 이들 기업들은 사회에 봉사하는 것을 기업가치로 삼았다. 확실한 원칙을 세워놨기 때문에 이들 기업들의 경우 의사결정이 빠르다.

둘째, 혁신이다. 혁신은 언제나 큰 이익을 내는 지름길이다. 동시에 혁신은 사회에 봉사하는 길이다. 사회에 봉사를 많이 하는 기업들은 혁신을 많이 한 기업들이다. 혁신을 통해 자금을 축적, 사회에 나눠줄 수도 있다. 사회의 필요에 더 많은 관심을 갖는 기업들이 혁신을 더 많이 하게 된다.

셋째, 파트너십이다. 다른 기업과 네트워크를 구축하지 않는 기업들은 생존하기 힘들다. 기업 간에도 에코 시스템이 필요하다. 보다 큰 에코 시스템을 지향하고 모든 이해관계자들의 복지를 위해 일하는 기업들은 최고의 파트너를 얻게 된다.

넷째, 사람이다. 대학과 MBA를 갓 졸업한 재능 있는 젊은 인재들은 자신들만의 가치 체계를 구축하고 이에 따라 행동하기를 원한다. 뭔가 다른 것을 만들어 사회에 공헌할 수 있다고 느낄 수 있는 기회가 주어진다면 여기에 집중한다. 본인의 일을 하면서도 세계를 바꾸는 일(change the world)이라면 더 많은 인재들을 끌어올 수 있다.

또 소셜네트워킹 수단(SNS)을 활용, 전 세계와 소통할 수 있는 기회를 제공하면 보다 생산적인 대화를 할 수 있는 기반이 형성된다. 이같은 기업문화를 조성하는 기업들이 보다 좋은 재무성과를 얻는다.

주변부에서
배우는 경영혁신

그동안 품질 중시 경영, *리엔지니어링 등의 경영혁신이 기업혁신에 커다란 도움을 줬다. 그러나 최근 경영기술 진화 속도가 뚝 떨어졌다. 경영진은 아직도 산업혁명 시대의 경영관행에 의존하고 있다. 어떻게 표준화하고, 어떻게 규모의 경제를 최대한 활용할지 등은 21세기 초변화·초혁신의 시대에 걸맞지 않는 과거의 경영기법이다.

기업들이 초혁신·초변화 시대에 맞춰 어떻게 변신하고 창조적 파괴에 대처할 수 있도록 어떻게 혁신할지가 이제 중요한 과제가 됐다. 빠르게 변화하고 빠르게 혁신하지 않으면 살아남기 힘들다.

*"기업성장의 원동력인 혁신은
직원 간 협력을 통해
가장 효과적으로 달성될 수 있다."*

좀 더 차별적으로 혁신해야만 위기 후에 승리할 수 있다. 초변화·초혁신 뉴 노멀에 맞춰 좀 더 빨리 변화하고 혁신할 수 있는 방향으로 경영기법을 발전시켜 나가야 한다.

세계 최고의 경영구루 중 한 명인 개리 하멜 런던비즈니스스쿨 교수는 위기 후 경영을 완전히 탈바꿈시키려면 우선 경영진이 더 이상 결정권자 역할만 하지 말고 근로자들이 최적의 결과물을 낼 수 있도록 옆에서 도움을 주는 퍼실리테이터(facilitator) 역할을 해야 한다고 다보스 현장에서 강조했다. 경영진은 직원들의 참여를 유도하고 직원들이 최대의 성과를 낼 수 있는 방향으로 경영을 해야 한다는 주문이다. 지식산업이 주도하는 21세기에는 직원들의 자발적인 참여와 지적 재산이 기업의 지속 가능한 성장에 가장 중요하기 때문이다.

설문조사에 따르면 직장에 만족하는 많은 근로자들이 경영진이
나 다른 관리자와의 마찰 때문에 회사를 그만둔다. 과도한 통제와
간섭은 실패만 부를 뿐이다. CEO는 뛰어난 결정권자로서의 역할
뿐만 아니라 직원들이 최대한 역량을 발휘할 수 있도록 도움을 주
는 퍼실리테이터가 돼야 한다.

기업성장의 원동력인 혁신은 직원 간 협력을 통해 가장 효과적
으로 달성될 수 있다고 하멜 교수는 설명했다. 이때 직원 간 협업
은 국내에만 국한되는 것이 아니다. 국내는 물론 해외 사업장을 모
두 아우르는 협업을 이끌어내는 것이 기업이 직면한 가장 큰 과제
이면서도 치열한 글로벌 경쟁구도 하에서 상품 혁신을 이끌어 낼
수 있는 지름길이다. 이 같은 협업은 사내 *인트라넷 구축과 같은
수단을 통해 현실화할 수 있다. 사내 인트라넷망을 통해 직원들은
아이디어를 교환하고 상품개발과정에서 협업을 원하는 직원들을
찾아낼 수 있다.

직원들은 회사의 가장 큰 자산이다. 직원들이 매일 출근해서 새
로운 것을 창조할 수 있도록 동기부여를 해야 한다. 이와 관련 직원
들이 일과 가정사의 균형을 맞출 수 있도록 도와주는 분위기를 조
성하는 것도 중요하다. 세계에서 근로자들이 가장 근무하고 싶어
하는 기업으로 꼽힌 세계 최대 비상장 소프트웨어 회사 SAS와 같은
기업들은 직원 만족도를 높여 지속적인 성장을 하는 기업이다.

하멜 교수는 직원들의 관심사가 소비자·주주보다 우선해야 한
다고 지적, 주주 우선주의나 소비자 지상주의와 같은 전통적인 관
념을 타파한다. 직원들이 행복하면 이들이 고객들을 행복하게 만

들 것이고 결국은 주주까지 행복해질 것이라는 것이 하멜 교수의 논지다.

또 동료 간 평가를 활용하는 것도 직원들에게 동기부여를 하는 방법이다. 동료 간 평가가 강화될 경우 동료 간 책임감이 커지고 더 생산적으로 바뀐다는 진단이다. 직원들이 경영진보다 동료들의 인정을 받기 위해 더 노력하기 때문이다.

상품혁신은 또 소비자들의 요구를 경청함으로써 더 잘 만들어낼 수 있다. 소비자들이 회사를 찾아와 경영진이 아니라 개발팀과 대화를 나누도록 독려해야 한다.

조직 내 SNS를 활용하는 것은 매니저와 직원 간 소통과 이해를 높이는 데 도움을 준다. 성공적인 기업들은 회사업무와 관련된 오픈 블로그, 쌍방향 사이트 개설 등을 통해 소통을 돕고 있다.

경영진은 실험을 즐겨야 한다. 전자제품 양판점인 베스트바이의 한 종업원은 기업 판매 예측 시스템의 정확성이 92%밖에 안 된다는 점에 주목했다. 이 종업원은 각기 다른 매장에서 일하는 300명의 동료들에게 이메일을 보내 연휴기간 중 판매 예측치를 보내 달라고 요청했다. 취합한 판매 예측 데이터를 나중에 실제 판매치와 비교한 결과, 99.9% 일치하는 결과를 보였다.

회사는 이 같은 판매 예측치 집계 방식을 기업전략계획 시스템에 통합시켰고 가장 정확한 예측 자료를 보낸 직원에게 100달러의 상품권을 줬다. 이를 통해 예측 시스템이 훨씬 정확해져 불필요한 재고가 큰 폭으로 줄어들게 됐다.

또 경영진은 메인에서 벗어나 있는 주변부, 즉 아웃라이어(outlier)

에게 배워야 한다. 미래는 항상 주변부(fringe)에서 시작된다. 문신(tattoo)은 이제 Y세대에게 일상사가 됐다. 문신은 폭주족, 록가수, 범죄자 등 사회 주변부에서 시작된 것이다.

500배로 벌어진
CEO 보수

지난 1982년 경영학의 아버지 피터 드러커는 어떤 임원도 기업 직원 봉급의 20배 이상을 받아서는 안 된다고 했다. 그러나 1980년대 미국 최고경영진과 근로자 간 평균 임금 격차가 40대 1 수준으로 벌어졌다. 2000년대 들어서는 500배로 확대됐다. 지난 2008년 미국 CEO 평균 연봉은 1,100만 달러에 달했다.

존 몽스(John Monks) 유럽노조총연맹(ETUC) 사무총장은 "지난 30년간 GDP 대비 임금은 줄었지만 GDP 대비 기업이익 비중은 늘어났다. 경영진 보수가 일반적으로 기업수익과 연동해 움직인다는 점에서 경영진만 돈을 벌고 일반 근로자들의 실질임금은 전혀 올라가지 않은 셈이다"며 "경영진과 일반 근로자 간 임금격차가 더 크게 벌어지고 있다"고 지적했다.

금융 위기로 파산에 직면, 미 정부로부터 천문학적인 돈을 꿔다 쓴 미 금융기관들은 위기를 벗어나자마자 엄청난 보너스 돈 잔치를 벌이고 있다. 2009년 월가 보너스는 203억 달러로 전년에 비해 17%나 증가했다. 실직 근로자가 수천만 명에 달하는 상황 속

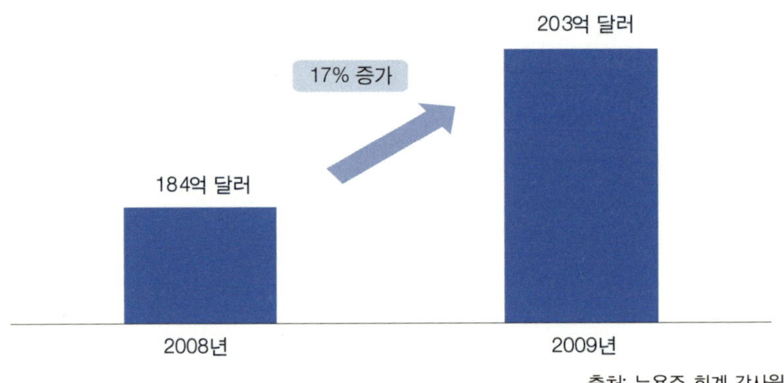

에서 정부 구제자금을 받은 금융기업 경영진이 천문학적인 보수를 받고 보너스 잔치를 한다는 것 자체가 근로자들의 불만을 살 수밖에 없다.

또 스타 CEO가 회사를 완전히 탈바꿈시켜줄 것이라는 희망 속에서 엄청난 보수를 약속하는 관행이 지속되고 있다. 이사회 임원들이 회사 일보다는 자신과 경영진 보수를 얼마로 책정할 것인지에 더 많은 시간을 소비하고 있다는 비난도 끊이지 않고 있다.

기존의 성과 보상 체계에서 모럴 해저드가 발생하고 있다면 보상 구조에 변화를 줘야 한다. 경영진에 대한 보상이 어떻게 결정되는지 투명하게 밝혀야 한다. 일단 변화의 움직임은 감지되고 있다. 2009년 연구에 따르면 *S&P 500 지수 시가총액 상위 200개 기업의 70%가 임원진 보상 프로그램에 변화를 줬다. 그러나 문제는 얼마만큼 공정하고 균형 잡힌 방향으로 보상 시스템이 변화하고 있는지다.

샌즈 스탠다드차터드뱅크 CEO는 "불평등이 지속적으로 커지는 것은 지속 불가능하다. 과도한 보상은 줄어야 한다"며 "보상시스템을 장기적인 성과에 보상하는 형태로 재구축해야 한다"고 강조했다.

플린 KPMG 회장도 "단기적인 보수 시스템이 문제다. 조직 내 인센티브, 외부 주주에 대한 인센티브 등 단기적인 성과와 주주수익에 과도하게 집중했다"며 "새로운 시스템은 장기적인 시각을 가지고 지속적인 보상이 가능한, 그리고 지역사회, 직원 등 스테이크홀더들의 신뢰를 얻을 수 있는 방향으로 변화해야 한다"고 진단했다.

이처럼 CEO에게 장기간의 성과에 맞춰 보너스와 인센티브를 제공하는 것은 좋은 해결책이다. 장기적인 시각에서 경영진 성과를 평가할 경우, CEO가 지속 가능한 성장에 더 큰 무게 중심을 두고 경영을 할 수 있다.

분배의 정의도 중요하다. 기업이 성장하면 근로자들에게 회사 주식을 주든지 하는 방식을 통해 회사에 대한 참여도를 높여야 한다.

사베인스 옥슬리법(Sarbanes-Oxley act)

2000년대 초 경영진까지 가담한 기업분식회계 스캔들로 미국 대기업들이 줄줄이 파산하면서 기업에 대한 신뢰가 곤두박질쳤다. 기업계에 대한 여론의 질타가 이어지자 미국정부는 기업 지배 구조 강화를 골자로 한 법안을 내놨다. 이것이 사베인스 옥슬리법안이다. 이 법안을 상정한 '폴 사베인즈' 상원의원과 '마이클 옥슬리' 하원의원의 이름을 따서 만들어졌다. 철저한 사내 견제와 균형을 통한 경영 투명성 제고, 그리고 분식회계에 가담한 경영진에 대한 가중처벌이 골자다. 기존 연방 증권법 중 기업 지배 구조 부분을 대폭 강화한 이 법안은 기업 활동과 문화에 엄청난 파급 효과를 미쳤다. 그 여파는 미국을 넘어 유럽과 아시아에도 전파됐다.

비즈니스 리엔지니어링(business reengineering)

'업무재구축'이라는 말로 번역되는 비즈니스 리엔지니어링은 인원 삭감, 권한 이양, 노동자 재교육, 조직 재편 등을 함축하는 말이다. 비용 · 품질 · 서비스와 같은 핵심적인 경영요소를 획기적으로 향상시킬 수 있도록 경영과정과 지원 시스템을 근본적으로 재설계하는 경영기법으로 보면 된다. 비즈니스 리디자인과 같은 이야기다.

인트라넷(intranet)

지금까지 사내 정보전달을 위해 사용하던 전용선을 인터넷으로 대체한 사내 정보전달 시스템으로 인터넷 속의 작은 인터넷으로 보면 된다. 사회 인프라화된 인터넷 기술을 기업, 공공기관, 연구소 등 단위조직에 적용, 통합된 네트워크 안에서 모든 업무를 수행할 수 있게 하는 차세대 그룹웨어 환경이다. 인트라넷은 인터넷 상의 LAN(근거리통신망)이라고 할 수 있다.

S&P 500 지수(Standard and Poors 500)

S&P 500 지수는 국제 신용평가기관인 미국의 스탠더드앤푸어스(S&P)가 만든 주가지수다. 다우존스 지수와 마찬가지로 뉴욕증권거래소에 상장된 기업들의 주가흐름을 보여준다. 지수 산정에 포함되는 종목 수가 다우지수 30개보다 훨씬 많은 500개다. 500개 기업은 S&P가 선정한 우량기업들이다.

3

올드 노멀에서 뉴 노멀로

2008년 9월 15일 미국 투자은행 리먼 브러더스 파산으로 촉발된 글로벌 금융 위기로 인해 정부 간섭은 최소화하고 시장에 모든 것을 맡기는 신자유주의적 정책에 근거한 작은 정부론에 급브레이크가 걸렸다. 글로벌 경제 위기로 민간부분 투자가 크게 위축된 상태에서 각국 정부가 경기를 살리기 위해 시장에 천문학적인 돈을 집어넣고 시장에 더 많이 간섭하는 큰 정부론이 힘을 얻었던 배경이다.

큰 정부론에 입각한 각국 정부의 적극적인 시장개입으로 글로벌 경제가 파국의 늪에서 빠져나온 것은 사실이다. 그러나 이제 어느 정도 위기가 진정국면으로 접어든 만큼 정부가 위기 후에도 시장개입을 지속하는 큰 정부론을 고수할지 아니면 시장에 맡기는 올드 노멀로 돌아갈지 여부가 관심사로 떠오르고 있다.

정부의 승자선택
안 된다

위기상황에서 어쩔 수 없었다지만 위기
극복 후에도 정부 역할이 과도하게 커질 경우, 기업들이 느끼는 불
확실성이 커질 수밖에 없다고 다보스 포럼 참석자들은 경고했다.
실제로 위기국면에서 정부는 어느 금융기관과 기업을 살리고, 도태
시킬지 여부를 결정하는 막강한 힘을 발휘했다. 정부의 이 같은 살
생부 작성은 글로벌 경제가 비상상황이었기 때문에 어느 정도 용인
되는 분위기였다. 그러나 정부 영향력이 위기 후에도 계속돼 정부
입김에 따라 시장의 승자가 결정된다면 기업들이 마음 놓고 사업을
영위할 수 없다.

도미니크 바튼 맥킨지 회장은 "정부가 승자를 선택하고, 어떤 곳
에서 일자리를 창출할지 결정하는 것은 불확실성을 키워 기업들을
불안하게 만든다"고 지적했다.

캐머런 영국 보수당 당수도 "자유기업 시스템 때문에 위기가 발
생한 것이 아니라 금융버블과 무역불균형 때문에 위기가 발생했
다"며 "정부가 승자를 선택하는 모델은 좋지 않다"고 진단했다.

에카르트 코르데스 독일 메트로 회장은 "위기상황에서 정부의
간섭이 없었다면 금융 시스템은 붕괴됐을 것이다. 그러나 정부의
기본적인 임무는 규율을 만들고 비즈니스맨들이 이 규율을 지키도
록 감독하는 것"이라며 "그 외에 다른 시도를 할 경우 시장실패를
가져올 수 있다"고 경고했다.

민관파트너십이
뉴 노멀

로널드 레이건 전 미국 대통령은 산업계에서 가장 두려워하는 것이 바로 "나는 정부에서 왔다. 도움을 주기 위해 왔다(I'm from the government and I'm here to help)"는 말이라며 정부의 시장간섭을 우회적으로 비판한 바 있다.

이처럼 레이건 대통령은 철저한 작은 정부 신봉자였다. 레이건 대통령은 시장의 자율성을 강조하고 정부의 시장간섭을 최소화하면 시장이 가장 효율적으로 움직인다는 믿음 속에 시장에 모든 것을 맡기고 정부 역할을 최소화하는 정책을 펼쳐왔다. 그리고 이 같은 신자유주의적인 경제정책은 지난 2008년 글로벌 경제 위기가 발생할 때까지 미국 경제를 이끄는 엔진 역할을 했다.

그러나 지난 2009년 위기상황 속에서 금융기관들이 가장 듣고 싶어 했던 말은 바로 레이건 대통령이 비판했던 바로 이 문장이었다. 벼랑 끝에 몰린 금융기관들은 정부 도움이 절실했고 "도움을 주기 위해 여기에 왔다"는 정부 관계자의 말을 고맙게 받아 들였다. 전 세계 정부가 지난 2009년 금융기관 구제 등에 쏟아 부은 돈은 11조 달러에 달한다. 전 세계 GDP(60조 달러)의 5분의 1에 달하는 엄청난 돈이다. 이처럼 강력한 시장개입을 통해 세계 경제는 최악의 시나리오에서 벗어났다.

이처럼 2008년 사태로 기업과 정부 간 사회적 계약이 급변했다. 위기 이전에 기업은 독자적으로 운영됐고 정부는 심판(referee) 역할만 했다. 그러나 위기 후에는 갑작스레 기업이 유일한 돈줄인 정부에 과도하게 의지하게 됐다. 그러나 과도한 정부 지원에 기대는 경기회복은 지속 가능한 시나리오가 아니다. 정부가 무한정 돈을 찍어내 경기를 떠받치거나 기업을 지원할 수 없기 때문이다. 이미 나라빚이 과도하게 늘어난 상태에서 더 많은 국가들이 이제 허리띠를 졸라맬 수밖에 없다. 정부의 시장개입이 약화될 수밖에 없는 상황이다. 결국 정부가 지속적으로 시장실패를 방지하는 감시ㆍ감독 역할은 강화하되 민간 부분이 정부로부터 경기회생의 바통을 넘겨받아 경제성장의 엔진 역할을 하는 패러다임 변화가 절실하다.

마이클 포터 하버드대 교수는 "경제 위기가 완전히 끝난 것은 아니지만 위기감이 줄어들고 있고 위기 이전 수준으로 돌아가려는 시도가 이어지고 있다"며 "지난 2009년에는 정부역할에 과도하게 의존했던 만큼 위기가 지나간 뒤에는 정부가 어떤 역할을 해야할지, 민간 역할은 또 어떠해야 할지에 대한 질문이 쏟아질 것"으로 내다봤다. 특히 정부 지원과 간섭이 많이 이뤄진 분야, 특히 금융분야에서 정부가 앞으로 어떤 역할을 해야 할지에 관심이 모아지고 있다. 지속 가능한 경기회복을 위해서는 위기 후 급격하게 커진 정부역할이 어느 정도 줄어드는 대신 민간 경제 자생력이 살아나 정부역할을 어느 정도 대신해야 한다. 결국 민관파트너십이 경제성장을 위한 위기 후 뉴 노멀이 될 수밖에 없다는 진단이다.

안드레이 코스틴 러시아 VTB은행 회장 겸 CEO는 "러시아정부가 중장기적으로 금융기관에 대한 역할과 간섭을 줄일 것"이라며 "정부가 장기적으로 금융기관을 통제하거나 대주주 지분을 갖고 있는 것이 비효율적이라고 보기 때문"이라고 설명했다. 대신 위기

재발 방지차원에서 정부가 금융기관과 금융 시스템에 대한 규제를
강화할 것으로 내다봤다.

샌즈 SCB CEO도 "분명 정부의 사기업에 대한 지분 철수, 유동
성 회수 등이 있을 것"이라며 "그러나 더 중요한 것은 위기 후 은행
과 정부 그리고 사회와의 관계가 되돌릴 수 없을 정도로 변화된
점"이라고 강조했다. 경기가 회복세로 돌아선다고 해서 금융권이
규제의 사각지대에서 마음대로 레버리지를 올려 위험성이 큰 상품
에 투자하는 등 올드 노멀(옛날 기준)로 돌아갈 수는 없다는 얘기다.

인드라 누이 펩시코 회장은 "정부 혼자서 모든 것을 할 수 없다.
정부는 기업을 필요로 한다. 기업이 경제성장, 일자리 창출을 위한
혁신과 성장의 엔진이 되기를 바란다. 기업들도 정부를 필요로 한
다. 기업들이 정부와 조화롭게 협력해야 한다"며 "이 같은 상호의존
성 때문에 민관파트너십이 앞으로 더욱 중요해질 것"으로 내다봤다.

기업이나 금융기관들도 규제를 무조건 반대, 정부와 대립 각을
세우기보다는 자발적으로 미리 할 수 있는 일을 보다 적극적으로
전개해야 할 책임이 있다. 또 정부가 민간기업과 금융기관을 감독
하고 방향성을 잡아주는 데 더 큰 역할을 할 수 있다는 점을 민간기
업들이 인식해야만 민관협력이 강화될 수 있다.

인프라 적자
민관협력으로 해결

전 세계 수자원, 도로, 항만 등 *인프라

를 개선하는 데 향후 20년간 매년 2조 달러의 자금이 필요하다. 그러나 각국 재정적자를 감안할 경우, 이 같은 천문학적인 자금을 어디에서 구할 수 있겠는가. 위기 후 뉴 노멀로 떠오른 민관파트너십 (PPP, Private and Public Partnership)이 가장 효율적으로 활용될 수 있는 곳이 바로 인프라분야다.

이마드 파크호우리 요르단 공공개발 장관은 "중동 · 북아프리카 (MENA) 지역의 경우 앞으로 10년간 1억 개의 일자리를 창출해야 한다"며 "인프라 투자는 경기부양, 일자리 창출을 위해서도 필요하지만 장기적인 성장을 위해서도 중요하다"고 강조했다. 이들 중동 · 북아프리카지역의 경우 인프라 건설을 위해 PPP 모델을 적극 활용하고 있다. 인프라개발에 필요한 자금조달을 위해 특별목적 회사를 설립, 자금을 조달했고 공공 부분은 인프라 프로젝트와 관련, 민간 전문지식을 최대한 활용했다.

위험을 민관이 공동 부담하는 것도 리스크 헤지차원에서 긍정적이다. 특히 글로벌 경기침체 후 PPP 활용도가 더욱 높아지고 있다. 파크호우리 장관은 "경기침체로 정부 세수가 감소하는 상황에서 PPP형 인프라 프로젝트 개발이 더욱 활성화될 것"이라며 위기 후 인프라 투자 뉴 노멀은 PPP라고 강조했다.

이와 관련 다양한 PPP모델이 만들어지고 있다. 기존 PPP의 경우 일반적으로 정부가 민간자본을 끌어들여 특정 인프라 프로젝트를 완료한 후 민간 부분에 일정기간 사용권을 준다. 기본적인 소유권은 정부가 갖는다. 하지만 최근에는 아예 인프라 소유권을 민간에게 주는 방식도 활용되고 있다. 정부가 처음부터 장기간 소유권을 유지하기보다는 미래에 정부가 민간으로부터 다시 소유권을 넘겨받는 방식이다.

PPP모델을 효율적으로 활용하려면 일단 관료주의를 없애고 정부 역량을 민간 수준으로 끌어올려야 한다. 요르단의 경우 대규모 인프라투자를 전담 관리하는 메가(mega)프로젝트부를 따로 만들었다.

인도의 경우 과일과 채소 세계 2위 생산국이다. 그러나 도로 등 인프라 부족과 저장시설문제로 생산량의 40%가 유통과정에서 썩어서 폐기된다. 또 인구 100만 명 이상 도시가 50개를 넘어서면서 사무빌딩·주택·상업시설 구축과 교통망 등 인프라 확충 압박감이 커지고 있다.

카말 나스 인도 교통장관은 "인도 성장속도에 브레이크가 안 걸리려면 인프라 부족을 의미하는 인프라 적자(infra deficit)를 줄여야 한다"며 "인프라문제 해결을 위해 PPP 프로그램을 적극 활용하고 있다. 인도는 PPP를 활용, 세계 최대 규모의 도로건설 프로젝트를 진행 중"이라고 밝혔다. 인도의 경우 아무것도 없는 곳에 새로운 공장이나 인프라를 구축하는 *그린 필드(green field) 프로젝트와 설비가 낙후된 인프라와 기업을 사들여 인프라를 개선하거나 기업생산성을 높이는 *브라운 필드(brown field) 프로젝트에 모두 PPP모델을 적용하고 있다.

지난 30년간 중국 내 인프라 개발도 급속도로 진행됐다. 철도 인프라는 세계에서 두 번째로 크다. 지하철도 급성장하고 있다. 중국이 개혁을 통해 문호를 개방하기 전까지만 해도 모든 대규모 인프라 프로젝트는 정부 재정에 전적으로 의존했다. 그러나 위기 후 인프라 개발 재원이 다양화하고 있다.

　정부는 사회적 프로젝트와 비사회적 프로젝트를 뚜렷이 구분하고 있다. 사회적 프로젝트는 도로건설, 지하철건설 등을 포함한다. 이런 프로젝트는 정부가 전적으로 자금조달을 담당한다. 비사회적 프로젝트는 고속도로, 수처리 공장, 전력 등이다. 이들 프로젝트는 주로 민간자금을 끌어다 쓴다.

　정부뿐만 아니라 중국개발은행도 대규모 프로젝트 자금을 대고 있다. 지역 단위별로 인프라 투자가 이뤄지면서 성(省)이나 시(市)정부 차원에서 지역 인프라 프로젝트 자금조달을 위한 공기업을 설립했다. 자금조달 프로세스를 활성화하기 위해 정부가 먼저 초기자본금을 집어넣은 뒤 이들 자금조달기업들을 공기업처럼 운영했다. 이후 해당 프로젝트에 대한 규제를 줄이고 유연성을 키워 프로젝트 개발의 효율성을 높여왔다.

인프라스트럭처(infrastructure)
사회적 생산 기반, 경제활동 기반을 형성하는 기초적인 시설들로 도로 · 철도 · 하천 · 항만 · 농업기반, 공항 등 경제 활동에 밀접한 사회자본을 말한다. 최근에는 학교, 병원, 공원 등과 같은 사회복지, 생활환경시설 등도 사회자본에 포함하고 있다.

브라운 필드(brown field)와 그린 필드(green field)
브라운 필드 투자는 설비가 낙후된 인프라와 기업을 사들여 인프라를 개선하거나 기업 생산성을 높이는 투자다. 글로벌 경제 위기 이후 헐값에 나온 공장을 사들여 생산성을 높이는 투자가 많이 일어나고 있다. 브라운 필드 투자는 초기 설립 비용이 들지 않고 인력, 생산라인 등의 확장을 꾀할 수 있다는 장점이 있다.
그린 필드 투자는 완전히 새롭게 시작하는 것을 말한다. 아무것도 없는 곳에 새로운 공장이나 인프라를 구축하는 프로젝트다. 그만큼 투자위험성이 크다고 볼 수 있다.

4

21세기 **신 소비자**

지구 인구는 2030년이 되면 83억 명으로 늘어난다. 또 2030년
까지 개도국에서 20억 명의 새로운 소비자들이 글로벌 경제로 편
입될 전망이다. 글로벌 소비시장이 재편되는 구조적 변화가 발생
하고 있는 셈이다.

인구증가와 중산층 기반확대는 기업에게 새로운 기회다. 동시에
더 까다롭고 영리해진 소비자들의 새로운 상품과 서비스에 대한 요
구는 기업들에게 또 다른 압박으로 다가온다. 신 소비자들의 요구
에 귀를 기울이지 않는 기업 경영진과 정부 관리들은 시장에서 쫓
겨나는 상황에 직면하게 될 것이다.

기술 진보로 게임의 법칙도 달라지고 있다. 제품 변혁의 속도도
빨라지고 있다. 지난 50년간에 걸쳐 이룩했던 것도 이제는 5년 만
에 달성할 수 있다. 과거에 100달러에 팔렸던 제품이 이제는 5달러

에 팔린다. 얼마 전만 해도 1달러로 8번의 텍스트 메시지만 보낼 수 있었지만 이제는 8,000개를 보낼 수 있다.

신 소비자의 등장

정보통신기술로 무장한 신 소비자들의 인내심은 갈수록 줄어들고 있고 무소불위의 힘을 발휘 중이다. 신 소비자들의 등장으로 제품 비용은 떨어지고 질은 개선되고 있다.

신 소비자를 하나의 타입 혹은 카테고리로 분류하는 것은 실수다. 상품·서비스시장에 따라 수백만 개로 분류할 수 있는 차별화된 신 소비자들이 존재한다. 어떤 소비자들은 상품 라벨이 중국산이라는 것에 신경 쓰지 않는다. 또 다른 신 소비자들은 국내산을 선호하지만 향수와 같은 사치품의 경우 프랑스산을 선호한다.

경기침체 영향을 크게 받은 유럽과 북미의 경우, 모든 신 소비자들이 더 많은 것을 요구하는 것은 아니다. 과도한 소비가 지속 가능하지 않다는 반성이 확산되면서 소비자들은 보다 검소해지고 있다. *베이비부머들은 물질적인 것보다 여가생활을 더욱 중요시한다.

글로벌 소비자 중 여성층의 소비력은 지속적으로 확대되고 있다. 이처럼 다양한 형태의 신 소비자들의 기호에 맞는 맞춤형 제품을 만드는 것이 기업들에게 하나의 도전과제가 되고 있다.

또 신 소비자들은 기업과 제품의 지속 가능성을 요구하고 있다.

상품이 어디에서 생산되고 어떻게 만들어지고 탄소방출량은 어느 정도인지 그리고 제품 제조과정에서 어떤 노동력을 활용하고 있는지에 대한 관심이 커지고 있다. 이것들은 모두 지속 가능성과 직접적으로 연결되는 것이다. 법적·정치적 규제가 요구하는 것 이상으로 기업이 어떻게 시장에서 행동하느냐에 따라 특정 기업 제품을 구매하거나 구매하지 않을 것이다.

여성 소비자는
세계 최대 신흥시장

2013년까지 전 세계적으로 여성 수입이 5조 1,000억 달러 더 늘어날 것이란 분석이 있다. 같은 기간 중 중국 GDP가 3조 달러 증가하는 것보다 더 많다. 이처럼 여성을 전체적인 하나로 본다면 여성은 세계에서 가장 큰 신흥시장으로 간주할 수 있다. 선진국의 경우 최근 경기침체가 여성 경제력을 상대적으로 더욱 강화시켰다. 왜냐하면 그동안 남성들의 전유물이었던 금융산업이 망가지면서 금융산업 내 남자직원들에 대한 대량 해고가 잇달았지만 여성 근로자들은 실직 공포에 덜 노출됐기 때문이다.

이미 미국 노동인구의 절반이 여성이다. 미국과 유럽에서 대학교 학위를 받는 졸업생의 60%는 여성이다. 휴대폰과 같은 통신장비 발달로 개도국에서는 수백만 명의 여성들이 근로자로서, 그리고 기업인으로서 제도권시장으로 속속 진입하고 있다.

한편으로는 여성 경제력 확대가 기존 남성 중심의 사회적 관계를 교란시키고 있다. 부부간 불화, 대가족제 붕괴 등도 늘고 있다. 선진국에서는 여성 근로자와 기업인들이 또 다른 문제에 직면한다. 그동안 남성의 전유물처럼 여겨졌던 금융 분야 등 다방면에서 여성 참여율이 높아지고 있지만 아직도 커리어를 포기하고 직장을 떠나는 여성근로자 비율이 남자보다 높다. 가사와 양육 때문이다. 직장이나 사회 모두 가족 친화적인 정책(육아 시설 확보 등)을 펼쳐 여성들이 직장에 남아있도록 돕거나 직장으로 복귀할 수 있도록 하는 것이 생산성 면에서 커다란 이익이 될 것이다.

여성 대상 마케팅과 관련, 여성을 하나의 여성 소비자로 파악하기보다는 개별적으로 접근하는 게 필요하다. 이것은 광고채널 다양화와 대중시장의 세분화와 같은 최근 마케팅 트렌드와 부합하는 것이다. 확대되는 여성 구매력은 특히 개도국에서 커다란 경제 · 사회적 변화를 초래할 것이다. 글로벌 마케팅 전문가들에 따르면 이미 여성이 직 · 간접적으로 전체 소비시장의 80%를 통제한다. 이 같은 수치는 더 높아질 것이다. 앞으로 5년 내에 여성 고용률이 20% 이상 증가할 것이기 때문이다. 구매력이 증가함에 따라 여성들은 단순히 경제적인 것뿐만 아니라 다른 가사 결정권에 있어서도 영향력을 키우고 있다. 이론적으로 가정 경제권에 여성 입김이 세지면 아이들 건강과 교육에 더 많은 돈을 쓴다는 보고서도 있다.

베이비부머(baby boomer)

제2차 세계대전이 종료된 후 1946~1965년 사이에 출생한 사람들을 말한다. 2억 6,000여 만 명의 미국 인구 중 29%를 차지하는 미국 사회의 신 주도 계층이다. 제2차 세계대전 기간 중 떨어져 있던 부부들이 전쟁이 끝나자 다시 만나 미뤄졌던 결혼을 한꺼번에 하는 바람에 생겨난 이들 베이비붐 세대는 이전 세대와는 달리 성해방과 반전(反戰)운동, 히피 문화, 록음악 등 다양한 사회·문화운동을 주도해 왔다.

빌 클린턴 전 미국 대통령과 앨 고어 전 부통령, 영화감독 스티븐 스필버그 등 베이비붐 세대의 연장자 그룹이 이미 미국 내 정치, 사회, 문화 등에 커다란 영향을 미쳤다.

짐 굿나잇 SAS 회장

‖‖‖ **짐 굿나잇** SAS 회장

일주일에 35시간만 일하면 된다. 일하는 시간도 본인이 직접 스케줄을 짜면 된다. 모든 직원들이 1인 1실에서 일한다. 직원들은 회사 내에 설치된 의료시설에서 무료로 건강 진단과 치료를 받는다. 미취학 아동이 있으면 회사에 함께 출근, 사내에 설치된 2개의 육아시설에 맡기면 된다. 일과 후에는 올림픽을 치러도 좋을 만큼 최신 시설을 갖춘 수영장에서 아쿠아로빅 수업을 받는다. 몸이 찌뿌듯하면 사내 전문 마사지사의 마사지를 받으면 된다. 회사 내 미용실에서 일반 직원이 회장과 나란히 앉아 이발을 하는 모습을 자주 볼 수 있다. 운전기사는 물론 말단 직원까지 모두 정직원이다.

구글을 제치고 미국에서 가장 일하고 싶어 하는 직장으로 선정된 세계 최대 비상장 소프트웨어 업체 SAS 이야기다. 이 정도 복지 수준이면 수익 내기가 만만치 않을 것 같다. 그러나 SAS는 창립 이후 35년간 단 한 번도 적자를 본 적이 없다. SAS는 전 세계적으로 1만 1,000명의 직원을 고용하고 있다. SAS캠퍼스로 불리는 본사(120만 평)가 위치해 있는 미국 노스캐롤라이나 캐리시에 4,200명이 근무하고 있다. 2009년 23억 1,000만 달러(약 2조 6,500억 원)의 매출을 올렸다. 데이터를 가공해 의미 있는 가치를 갖도록 하는 비즈니스 분석 솔루션 소프트웨어를 판매하고 있다. 구글이 직원복지와 관련 SAS를 벤치마킹 대상으로 삼을 만큼 직원 복지가 뛰어나다. 때문에 IT업계 평균이직률은 22%지만 SAS의 경우 4~5%에 불과하다. 2009년에는 2%에 그쳤다.

SAS를 이끌고 있는 창업자 짐 굿나잇 회장은 2010년 67세로 노스캐롤라이나 토박이다. 노스캐롤라이나주립대 통계학과 교수 출신으로 지난 1976년 SAS(Statistical Analysis System)를 창업했다. 지난 2004년 하버드대 경영대학원은 굿나잇 회장을 20세기 가장 뛰어난 미국 경영인 중 한 명으로 선정했다.

직원 복지의 천국 SAS를 이끌고 있는 짐 굿나잇 회장을 다보스 현장에서 만났을 때 그는 "기업경쟁력의 원천은 사람이고 직원들을 대우해주면 그 만한 대가를 돌려받는다"고 강조했다.

Q. SAS가 미국에서 가장 일하기 좋은 직장으로 선정됐다. 비결이 무엇인가?

A. 짐 굿나잇 회장　　　SAS는 〈포천〉이 지난 1998년부터 '일하기 좋은 직장 100' 순위를 정할 때부터 항상 상위권에 올랐었다. 그러나 1위 자리에 오른 건 2010년이 처음이다. 글로벌 경제 위기가 최고조에 달했던 2009년 1월, 이익이 다소 줄더라도 직원을 한 명도 해고하지 않겠다고 선언하는 등 고용유지를 위해 노력한 점이 높은 점수를 받은 것 같다. 실제로 나는 2009년에 단 한 명도 해고하지 않았다. 오히려 2%가량 인력이 늘었다. 고용유지 정책 때문에 회사수익이 줄어들 것으로 걱정한 직원들이 더 열심히 일하고 비용절감에 나선 결과, 2009년 매출(23억 1,000만 달러)이 전년대비 2.2%가량 늘어났고 수익성도 더 좋아졌다.

Q. 직장일과 가정일의 균형에 대해 항상 강조하는 것으로 알고 있다.

A. 짐 굿나잇 회장　　　가정은 중요하다. 가정이 편안해야 직원들의 생산성이 더 높아진다. 이혼 등 가정사에 문제가 있으면 제대로 생산성이 나올 수 있겠는가. 때문에 직장일과 가정일(work & life)이 균형을 맞출 수 있도록 노력하고 있다. 아이들과 관련된 특별한 이벤트가 있을 때마다 직원들이 특별 휴가를 사용할 수 있도록 하고 있다. 1981년부터는 사내에 육아시설을 설치했다. 직원들의 가정사를 도와주지 않으면 회사일에도 부정적인 영향을 미친다. 직원들의 건강도 중요하다. 사내에 4명의 의사, 10명의 물리치료사, 그리고 40여 명의 간호사와 보조원을 갖춘 의료시설을 두고 있다. 직원들이 행복하고 건강해야 생산성이 높아진다.

Q. 창립 후 35년째 비상장회사로 남아있다. M&A 제안을 받은 적은 없나?

A. 짐 굿나잇 회장　　　M&A 제안을 받은 적이 있다. 제안을 받아들였다면 천문학적인 돈을 벌었을 것이다. 그러나 SAS가 대기업에 팔리면 아마 기존직원 중 상당수가 해고될 수밖에 없었을 것이다. 이런 점을 받아들이기 힘들었다. 또 굳이 돈이 필요하지도 않았다. 우리는 부채가 하나도 없다. 은행에 수십억 달러의 현금을 보유하고 있을 정도로 보유 현금도 많다. 지난 35년간 성장해왔고 앞으로도 지속적으로 성장할 것이기 때문에 굳이 M&A에 응할 이유가 없었다.

Q. 치열한 경쟁 속에서도 세계최대 비즈니스 분석 소프트웨어 업체로 성장했다. 원동력은 무엇인가?

A. 짐 굿나잇 회장　　　35년간 지속적인 성장할 수 있었던 데에는 끊임없는 혁신이 가장 큰 원동력으로 작용했다. 해마다 전체 매출의 23~26%를 연구개발(R&D)에 투자하고 있다. 이는 동종업계 평균의

2배에 달하는 수치다. R&D를 기반으로 쉼 없이 기업데이터를 최적
으로 가공ㆍ활용할 수 있는 소프트웨어를 개발하고 고객의 파트너가
돼 고객 니즈에 맞는 제품을 생산했다. 물론 직원복지에 힘써 직원들
의 회사에 대한 충성도가 높은 점도 기업성장에 커다란 도움을 줬다.

Q. SAS의 비즈니스 분석(business analytic) 솔루션 사업에 대해 설명해 달
라. 기업 성과개선에 비즈니스분석 솔루션이 어떻게 기여할 수 있는가?

A. 짐 굿나잇 회장　　　　비즈니스 분석 소프트웨어는 기업이 생산하는
무궁무진한 데이터를 통합적으로 관리, 의미 있는 지식으로 활용할
수 있게 만들어주는 도구로 보면 된다. 예를 들어보자. 소매업체는
비즈니스 분석 솔루션을 활용, 특정지역 고객 데이터를 분석한 뒤
매장을 얼마만큼 크게 만들지, 제품가격대는 어느 수준으로 할지 결
정한다. 호텔은 최적화된 룸레이트를 적용, 이익을 최대화하는 데
비즈니스 분석 솔루션을 사용할 수 있다. 은행도 비즈니스 분석 솔
루션을 가지고 신용카드나 직불카드 소유자 정보를 분석, 특정거래
에 대한 사기여부를 체크하고 개인별 최대 대출규모를 정할 수 있
다. 무수히 많은 데이터 속에 가려져있는 유용한 상관관계를 발견,
의사 결정에 활용하는 데이터 마이닝(data mining)을 통해 어떤 고객
을 집중적인 마케팅 대상으로 삼을지, 최적화된 마케팅을 위해 신
문, 전화, TV 등에 얼마만큼 광고자원을 배정할지도 알 수 있다.

Q. 데이터 활용이 약한 한국 기업인들에게 조언을 한다면?

A. 짐 굿나잇 회장　　　　기업들이 매일 매일 생산하는 모든 데이터를
충실히 활용할 필요가 있다. 데이터는 기업경쟁력을 좌우할 만큼 중
요한 정보자산이자 전략적 자산이다. 이를 활용하지 못한다면 경쟁
력을 강화할 수 있는 기회를 버리는 것이나 마찬가지다.

new normal

아시아 모멘텀 4

1

경제역사학자 니얼 퍼거슨
하버드대 교수의 미래 진단

"G2(미·중) 관계가 악화될 경우 한국 등 아시아 국가들은 미국이냐, 중국이냐를 선택해야 하는 곤란한 입장에 처하게 될 것이다."

2009년 영국 〈더 타임스〉가 선정한 세계의 경영사상가 50인 중 한 명으로 선정된 세계적인 경제사학자 니얼 퍼거슨 하버드대 교수는 미국과 중국 간 관계 악화가 아시아 국가들에 미칠 영향을 이처럼 진단했다.

퍼거슨 교수는 "중국과 미국을 의미하는 차이메리카(Chimerica)는 전 세계 영토의 13%, 인구의 25%, GDP의 30%를 차지한다. 지난 1998년 이후 글로벌 경제성장의 절반을 이들 두 나라가 주도했다"며 "글로벌 경제 현주소를 알려면 두 나라 관계를 이해해야 한다"고 강조했다. 퍼거슨 교수는 "차이메리카가 협력하는 동안 한

"G2(미·중) 관계가 악화될 경우 한국 등 아시아 국가들은 미국이냐, 아니면 중국이냐를 선택해야 하는 곤란한 입장에 처하게 될 것이다."

국은 양국 모두와 좋은 관계를 유지할 수 있었다"며 "그러나 최근 G2 간 분열 징후가 감지되고 있다. G2가 경제·외교적으로 더 이상 밀접하게 연결되지 않고 각자의 길을 갈 경우 한국이 미국 혹은 중국을 선택해야 하는 양자택일의 곤란한 입장에 처할 수도 있다"고 내다봤다.

영국 스코틀랜드 출신인 니얼 퍼거슨 하버드대 교수는 탁월한 혜안으로 강대국 흥망과 금융 역사 등을 다시 써온 경제사학자다. '차이메리카'라는 신조어도 만들어냈다. 해마다 한 권씩 베스트셀러를 내놓을 정도로 왕성한 필력을 자랑한다. 폴 크루그먼 프린스턴대 교수와 경제 논쟁을 벌이고, 강대국들을 거침없이 비판하는 독설가이기도 하다.

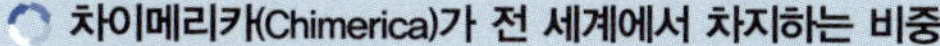

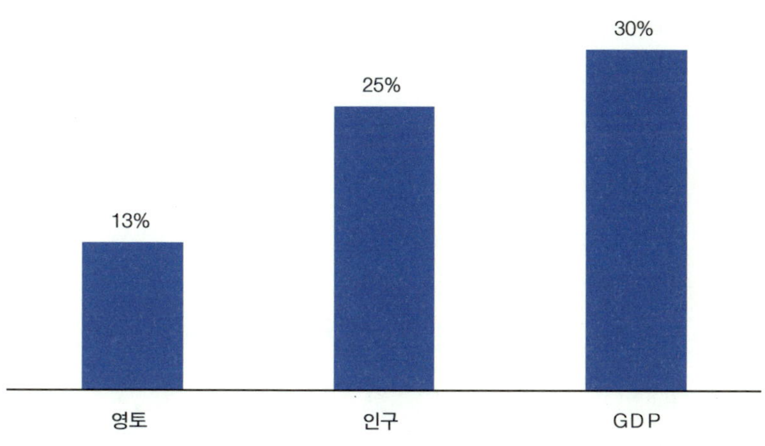

중국제국의
부상

퍼거슨 교수는 중국제국(Chinese empire)의 부상을 예상했다.

퍼거슨 교수는 "500년 만에 서에서 동으로의 경제패권 이동이 발생하고 있다"며 "2027년이 되면 중국 GDP가 미국과 같은 수준이 될 것"이다. "미국인들이 받아들이기 힘들겠지만 갈수록 대미 무역보다 대중 무역이 아시아 국가들에게 더 중요해지게 될 것"으로 진단했다.

이와 관련 퍼거슨 교수는 "내륙 영토 확장에 집중했던 과거와 달리 중국 확장정책 패턴이 아시아제국 차원을 벗어나 대양(transoceanic)을 가로지르는 해외제국 형태를 띠고 있다"고 설명했

다. 퍼거슨 교수는 "과거에도 바다를 지배한 제국이 더 오래 살아
남았다. 앞으로 10~20년간 중국이 해군력을 급격히 증강할 것"이
라며 "중국이 사하라 이남 아프리카 지역에서 에너지 · 자원 확보
에 나서는 한편 남미지역을 식료품 생산기지로 활용하는 등 남반구
에서의 영향력을 더욱 확대할 것"으로 기대했다.

퍼거슨 교수는 또 현재 G2 관계는 미국에 더 이상 도움이 안 되
지만 중국에게는 도움이 되는 관계라고 규정한다. 그리고 G2 간
불협화음은 아시아 국가에게 커다란 도전이 될 것으로 진단한다.
G2가 각자의 길을 갈 경우 아시아 각국이 미국이냐, 중국이냐는
선택의 문제에 직면하게 되기 때문이다. 퍼거슨 교수는 "그동안 한
국은 선택을 할 필요 없이 양국과 모두 좋은 관계를 유지할 수 있었
지만 앞으로 10년간 G2 관계가 악화될 경우 곤란한 입장에 처할
것"으로 지적한다.

중국 더 강해지면
원아시아 힘들다

아시아 국가 간 협력과 상호존중을 통해
아시아 통합을 이뤄나가는 원아시아 개념에 대해 퍼거슨 교수는 좋
은 아이디어라고 치켜세웠다. 그러나 실제 원아시아를 구축하는
일이 쉽지는 않을 것으로 진단했다. 퍼거슨 교수는 "제2차 세계대
전 후 독일은 수십 년간 피해국에 사죄를 했지만 일본은 그렇지 못
했다"며 "도쿄에 갔는데 남경대학살을 남경사태 정도로 축소하는

모습을 보고 마음이 편치 못했다. 아시아 통합을 위해 과거문제 등 해결해야 할 일들이 많다”고 지적했다.

또 중국의 영향력이 더 커지면 커질수록 아시아 통합이 더욱 어려워질 것으로 내다봤다. 퍼거슨 교수는 “유럽에서 독일 경제력이 가장 크지만 상대적으로 다른 유럽연합 회원국들을 압도할 정도는 아니다”며 “영국, 프랑스, 이탈리아 등과 파트너십을 통해 역내 사안을 조율하고 다른 나라가 따라오는 형태로 통합을 유지하고 있다. 그러나 아시아의 경우 중국의 힘이 너무 막강해지면 아시아 통합이 부담스러울 수 있다”고 말했다.

퍼거슨 교수는 “헨리 키신저 전 국무장관이 가장 두려워하는 것은 아시아 미래 모습이 제2차 세계대전 이전인 지난 1940년대 초 유럽처럼 되는 것”이라며 “아시아 역내 국가 간 경쟁구도가 심화될 경우 전쟁 가능성을 배제할 수 없다”고 경고했다.

한국 10년 내 통일된다

북한정권이 앞으로 10년 내 붕괴될 것이라는 주장도 내놨다. 퍼거슨 교수는 “북한체제의 기능이 제대로 작동하지 않아 고장 난 상태”라며 “북한이 아주 갑작스럽게 그리고 아주 빨리 사라질 것(I think North Korea will disappear very suddenly and very quickly)”으로 예상했다.

그리고 그 예로 독일 통일을 제시했다. 퍼거슨 교수는 “베를린 장벽이 무너지기 한 달 전인 지난 1989년 여름, 영국의 한 신문에 베를린 장벽이 무너지고 있다는 칼럼을 썼는데 신문사가 원고를 게재하지 않았다”며 “원고 내용이 너무 비현실적이라고 생각했기 때문”이라고 설명했다. 그러나 원고를 쓴 뒤 한 달 뒤에 베를린 장벽은 무너졌고 독일은 통일됐다고 퍼거슨 교수는 전했다.

퍼거슨 교수는 “중국이 더 이상 북한이 자신들에게 도움이 되지 않는다고 판단하는 때가 바로 북한이 갑작스럽게 붕괴하는 시점이 될 것”이라며 “10년 후에도 한국이 여전히 분단된 상태로 남아 있다면 놀라운 일이 될 것”이라고 지적했다.

중국, 일본, 러시아 등 주변국들이 한국의 통일을 부담스러워 할 것이라는 지적에 퍼거슨 교수는 그렇지 않다고 답했다. 퍼거슨 교수는 “통일로 영토가 확장되고 인구가 늘어나지만 그렇다고 경제적으로도 커지는 것은 아니다”며 “한국이 부담해야 할 통일비용이 상당할 것”이라고 지적했다. 통일비용 때문에 한국의 경제성장률이 떨어질 가능성이 높다는 점에서 오히려 러시아, 중국, 일본 등 주변국이 반길 것이라고 진단, 기존의 관념과는 반대되는 주장을 펼쳤다. 통일을 가장 걱정해야 할 국가는 바로 통일비용을 부담해야 하는 한국이라는 주장이다.

죽의 장막 제거는
20세기 역사를 바꾼 사건

　　　　　　　퍼거슨 교수는 2010년 현재 헨리 키신

저 전 미국 국무장관에 대한 책 집필을 준비 중이다. 앞으로 3년 후면 저술이 마무리될 것으로 퍼거슨 교수는 예상했다.

그는 "키신저 전 국무장관이 중국의 죽의 장막을 걷어낸 것은 미국이 냉전기간 중 가장 잘한 일 중 하나다. 중국을 개방시켰을 뿐만 아니라 공산 블록의 협력구조를 와해시켜 구소련의 힘을 약화시켰다. 또 죽의 장막 제거는 1972~1978년 덩샤오핑이 적극적인 개방정책에 나서는 기반을 제공했다"며 "20세기 하반기에 세계역사의 방향을 바꾼 한 가지 이벤트를 꼽는다면 죽의 장막 제거가 상위권에 들 것"이라고 밝혔다.

인플레이션
염려 없다

역사학자이지만 폴 크루그먼 교수와의 경제논쟁에서도 밀리지 않는 내공을 자랑하는 퍼거슨 교수는 경제전망도 명쾌하게 내놨다. 그는 "경기회복에 대한 기대감에도 불구하고 그리스가 재정·정치적 위기에 처하는 등 최근 유로존 채권시장이 혼란에 휩싸였다"며 "어디가 충격을 받을지 가늠하기 힘들다는 점이 최근 위기의 복잡성을 보여준다"고 설명했다.

인플레이션 압력은 무시해도 될 정도라고 진단했다. 퍼거슨 교수는 "신용경색이 여전하고 수출가격 하락으로 아직도 *디플레이션 위협이 사라지지 않은 상황에서 왜 인플레이션을 걱정하느냐"고 반문하고 "2010년은 인플레이션을 걱정할 필요가 없다. 인플레이션은 3~5년 뒤에나 생각해야 한다. 우리는 현재 디플레이션 시대에 살고 있다. 현재는 금을 팔아야 하는 시점"이라고 주장했다.

또 중앙은행이 출구전략 이야기를 꺼낼 시점도 아니라고 판단했다. 글로벌 경제 위기가 아직 끝나지 않았기 때문이다. 유로존 재정위기, 상업용 부동산시장 침체 등의 위협요인이 여전하기 때문이다. 또 아직도 시장에 돈이 돌지 않는 신용경색이 지속되고 있고 교역은 최근 들어 소폭 회복되기 시작했을 뿐이라는 설명이다.

금융 규제
불확실성 키우고 있다

논란이 일고 있는 금융개혁·규제와 관련해 한국 등 아시아 국가들이 초미의 관심을 가지고 지켜봐야 한다고 주문했다. 퍼거슨 교수는 "글로벌 금융 위기를 촉발시킨 미국 모기지사태가 한국 등 전 세계 모든 나라에 커다란 충격을 줬다"며 "금융개혁 이슈는 미국 등 선진국에 한정된 문제가 아니라 한국을 포함한 전 세계 모든 나라의 이해관계에 영향을 미치는 사안인 만큼 주의 깊게 지켜봐야 한다"고 제언했다.

금융 규제와 관련, 퍼거슨 교수는 포퓰리즘을 경계했다. 경기침체로 유권자들의 불만이 커지면서 유럽과 미국지역에서 유권자들의 불만을 달래기 위한 포퓰리즘이 활개를 치고 있기 때문이다.

퍼거슨 교수는 "불행하게도 최적의 규제안을 만들어 나가기보다는 정치인들이 유권자들을 의식해야 하는 정치적 유혹이 작용하면서 정치인들이 포퓰리즘의 지배를 받고 있다. 때문에 최근 금융개혁규제안이 효율적인 안이 될지 의심스럽다"며 "은행의 적정자본비율 등을 재점검하는 노력이 필요하지만 현재는 어떤 규제안이 나올지에 대한 불확실성만 키우고 있다"고 꼬집었다

디플레이션(deflation)

경기침체 하에 물가가 지속적으로 떨어지는 경제 현상이다. 국제통화기금(IMF) 정의에 따르면 '2년 정도 물가하락이 계속돼 경기가 침체되는 상태'가 바로 디플레이션이다. 수요가 부족하거나 공급과잉으로 제품 가격이 떨어지는 디플레이션 현상이 발생하면 기업 수익이 줄고 경제가 침체에 빠지게 된다. 디플레이션 상황에 실직대란까지 더해지면 경제가 장기불황(depression)에 처할 수 있다. 디플레이션과 반대되는 경제현상이 물가가 지속적으로 상승하는 인플레이션(inflation)이다.

2

파워풀 **차이나**

중국은 2010년 다보스 포럼 현장에서 칙사 대접을 받았다. 다보스 포럼 참석자들에게 아시아는 바로 중국을 의미했다. 위안화 절상, 중국의 경제성장률 등이 세계 경제에 미치는 파장이 그만큼 커졌기 때문이다. 2009년 12월 말 현재 중국의 외환보유고는 2조 3,992억 달러로 1년 전보다 23.3% 증가했다. 전 세계 외환보유고 총액 7조 8,000억 달러의 3분의 1에 달한다. 또 중국은 이미 독일을 제치고 제2위의 수출대국이 됐다. 2010년에는 일본을 누르고 미국에 이어 세계 2대 경제대국으로 등극할 채비를 갖추는 등 파워풀 차이나 시대가 열리고 있다.

중국 경제의 영향력이 막강해졌지만 다보스 현장에서 중국을 바라보는 두 가지 상반된 시각이 나타났다. 일부 참석자들은 중국 경

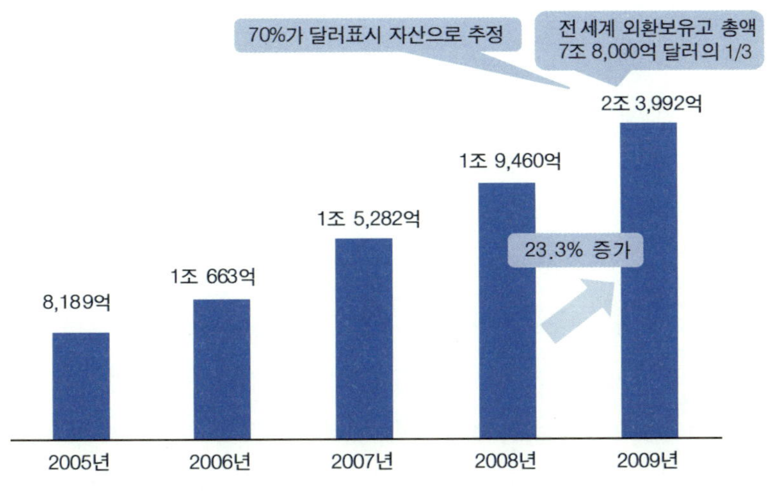

제를 세계 경제의 신성장엔진이자 2009년 최악의 침체에 빠진 세계 경제 회복을 주도한 백기사로 본다. 그러나 다른 참석자들 시각에서 보면 중국은 위안화 가치를 의도적으로 떨어뜨려 글로벌 불균형을 조장하는 불공정한 플레이어다.

자신만만한 중국

저비용 · 수출위주 개도국 경제에서 다양한 산업기반을 갖춘 선진 경제로 올라서기 위한 중국의 변화는 세계가 기대했던 이상으로 더 빠르게 진행되고 있다. 2009년 중국 경제는 8.7% 성장했다. 같은 해 다보스 포럼 때 조지 소로스 소로스펀드 회장이 걱정한 차이나 리스크가 현실화되지 않은 셈이다. 2009년 한 해 동안 중국 경제성장률이 6%대 이하로 떨어지는 경착륙을 할 경우 세계 경제에 심각한 충격을 줄 것이라는 차이나 리스크에 대한 얘기가 많았다.

또 다보스 포럼 현장에서 글로벌 불균형(global imbalance, 아시아 무역흑자, 서구 무역적자) 해소를 위해 중국정부가 위안화 절상에 나서야 한다는 주장이 많이 나왔다. 중국은 그동안 선진시장에 상품을 판매하는 수출주도전략을 통해 엄청난 무역흑자를 쌓아 올리며 경제를 키워왔다. 반면 과소비에 빠진 선진시장은 과도한 무역적자와 부채 확대의 악순환에서 헤어나지 못하는 글로벌 불균형 현상이 발생했다. 이런 불균형 상황이 지속될 수 없었고 결국 글로벌 경제위기가 촉발됐다. 글로벌 불균형 문제를 해결하려면 중국이 위안화 가치 절상을 통해 내수 확대와 수입 증대에 나서야 한다는 주장이 나온 이유다.

그러나 리커창 부총리는 다보스 현장에서 30여 분간의 연설과 질의응답 시간 동안 위안화에 대해 단 한 마디도 언급하지 않았다. 사르코지 대통령 등 일부 서구 인사들이 "저평가된 위안화가 불공정한 경쟁을 초래하고 서구 경제의 무역적자를 키우고 있다"며 위안화 절상을 직·간접적으로 요청한 데 대한 불편한 심기를 그대로 드러냈다는 분석이다. 리커창 부총리는 원자바오 현 총리 후임으로 2012년 차기 총리 자리를 꿰찰 가능성이 큰 중국 정계 실세다.

"전 세계적으로 중국이 미국 다음으로 큰
수입 국가가 됐다."

리커창 부총리는 위안화에 대해 언급하기보다 오히려 구체적인 수치를 제시, 중국 경제에 대한 비판이 근거가 없음을 꼬집었다. 우선 중국 경제가 내수 확대 기반 없이 성장하고 있다는 선입견에 대해 질타한 것이다. 리커창 부총리는 "2009년 중국 국내총생산(GDP)이 8.7% 성장했다. 이 중 내수 부분이 12.6% 성장, 수출 감소분을 메웠다"며 "2009년 경제회복 과정에서 내수가 주요한 성장 모멘텀을 제공했다"고 강조했다.

중국이 위안화 환율 조작을 통해 수출만 하고 수입은 하지 않는다는 주장에 대해서도 정면 반박했다. 리커창 부총리는 "2009년 중국 상품수입 규모는 1조 56억 달러로 신흥시장 중 가장 많은 수입규모를 기록했다"며 "전 세계적으로도 중국이 미국 다음으로 큰 수입국가가 됐다"고 지적했다. 리커창 부총리는 "무역흑자 규모도 지난 2008년에 비해 1,000억 달러나 줄었다"며 "중국 경제가 오히려 세계 경제 회복에 이바지하고 있다"고 강조했다.

리커창 부총리는 "중국정부가 2009년 4조 위안(2년간)을 투입하기로 한 공공투자 프로젝트 중 절반 이상이 국민복지 향상에 쓰이고 있다"며 *"사회안전망 확대는 곧바로 소비확대로 연결된다. 지속 가능한 성장을 위해 국내수요 진작에 집중할 것"이라고 설명했다. 중국 도시화가 급격히 진행되면서 매년 1,000만 명이 시골에서 도시로 이주하는 점도 소비기반 확대로 연결된다고 주장했다.

통계수치만 보면 중국에 대한 비판 자체가 선입견에 지나지 않는다는 설명이다. 이에 따라 위안화 절상 요구도 사리에 맞지 않다는 차원에서 위안화에 대한 언급을 피한 것으로 보인다.

*과잉 유동성 ·
과잉생산능력은 부담

강한 경제성장세 속에 인플레이션 기대심리가 커지고 있는 점은 중국 경제에 부담이다. 2009년 중국 통화량(M2)은 전년대비 28.7% 증가, 대출은 전년에 비해 31.7% 폭증하는 등 유동성이 많이 풀린 상태다. 2009년 전체적으로 중국 *소비자 물가지수(CPR)는 0.7% 선이었지만 지난 2009년 12월 한 달간 물가상승률은 1.9%에 달했다. 유가가 90달러 선으로 상승하면 공공요금, 식료품 가격 상승 등으로 인해 인플레이션 압력이 높아질 수 있다. 2009년 말부터 *M1(통화)이 *M2(총통화)보다 더 강하게 늘어나고 있는 점도 주목할 만하다. 화폐유통 속도가 빨라지고 있다는 의미로 인플레이션 기대심리가 커지고 있다.

과잉생산능력도 여전히 골칫거리다. 소비가 늘기는 했지만 아직도 정부가 주도하는 고정자산 투자가 경기회복을 주도하고 있다. 소비 증가율은 12.6%지만 정부가 주도한 투자증가율은 33%에 달한다. 아직까지 정부의 고정자산 투자를 중심으로 한 경기부양책이 경기회복을 주도하고 있는 셈이다. 이미 산업계의 과잉생산능력(overcapacity)에 대한 염려가 커지고 있는 상황에서 생산능력이 추가로 늘어날 수밖에 없는 구조다.

실제로 2009년 중국 산업분야는 16% 성장했다. 이 중 중공업이 22%를 차지하고 경공업은 이의 절반 수준인 12% 성장에 머물렀다. 중공업이 강하게 성장하면 철강생산과 같은 중공업 생산설비가 늘어날 수밖에 없다. 중국의 철강수요는 5억 2,000만 톤인 반면 조강능력은 7억 톤에 달해 1억 8,000만 톤의 과잉설비 능력을 보유하고 있다. 이는 유럽 전체가 생산하는 철강생산량보다 많은 양이다. 시멘트와 조선업에도 이런 현상이 벌어지고 있다.

루비니 교수는 "수출 감소를 보전하기 위해 중국정부가 시도하고 있는 고정자산 투자(fixed investment)가 그렇지 않아도 공급이 넘쳐나는 중국의 공급 과잉(glut of capacity)을 더욱 악화시켜 중국은 물론 전 세계시장에 디플레이션 압력을 넣을 수 있다"고 경고했다.

특히 2009년 중국의 대외수출이 16%나 줄어든 상황에서 과잉생산능력을 관리해야 할 필요성이 더욱 커지고 있다. 산업구조의 *리스트럭처링이 필요한 상황이다. 또한 내수도 더욱 늘려야 한다. 중

주민 중국 인민은행 부총재

국은 소득 재분배문제, 사회안전망 구축, 보건, 교육, 연금, 그리고 식료품 보조 등을 통해 내수를 진작한다는 방침이다. 주민 중국 인민은행 부총재는 "2010년에는 GDP성장률에 소비가 기여하는 부분을 투자가 기여하는 부분과 거의 엇비슷하게 맞추려고 한다"고 밝혔다.

또 다른 문제는 바로 거시경제 운영(macro-management)이다.

주민 부총재는 "최근 경기반등이 상당히 취약해 변동성이 클 것으로 보고 있다"며 "미국의 경우 분기별로 성장률이 출렁거릴 것이다. 이는 또다시 중국 수출에 영향을 줄 수밖에 없다. 시종일관하는 거시경제정책 관리를 통해 8~9%대의 성장률을 안정적으로 가져가는 것이 또 다른 과제"라고 진단했다.

G2
리스크

　　　　　　글로벌 리밸런싱 이슈를 이야기할 때 중요한 것은 G2(미국 + 중국) 협력이다. 전 세계 경제를 이끌어가는 쌍두마차인 G2가 글로벌 경제 회생을 위한 조율에 나선다면 글로벌 경기회복이 더욱 빨라질 수 있다. 다보스 포럼 현장에서 'G2관계에서 가장 중요한 이슈가 무엇이냐'는 설문조사를 실시한 결과 바로 위안화 절상을 의미하는 통화정책(38.3%)을 가장 많이 지적했다. 다음은 무역(34.6%), 환경문제(8.4%), 지적재산권(6.5%), 정보통신기술(4.7%) 순으로 나타났다.

　양국이 첨예하게 대립하고 있는 위안화 절상 문제의 경우 양국 간 협의를 통해 해결해야 할 성질이지만 양국 간 불협화음이 끊이지 않아 해결이 쉽지 않다. 일단 중국정부는 당장 수출위주 경제구

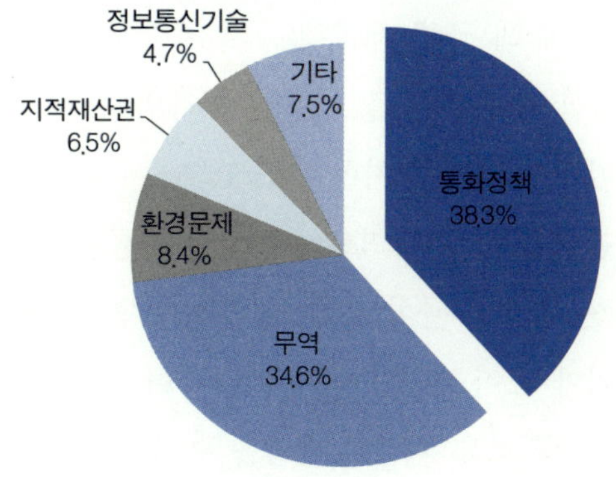

조에 급격한 변화를 줄 것 같지 않다는 의견이 지배적이다. 위안화를 절상하더라도 단계적으로 시행할 가능성이 높다는 진단이다.

또 실질적으로 위안화 절상이 글로벌 불균형 해소에 도움이 될지도 미지수다. IMF에 따르면 위안화 가치가 20% 절상되더라도 미국 국내총생산(GDP)이 1% 정도밖에 증가하지 않는 것으로 조사됐다. 위안화 절상이 글로벌 경제의 모든 문제를 해결하는 전가의 보도는 아니라는 증거다.

G2 관계가 악화되면서 세계최대 경제대국 미국의 최대 채권자인 중국이 미 국채를 대거 매각할지 모른다는 루머가 나돌기도 했다. 미국이 대만에 무기를 판매하고 버락 오바마 대통령이 티베트의 정신적 지도자 달라이 라마를 백악관으로 초청하는 등 중국을 자극했기 때문이다.

중국이 보유하고 있는 2조 4,000억 달러 대규모의 외환 중 70%가 달러표시 자산으로 파악되고 있다. 만약 중국정부가 본격적으로 미 국채 투매에 나설 경우 미 국채 가격은 물론 달러화가 폭락하는 등 외환시장에 커다란 충격을 줄 수 있다. 미 정부도 기존에 발행한 국채 상환을 위해 국채 재발행(refinancing)에 나서야 하는데, 중국이라는 거대한 물주가 손을 뗀다면 최악의 경우 국채 발행에 나서지 못해 국가부도 사태에 처할 수도 있다.

그러나 이 같은 최악의 시나리오가 발생할 확률은 높지 않다. 중국이 달러화 자산 매각에 나설 경우 다른 투자자들도 달러자산 매각에 동참할 수밖에 없어 달러표시 자산 가격이 폭락하고 달러가치도 급락, 중국의 외환보유 손실이 걷잡을 수 없이 커질 수 있기 때문이다.

다보스 관계자들은 글로벌 경기회복에 큰 영향을 미칠 수 있는 G2관계가 개선되려면 중국과 미국이 4C의 자세로 임해야 한다고 충고했다. 포괄적(comprehensive)이고 솔직(candid)하게, 그리고 협력적(cooperative)이고 건설적(constructive)으로 상대방과 대화하라는 것이다.

용어 설명

사회안전망(social safety net)

노령과 실업, 재해, 질병 등 현대 산업사회의 위험으로부터 시민을 보호하는 제도적 장치를 말한다. 일반적으로 빈곤층을 지원하는 공공부조제도를 말한다. 한국의 경우 국민기초생활보장제도가 대표적인 예다. 때로 사회안전망 개념에 국민연금, 건강보험, 고용보험, 산재보험 등 모든 시민을 대상으로 하는 사회보험과 복지서비스를 포함해 넓은 의미로 사용하기도 한다.

과잉유동성(excess liquidity)

금융시장에서 유동성이 높은 자산, 특히 통화(현금통화와 예금통화) 공급이 수요를 넘어서는 상태를 말한다. 이처럼 통화량이 넘치는 유동성 과잉상태를 방치하면 가계 소비 지출을 과도하게 자극하거나 기업 자금이 부동산, 주식투기, 상품매점 등 비생산적인 분야로 쏠릴 수 있다. 이 경우 자산버블과 인플레이션 발생을 조장할 수 있다.

소비자 물가 지수(CPI, consumer price index)

소비자 물가 지수는 전국 도시의 일반소비자 가구에서 소비 목적을 위해 구입한 각종 상품과 서비스에 대해 전반적인 물가수준동향을 측정한 것이다. 소비자 물가 지수는 기준연도 지수를 100으로 놓고 비교한 수치로 발표된다.

통화(M1)

통화량은 물가나 경기동향에 직접적인 영향을 미치기 때문에 전 세계 모든 국가가 금융정책을 결정할 때 가장 중요시하는 지표 중 하나다. 정부가 통화공급량을 조절하려면 시중에 얼마만큼의 통화가 풀려 있는지 파악해야 한다. 시중에 유통되는 통화량을 측정할 때 사용하는 지표 중 하나가 M1이다. M1에 포함되는 통화는 현금통화·예금통화로 한정된다. 이처럼 M1은 가장 기본적인 통화 공급량으로 가장 좁은 의미의 통화량이라고 할 수 있다.

총통화(M2)

총통화 M2는 M1에 정기적금·정기예금과 같은 은행 저축성예금과 거주자 외화예금을 포함시킨 개념이다. 이들 예금은 필요할 경우 언제든 현금화할 수 있다는 점에서 유동성이 크다. 보통 M1을 통화, M2를 총통화라고 한다. 한국에서는 시중 통화량 수준을 판단할 때 M2를 중심지표로 활용하고 있다.

리스트럭처링(restructuring)

리스트럭처링은 말 그대로 '사업재 구축'을 의미한다. 미래에 경쟁력을 확보할 수 있는 방향으로 사업을 재구축하는 것을 말한다. M&A(합병·인수), LBO(leveraged buy out, 차입 매수·인수할 회사를 담보로 금융기관에서 대출받은 자금으로 기업을 인수하는 것), 제휴전략 등을 활용, 경쟁력 제고를 꾀하기도 한다. 그러나 한국에서 리스트럭처링은 직원 해고를 의미하는 말로 더 잘 알려져 있다. IMF 외환위기 때 기업들이 리스트럭처링이라는 미명 하에 많은 근로자들을 해고했기 때문이다.

3
파워시프트 이스트(power shift east)

2009년 11월 유엔은 경제전망 보고서를 통해 아시아가 2010년 글로벌 경기회복을 주도할 것으로 전망했다. 실제로 2009년 아시아 경제는 글로벌 경제성장의 75%를 담당했다. 중국·인도는 물론 베트남, 인도네시아 등 다른 아시아 국가들이 강한 경기회복세를 보인 덕분에 글로벌 경제가 최악의 상황을 벗어났다. 일부 회의적인 시각에도 불구하고 아시아가 글로벌 성장엔진으로서의 역할을 충실히 수행한 셈이다.

다보스 현장에서도 당연히 아시아로의 힘의 이동이 더욱 빨라질 것으로 진단했다. 또 글로벌 2대 경제대국(G2) 중국과 미국의 협력 여부에 따라 글로벌 경기회복 속도가 결정된다는 점에서 G2 협력 가능성을 놓고 많은 논의가 이뤄졌다.

서 → 동,
힘의 이동

IMF는 아시아 국내총생산(GDP)이 2010 ~2011년에 9%가량 성장할 것으로 전망한다. 미국과 유럽의 1~ 3%보다 훨씬 높은 성장률 전망치다. 2010년 아시아 전체 GDP는 유럽 GDP를 넘어설 것이다. 글로벌 위기 이후 급속도로 커진 아시아 경제의 파워를 보여준다. 아시아 국가는 이미 G20 핵심 플레이어들이다. 한국, 중국, 일본, 인도, 인도네시아 등 5개 아시아 국가가 G20 회원국이다. G20는 이미 G8으로부터 글로벌 이슈에 대한 의사결정권자 역할을 넘겨받았다.

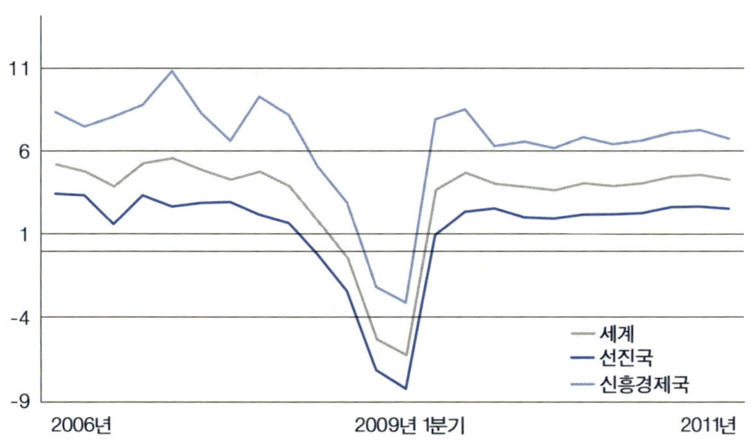

IMF 등 다른 글로벌 기구에서도 아시아의 목소리가 커지고 있다. 2010년 현재 21% 수준인 아시아 전체 IMF 지분이 2011년 크게 늘어난다.

유엔 주재 싱가포르 대사를 두 차례나 지낸 외교전문가이자 아시아를 대표하는 석학인 키쇼어 마부바니 리콴유 공공정책대학원 학장은 "2009년 아시아 경제가 누구도 예상치 못한 성장세를 이끌어냈다"며 "아시아가 주도하는 글로벌 경기회복이 가시화되면서 아시아의 힘이 더욱 강해지고 있다"고 자신했다.

마부바니 학장뿐만 아니다. 다보스 참석자들 대부분 아시아로의 패권 이동에 동감했다.

피즈 샌즈 SCB CEO는 "G8에서 G20로 글로벌 지배구조가 바뀐 것은 곧 힘의 이동을 상징한다"며 "세계는 아시아의 목소리를 더 잘 들어야 할 것"이라고 말했다.

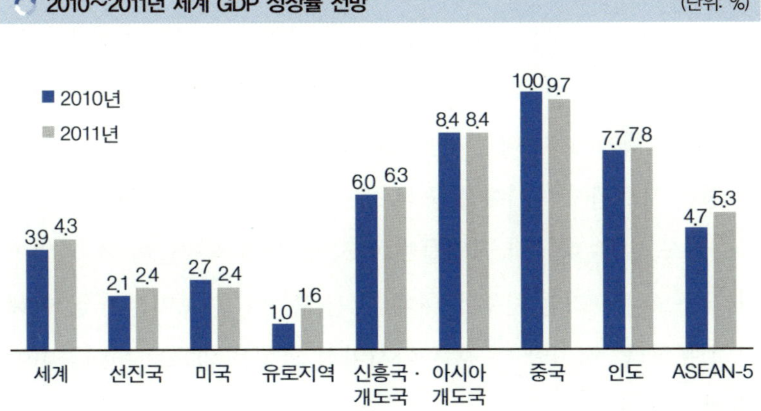

* ASEAN-5: 인도네시아, 말레이시아, 필리핀, 태국, 베트남
출처 : IMF

아피시트 웨차치와 태국 총리는 "아시아는 유로존이나 *북미자유무역협정(NAFTA)처럼 경제동맹을 장기적으로 지향한다"며 "안정적인 금융 시스템과 회복 능력 등이 아시아의 장점"이라고 강조했다.

아짐 프렘지 위프로 회장은 "선진국들이 서비스분야 등에서 인력의 국가 간 이동을 불공정하고 비합리적인 보호주의 수단을 동원해 막을 경우 개도국들이 상품 관세를 올리는 방향으로 즉각 보복할 것"이라며 "신흥경제국들의 자신감이 완전히 다른 세계 경제 질서를 만들어내고 있다"고 내다봤다.

아시아
패러다임

아시아 경제 덩치가 커지면서 아시아적 가치가 전 세계의 사업을 하는 방식, 생각하는 방식 등에 큰 영향을 미칠 것이다. 물론 아시아적 사고와 가치가 세계의 어떤 부분을 변화시킬지는 아직 확실치 않다. 그러나 서구 국가들이 아시아적 사고와 관행에 보다 더 큰 관심을 가질 수밖에 없다. 앞으로 글로벌 경제 시스템이 아시아를 중심으로 돌아갈 것이기 때문이다.

아직도 많은 다국적 기업들이 아시아 기업 직원들이 왜 기업이나 제품보다도 기업 사주에 대해 더 큰 충성심을 보이는지 잘 이해하지 못한다. 하지만 이 같은 아시아적 관행을 앞으로 받아들여야만 할 것이다.

또 더 많은 아시아인들이 서구와는 달리 PC보다 모바일을 통해 인터넷에 접속한다는 점도 아시아쪽에서 사업을 영위하는 서구 기업들이 마케팅이나 고객응대 차원에서 주목해야 할 트렌드다. 중국 인터넷 접속인구는 프랑스 전체 인구보다 5배나 많다. 1억 명 이상의 중국 젊은이들은 백화점에 가는 것보다 인터넷에 더 자주 들른다.

아시아지역의 소비 확대(consumerism) 추세도 서구 기업들의 고객대응 방식에 변화를 가져올 것이다.

중국기업들의 경우 먼저 고객들이 관심을 갖는 가격대에 맞는 제품군에 집중한다. 수익성을 희생시키지 않는 한도 내에서 그 가격대에 제품을 만들어내 판매한다. 주요 선진국들이 과도한 소비를 줄이는 상황에서 서구기업들은 성장하는 아시아 내수시장을 공략할 수밖에 없다.

또 아시아의 참여 없이는 새로운 세계 경제질서도 없다. 최근 글로벌 금융 위기가 서구 금융 시스템 문제에서 촉발됐다는 점에서 볼 때 서구 국가들끼리 모여 만든 국제기구를 통해 도출한 규제방안을 상대적으로 건강한 아시아 금융기관에 주입시키는 것 자체가 말이 안 되기 때문이다. 아시아의 참여가 없는 신 글로벌 금융 시스템 자체는 무의미하다.

과도한 시장주의보다는 정부가 어느 정도 시장에 간섭하는 국가자본주의(state capitalism)가 더 크게 조명받을 것으로 보인다.

하나의
아시아

　　　　　중국 · 일본 · 한국 · 아세안은 전 세계 인구의 3분의 1을 차지한다. 또 전 세계 외환보유고의 절반을 보유하고 있다. 아시아의 힘을 엿볼 수 있다.

그러나 아시아 국가들이 위기 후 글로벌질서를 재창출하는 과정에서 적극적인 리더십을 발휘하려면 먼저 해결해야 할 과제가 있다. 다양한 문화와 종교가 혼재하는 아시아지역에서 아시아 국가들의 목소리를 한 곳으로 모으는 것이다. 유럽연합(EU)을 *벤치마킹한 아시아 경제 통합은 이처럼 한 목소리를 내기 위한 하나의 과정이다. 10개국으로 구성된 아세안과 중국 · 일본 · 한국이 FTA를 맺는 것도 아시아 통합에 커다란 도움을 줄 수 있다고 다보스 포럼 참석자들은 진단했다.

마부바니 학장은 아시아가 부상하고 있다는 점에 이론의 여지가 없다고 하면서도 아시아 국가 간 협력 확대를 위해 우선 해결해야 할 일이 있다고 강조했다. 바로 중국 · 일본, 중국 · 인도 등 아시아 경제대국 간 파워게임과 긴장관계다. 아시아의 미래는 이 같은 잠재적인 갈등관계를 어떻게 관리할지에 달려 있다. 갈등관계가 악화되지 않도록 예방조치를 취할 필요가 있다는 진단이다.

이와 관련 마부바니 학장은 유럽의 경험에서 배워야 한다고 주장했다. 유럽통합 이후 유럽에는 전쟁의 위협이 사라졌다. 과거 두 차례 세계대전을 겪어봤기 때문이다. 아시아 지역이 유럽의 경험을 통해 전쟁 없이 협력을 확대하는 수순으로 나아가야 한다는 이야기다. *ASEAN, ASEAN + 3, *치앙마이 체제 등 아시아 역내 협력을 위한 다양한 지역 협의체가 만들어지고 있는 것 자체가 아시아 협력을 위해 고무적이라고 마부바니 학장은 강조했다.

사실 그동안 유럽지역 전문가들은 유럽의 과거가 아시아의 미래라고 봤다. 경제적 파워를 배경으로 아시아 역내에 강국들이 부상하면서 패권싸움이 나타날 것으로 내다봤다. 그러나 정반대 상황이 펼쳐지고 있다. 무역은 융성하고 동아시아공동체(EAC, East Asian commnity)가 나타날 가능성까지 엿보이고 있다.

DDA가 정체된 틈을 타 역내 국가 간 FTA가 활발하게 체결되고 있다. DDA가 정체된 후 호주는 6개의 FTA를 체결했고 아세안 국가들은 보다 통합적이고 협조적인 방향으로 진화하고 있다. 중국도 EAC를 통해 혜택을 볼 수 있다. EAC는 동아시아 지역에 장기적인 평화와 안정을 가져다 줄 것이다. 이는 시장 다변화를 추구하고 있는 중국의 경제성장에 좋은 발판이 될 수 있다. 이제 중국은 소비시장으로 미국이나 유럽이 아니라 아시아를 바라봐야 한다.

EAC는 2009년 10월 태국에서 열린 제15차 ASEAN 정상회의 때 나왔다. 그러나 EAC는 유럽공동체와 같은 형식은 아니다. EU와는 다르게 관료화되지 않은 공동체를 만드는 데 집중하고 있다.

EAC 창설을 위한 지역메커니즘은 이미 갖춰져 있는 상태다. ASEAN + 3, 아시아태평양경제협력체(APEC), 그리고 동아시아정상회의 등이 있다. EAC는 자유무역을 토대로 개방된 지역주의에 기반을 두고 있다. 하토야마 유키오 일본 총리도 동아시아정책의 중요성을 강조하고 APEC 의장 자격으로 EAC 창설을 위한 로드맵

작성을 제안했다.

강력한 아시아시장을 구축하는 것은 모든 사람들에게 이익이다. 중국도 수입을 다양화하고 미국과 유럽시장에 과도하게 의존하는 데서 벗어날 수 있다는 점에서 긍정적이다.

누아예 프랑스 중앙은행 총재는 "아시아 역내 교역이 증가하는 것은 고무적이다. 통합은 역내 모든 국가가 원할 때 가능하다. 물론 주권의 일부를 내놔야 한다는 점에서 쉬운 일은 아니다. 유럽도 50년이 걸렸다. 먼저 아시아인들 사이에 강력한 정치적 연대감이 필요하다. 또 역내 국가 간 개발 격차가 너무 클 경우 공통된 정책을 적용하기 힘든 만큼 격차를 최대한 줄이는 노력이 필요하다"고 조언했다.

처리 등 다양한 면에서 분석한 뒤 일본식 작업 방식을 배우는 벤치마킹을 시도, 벤치마 킹의 꽃을 피웠다.

동남아시아국가연합(ASEAN, Association of SouthEast Asian Nations)

1967년 8월 태국, 인도네시아, 필리핀, 말레이시아, 싱가포르 5개국이 결성한 지역협력 기구다. 1984년 브루나이가 가입했고 이후 베트남 · 라오스 · 미얀마 · 캄보디아가 가입 해 모두 10개국으로 회원국이 늘어났다. ASEAN 설립 목적은 동남아시아 지역협력 촉 진, 외국으로부터의 간섭 배제, 역내국가 평화 · 안정 수호, 경제 · 사회 · 기술 · 문화분 야 상호원조 등이다. 인도네시아 자카르타에 중앙사무국이 있다.

치앙마이이니셔티브(CMI, Chiang Mai Initiative)

아세안(ASEAN)과 한국, 중국, 일본 등 3개국이 역내 외환위기 발생을 방지하기 위해 체결한 통화교환협정이다. 참가국들은 2008년 5월 양자협정을 다자간 협정으로 확대 하기 위해 공동기금을 1,200억 달러로 확대하는 데 합의했다. 또 역내 경제 감시기구 와 채권 신용보증을 하는 채권보증투자기구(CGIM) 설립에 합의한 바 있다.

|||||| **키쇼어 마부바니** 싱가포르국립대 리콴유 공공정책대학원 학장

키쇼어 마부바니
싱가포르국립대
리콴유 공공정책대학원 학장

다보스 포럼 현장에서 만난 키쇼어 마부바니 싱가포르 국립대 리콴유 공공정책대학원 학장은 "2009년 아시아 경제가 누구도 예상치 못한 성장세를 이끌어냈다"며 "아시아가 주도하는 글로벌 경기회복이 가시화되면서 아시아의 힘이 더욱 강해지고 있다"고 설명했다. 마부바니 학장은 UN 주재 싱가포르 대사를 두 차례 지낸 외교전문가이자 아시아를 대표하는 석학이다. 2004년 차기 UN 사무총장 후보군에 반기문 사무총장과 함께 이름이 오르내리기도 할 만큼 국제적인 인지도가 높다.

Q. 한국, 중국 등 아시아 경제가 지속성장을 하려면 내수를 늘려야 한다는 지적이 많다.

A. **마부바니 학장** 아시아 내수시장은 확대될 것이다. 아시아 중간층 수입(median income)이 10%만 확대되더라도 아시아 중산층 숫자는 두 배로 늘어 신규로 1~2억 명의 중산층이 새롭게 생겨난다. 이들 신흥 중산층은 휴대폰·TV·냉장고 등 가전제품 구입에 나설 것이다. 이 과정에서 아시아 내수가 확대되어 역내 무역도 활성화되는 등 2020년 전 세계적으로 경제규모가 가장 큰 국가는 중국과 인도가 될 것이다.

Q. 당신은 싱가포르에서 리콴유(Lee Kuan Yew) 전 총리에 이어 장관들의 스승이라고 불릴 정도로 공공정책 구루(guru)로 불리고 있다. 한국도 국가브랜드와 국가경쟁력을 높이기 위해 노력하고 있지만 경제덩치에 비해 국제무대에서 한국의 브랜드가치가 제대로 인정받지 못하고 있다.

A. 마부바니 학장　　　삼성 등 글로벌 브랜드가 된 한국기업들이 많다. 그러나 많은 외국인들은 아직도 한국 브랜드 이미지를 무엇과 연결시킬지 헷갈려 한다. 한국은 범세계적(코스모폴리턴) 국가라기보다는 문화적으로 폐쇄적인 나라다. 브랜드 가치를 높이려면 외부와 더 많이 교류해야 한다. 더 많은 외국 학생들을 한국 대학으로 불러들일 필요가 있다. 외국서 공부하는 한국 학생들도 자기들끼리만 어울리지 말고 외국인과 교류를 확대하려는 노력을 해야 한다.

Q. 북한이 여전히 전 세계 안보위협이 되고 있다. 북한을 어떻게 다뤄야 하나?

A. 마부바니 학장　　　전 세계가 모두 개방으로 나가는 데 폐쇄적인 체제에 집착하는 북한은 장기적으로 생존하기 힘들다. 언제가 될지는 모르지만 북한이 동독처럼 한국에 흡수될 것으로 본다. 이를 위해 북한이 변화할 수 있는 포용정책을 통해 북한의 개방을 돕는 노력이 필요하다. 경제제재 등 북한을 고립시키는 것은 좋은 전략이 아니다. 역사는 우리 편이다. 인내심을 발휘해야 한다. 그리고 북한이 인재 5만 명을 미국으로 보내 교육을 시킨 후 이들이 다시 북한으로 돌아온다면 북한이 완전히 바뀔 수 있다.

Q. 아세안 10개국은 중국과 자유무역협정(FTA)을 체결했다. 경제덩치로 볼 때 중국 경제에 압도당할 수 있다는 염려는 없나?

A. 마부바니 학장　　　일부 아세안 국가들이 중국의 영향력 확대에 대해 염려한다. 그러나 중국과의 경제관계가 단절되는 것보다 중국과

의 관계를 강화하는 것이 아세안 국가입장에서 훨씬 더 효율적이다. 사실 중국과 아세안 간 FTA 체결은 중국이 아세안지역에 호의를 베 푼 것으로 해석할 수 있다.

Q. 당신이 생각하는 인재는 어떤 리더십을 갖춘 사람인가? 글로벌 금융위기 이후 학생들에게 리콴유 전 총리의 MPH리더십(meritocracy: 능력주의, pragmatism: 실용주의, honesty: 정직성)에 덧붙여 가르치는 덕목이 있는가?

A. 마부바니 학장　　　　싱가포르가 성공한 것은 능력주의를 신봉했기 때문이다. 혈연, 지연, 연고주의 등을 배격하고 최고의 인재를 적절 한 자리에 집어넣어 나라 발전을 이뤘다. 부패하지 않는 정직성도 중요하다.

Q. 당신은 세계 속에서 아시아 미디어 역할이 제고되어야 한다고 언급한 바 있다. 아시아 미디어가 국제적 미디어로 성공하기 위해 어떤 노력이 필요 하다고 생각하나

A. 마부바니 학장　　　　현재 세계는 아시아 시대다. 그러나 아시아를 소개하는 채널은 모두 BBC · CNN · 〈월스트리트저널〉과 같은 서 구 미디어다. 사실 이들 서구 미디어는 아시아를 잘 모른다. 아시아 미디어가 아시아에 대해 보도하는 것이 훨씬 더 정확하다. 아시아 에서도 CNN과 같은 글로벌 미디어가 등장해야 한다. 아랍의 알자 지라 방송이 하나의 성공적인 예다. 한국 · 일본 · 중국은 이 같은 글로벌 채널을 만들 수 있다. 물론 글로벌 채널이 되려면 영어방송 을 해야 한다.

new normal

금융의 재탄생 5

개혁이냐? 포퓰리즘이냐?

2010년 다보스 포럼의 뜨거운 감자는 금융개혁·규제가 위기 후 글로벌 금융 시스템을 지배하는 '뉴 노멀(새로운 표준)'이 될지 여부였다.

2009년만 해도 금융기관들의 탐욕으로 전 세계적인 금융공황이 초래된 만큼 자율조정기능을 상실한 금융기관에 대한 감시·감독을 강화해야 한다는 주장이 대세였다. 그러나 글로벌 금융 위기가 수그러들면서 힘을 얻은 금융기관들은 과도한 금융 규제가 금융산업의 창의성과 혁신을 말살한다며 반기를 들고 있다. 다보스 포럼 현장에서도 금융기관 장들은 각국 정부의 강력한 금융 규제를 막기 위한 치열한 로비전을 펼쳤다.

금융인들의
귀환

　　2009년 다보스 포럼 현장에서 월가 금융인들은 전혀 힘을 쓰지 못했다. 글로벌 금융 위기를 촉발시킨 주범이라는 여론의 역풍을 맞아 대다수 금융기관 총수들이 다보스행을 포기했다. 시장 실패를 바로잡기 위한 정부 개입·규제 확대 움직임에 속수무책으로 당할 수밖에 없었다.

　그러나 2010년에는 달랐다. 존 맥 모건스탠리 회장, 안드레아 오르셀 BOA 메릴린치 회장, 요제프 아커만 도이체방크 회장, 마르쿠스 아기우스 바클레이스그룹 회장, 스티븐 슈워츠먼 블랙스톤그룹 회장, 스티븐 그린 HSBC 회장, 피터 서덜랜드 골드만삭스 인터내셔널 회장, 와리드 참마 모건스탠리 인터내셔널 회장, 브래디 더건 크레디트스위스 CEO, 크리스토퍼 콜 골드만삭스 IB 회장, 티잔 디암 프루덴셜그룹 CEO, 비크람 팬디트 시티그룹 CEO, 프레데릭 오데아 소시에테제네랄 회장, 제이콥 프랭켈 JP모건체이스 인터내셔널 회장 등 글로벌 금융거물들이 포럼 참석을 위해 다보스에 총집결했다.

　다보스 포럼이 열리기 전까지만 해도 금융 시스템에 대한 정부 개입 확대·규제 강화가 대세인 것처럼 여겨졌다. 하지만 경기회복으로 힘을 얻은 금융기관들이 다보스 포럼 현장에 모여 규제반대 목소리를 조직적으로 냈다.

　스티브 그린 HSBC 회장은 "2009년 다보스 포럼에 참석했을 때 블레어 총리가 칭찬인지 비난인지 모르지만 '벌건 대낮에 은행가

"2009년 다보스 포럼에 참석했을 때 블레어 총리가 칭찬인지 비난인지 모르지만 '벌건 대낮에 은행가가 이런 자리에 나타났다'고 말한 적이 있다."

가 이런 자리에 나타났다'고 말한 적이 있다"며 "이제 당시에 비해서 훨씬 나은 상태"라고 자신감을 보였다.

볼커룰
논란

은행 규제 얘기가 나오는 것은 금융 시스템 실패 원인이 감독 당국의 느슨한 규제와 시장자율기능에 대한 과신 등 규제 실패에 있었다고 보기 때문이다.

위기 전에는 대규모 은행들이 자기 규제(self-regulatory) 시스템이 가장 효율적이라고 말해왔다. 대규모 은행들이 각자 시스템에 맞게 스스로 자신을 감시할 수 있는 규제를 자체적으로 만들어 운영

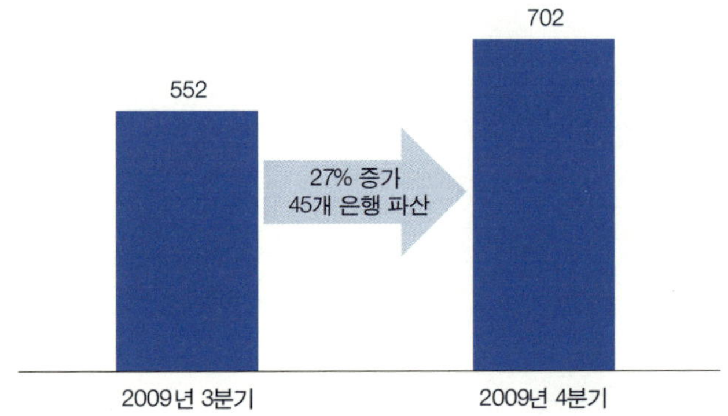

출처: 미 연방예금보험공사(FDIC)

할 수 있다는 얘기다.

그러나 자기 규제 자신감은 환상에 불과했다. 자기 규제가 가져온 시장 실패로 글로벌 금융시장은 홍역을 앓았다. 글로벌 금융 위기로 촉발된 금융기관 부실은 아직까지 해결되지 않은 상태다. 실제로 은행 부실 때문에 감독당국의 관찰대상에 오른 미국 내 '문제 은행(problem bank)' 숫자가 2009년 말 702개로 급증했다. 지난 1993년 이후 16년 만에 가장 많은 숫자다. 문제 은행은 경제상황이 조금만 더 나빠져 보유자산 부실화가 심화될 경우 언제든지 파산할 수 있는 위험에 노출된 은행들을 말한다. 2008년 미국 내 파산은행은 25개였지만 지난 2009년 140개로 급증한 상태다.

규제 실패로 은행부실 후유증이 지속되고 있는 상황에서 은행의 자기 규제 트렌드는 종언을 고했다. 이제 금융 시스템은 정부의 강력한 통제권역 안으로 들어갔다. 레버리지 축소, 적정자본율(capital requirements) 등에 대한 강력한 규제 조치가 나타날 가능성이 커지고 있다.

다보스 포럼 현장에서 금융개혁을 둘러싼 치열한 공방전의 단초를 제공한 것은 바로 버락 오바마 미국 대통령이었다. 다보스 포럼이 열리기 직전인 2010년 1월 21일 오바마 대통령은 금융 위기 재발을 막고 은행 건전성을 확보하는 차원에서 초강력 은행규제방안을 전격적으로 발표했다. 글로벌 금융 위기 후 정부 지원으로 명맥을 유지했던 월가 금융기관들이 최근 글로벌 경기가 살아나는 모습을 보이자마자 과도한 보너스 잔치를 벌이는 행태에 대한 여론의 불신도 초강력 은행 규제안 발표에 한몫했다.

오바마 대통령이 내놓은 은행 규제안은 폴 볼커 백악관 경제회복자문위원회 의장의 은행개혁 조치를 대부분 수용했다. 그래서 '*볼커룰(volker rule)'이라고 불린다. 볼커룰의 골자는 예금상품을 다루는 상업은행(CB)과 위험한 투자를 하는 투자은행(IB)을 분리, 일반 가계 예금을 다루는 상업은행이 위험한 투자에 무절제하게 나서는 것을 원천 봉쇄하자는 것이다. 또 *자기자본투자(PI, proprietary investment)를 금지하는 내용을 담고 있다.

자기자본투자는 은행이 사내에 쌓아둔 잉여금·자본금이나 혹은 외부에서 돈을 빌려 자체 책임으로 주식, 채권, 파생상품 등 금융상품이나 부동산에 투자하는 것을 말한다. 여기서 발생한 손실이나 이익은 다 금융기관 몫이다. 자기자본투자가 문제가 되는 것은 과도한 차입, 즉 레버리지(leverage)를 활용하기 때문이다.

글로벌 금융 위기를 촉발한 미국 투자은행들은 자기자본의 30배에 달하는 돈을 빌려 위험성이 높은 상품에 투자했다. 안정성을 추구하는 보수적인 은행들이 고위험·고수익에 집중하는 헤지펀드보다도 더 큰 레버리지를 가지고 위험한 도박을 벌인 셈이다. 결국 지난 2008년 말 자산거품 붕괴로 이들 은행들이 사들였던 관련 파생상품이 휴지조각으로 변하면서 금융기관이 파산하는 초유의 상황이 벌어졌다. 이 같은 상황이 되풀이되지 않도록 자기자본투자 거래를 원천적으로 금지하겠다는 이야기다.

사르코지 대통령도 다보스 포럼 현장에서 "은행가가 할 일은 투기가 아니라 신용위험을 분석하고 채무자들의 상환능력을 평가하며, 경제성장에 필요한 자금을 공급하는 것"이라며 "금융업계가 부와 일자리 창출과 무관하게 과도한 이윤 추구와 보너스 지급을 지속하는 것은 더 이상 용인될 수 없다"고 비판하면서 규제 개혁에 찬성했다.

루비니 교수도 오바마 대통령의 금융기관 규제를 지지했다. 루비니 교수는 "위험은 오히려 새로운 규제가 마련되지 않아 금융기관들이 다시 차입을 늘리고 위험한 투자를 하는 등 옛날 방식으로 돌아가는 것"이라며 "자기자본투자를 제한하고 상업·투자은행을 분리함으로써 금융 시스템을 지속 가능한 것으로 만들 수 있다"고 진단했다.

과거처럼 아무런 제약 없이 위험스런 투자행태를 지속할 경우 결국 자산거품이 생겨날 수밖에 없다. 이후 자산거품이 붕괴되면 금융기관이 어려움에 처하게 되고 또다시 대규모 공적자금을 집어넣어 금융기관을 살려내는 악순환이 반복돼서는 안 된다는 지적이다.

루비니 교수는 "금융기관들의 이른바 '대마불사' 신화도 깨져야 한다"고 덧붙였다.

마부바니 리콴유 공공정책대학원 학장은 "70년 만의 글로벌 경제 위기를 조장한 것은 바로 은행이다. 그동안 강력한 힘을 가진 은행들이 규제당국을 쥐락펴락한 면이 있다. 이처럼 금융기관의 힘은 강력하다"며 "그만큼 규제당국의 힘도 커져야 한다. 때문에 나는 폴 볼커 백악관 경제회생자문위원회(ERAB) 의장이 주도하는 은행 규제안을 지지한다"고 밝혔다.

주민(朱民) 중국 인민은행 부총재도 "금융업계가 자기자본을 가지고 지나치게 높은 수익을 추구할 이유가 없다"고 지적했다.

금융기관 규제 움직임과 관련 로고프 교수는 "최근 규제 움직임에 대해 금융기관들이 호들갑을 떨고 있다"며 "정말 말도 안 되는 일"이라고 잘라 말했다.

그는 "은행들이 최근 수익을 내고 있지만 이는 기본적으로 은행이 대출 등 영업 활동을 잘해서 이익을 낸 것이 아니다"며 "정부가 대출 보증을 서는 등 아무런 조건 없이 은행에 선물로 돈을 거저 쥐어준 것이나 마찬가지"라고 꼬집었다.

로고프 교수는 "금융권 개혁이 필요하다"며 "은행권이 과도한 규제라는 논리를 펼치고 있지만 아직 과도한 규제 근처에 가지도 않은 상태"라고 지적했다.

스트로스칸 IMF 총재는 "글로벌 경제 위기가 발생한 것은 미국과 다른 선진국 은행 시스템에 대한 규제 부족, 부적절한 규제와 감독 때문"이라며 "금융기관 적정자본율을 측정하는 벤치마크로 활용하는 *바젤 II를 만드는 데 12년의 시간이 소요됐지만 금융 시스템 개혁을 위해 또다시 12년이라는 세월을 쓸 수는 없는 만큼 규제에 속도를 내야 한다"고 주문했다.

캐머런 영국 보수당 당수는 "금융 시스템 붕괴를 방지하기 위해 납세자의 돈이 들어갔다. 그러므로 은행과 정치인·사회와 은행 간 관계가 변화할 수밖에 없다"며 "예금(retail deposit)을 가지고 자기자본거래(proprietary trading)를 하는 것을 규제하는 오바마 법안에 찬성한다. 금융 시스템을 보다 강하게 만들려면 은행에 보험세를 징수하는 것도 생각해볼 사안"이라고 제안했다.

*포퓰리즘·은행 때리기를 멈춰라?

금융기관 경영진들은 과도한 은행 규제에 대해 한 목소리로 반대하고 있다. 어느 정도 규제는 불가피할 것으로 보고 있지만 은행 규제안을 서둘러 내놓는 저의가 의심스럽다는 지적이다.

월가 금융기관들은 오바마정부의 초강력 은행규제안을 '은행 때리기'로 규정하고 다보스 현장에서 전 세계 오피니언 리더들을 상대로 초강력 규제 분위기를 누그러뜨리는 데 집중했다.

오바마 대통령의 개혁안이 '포퓰리스트(인기영합주의자)'적인 움직임에 불과하다는 주장도 내놨다. 여론에 편승한 정치적 목적을 가진

"좋은 규제, 더 좋은 규제 다 좋다.
하지만 더 이상의 규제는 안 된다."

규제는 효율적이지 못하고 오히려 피해만 줄 수 있다는 비판이다.
은행산업에 과도한 제한을 두거나 감시를 강화하면 금융산업 자체
가 성장을 못하고 실물 경제에 충분한 자금을 대줄 수 없다는 점도
강조했다. 건강한 금융산업이 없으면 경제 성장은 없다는 얘기다.
교각살우의 우를 범하지 말라는 주장이다.

금융 시스템 규제의 폭이 어느 정도일지, 그리고 어떤 규제가 실
제로 시행될지에 대한 불확실성도 비판의 대상이다. 금융 규제에
찬성하는 마이클 포터 하버드대 교수도 "원칙적으로 금융 규제가
필요하다고 생각하지만 좀 더 조율을 거친 뒤에 발표하는 것이 필
요하다"며 "오바마정부의 갑작스런 금융 규제안이 금융 시스템의
혼란을 가중시키고 있다"고 꼬집었다.

영국 로이드의 피터 레빈 회장은 "좋은 규제, 더 좋은 규제 다 좋

요제프 아커만 도이체방크 회장

다. 하지만 더 이상의 규제는 안 된다"며 "가장 큰 위험은 억압적 규제에서 나온다. 지나친 규제는 경기침체를 가져올 뿐"이라고 강조, 은행 때리기를 비판했다. 또 투자은행과 상업은행을 분리하려는 시도는 투자은행의 주요 투자처인 신흥국가 주식시장과 자본시장에 타격을 줄 수 있다고 경고했다.

아커만 도이체방크 회장은 "만약 정부가 시장을 과도하게 단속할 경우 우리 모두 패자가 될 것"이라고 진단했다. 영국 바클레이즈은행 로버트 다이아몬드 행장은 "은행을 위축시키고 규모를 줄이는 것이 해답이 될 것이라는 증거는 없다"며 "만약 은행이 위축되면 세계 무역과 경제, 그리고 일자리에 미치는 영향이 매우 부정적일 것"이라고 주장했다.

루벤스타인 칼라일 창업자도 "미 의회의 우선순위는 은행 규제

"금융기관을 벌주기 위한
규제는 좋지 않다.
과도한 규제는 요요현상을 불러온다."

가 아니라 부채(debt) · 재정적자(deficit) · 달러약세(dollar)라는 3D 문제 해결"이라고 지적했다.

정부 간섭이 초래하는 정치적 불확실성이 경기회복과 기업 투자에 악영향을 줄 수 있다는 주장도 나왔다.

라구람 라잔 시카고대 경영대학원 교수는 "경제적 불확실성이 사라지고 있는 반면 정치적 불확실성이 커지고 있다"며 "금융기관을 벌주기 위한 규제는 좋지 않다"고 밝혔다. 라잔 교수는 특히 "미국의 경우 실업률이 높아 정치권에 압박을 주고 있다. 은행 개혁을 위한 규제 개혁이 정치적인 사안으로 변해 괴물이 될 수도 있다. 과도한 규제는 요요현상을 불러온다. 규제를 많이 했다가 안 좋아지면 다시 규제를 완화하는 요요현상이 발생할 수 있다"고 진단했다.

라잔 교수는 또 "대마불사(Too big to fail)도 문제지만 다마불사
(Too many to fail)가 또 다른 문제를 야기할 수 있다"며 "단순히 은행
을 더 작은 규모로 쪼개는 것만으로 대마불사 문제를 해결할 수 없
다. 만약 무수히 많은 작은 금융기관들이 대형 은행처럼 똑같이 행
동한다면 사이즈의 크기에 관계없이 대형 은행이나 소형 은행이나
똑같아질 수밖에 없다"고 지적했다.

최근 은행의 덩치가 커진 것은 어떻게 보면 은행의 활동영역이
전 세계적으로 확산되고 있기 때문이라는 설명도 다보스 포럼 현장
에서 나왔다. 그래서 은행 규모를 줄이는 것 자체가 자칫 글로벌
금융서비스를 제공해야 하는 금융산업의 활동영역을 제한할 수도
있다.

은행 활동이 시장 조성(market making)인지 자기자본거래인지
구분하는 것도 쉽지 않다. 시장에서는 때때로 유동성 확보를 위해
국채거래 시 은행들이 적극적인 참여자가 돼야 할 필요가 있다.
또 전 세계적으로 위험을 감수하는 은행이 필요하다는 주장도 적
지 않았다.

누아예 프랑스 중앙은행 총재는 "은행에 대한 규제는 시장에 즉
각 영향을 미칠 수 있기 때문에 매우 신중해야 한다. 특히 유럽은
미국보다 제조업체들의 은행권 의존도가 크기 때문에 더 조심해야
한다"며 "규제가 경제에 미치는 영향에 대한 스트레스 테스트와 연
구가 더 필요하다"고 신중한 입장을 보였다.

반면 그린 HSBC 회장은 "금융 시스템에 대한 신뢰 붕괴는 바로
시장의 역할과 자본주의 발전에 대한 근본적인 질문"이라며 "2008

~2009년 상황이 재현되지 않도록 하려면 은행 자기자본율을 적정 수준으로 끌어올리고 유동성이 강한 시스템으로 만들기 위한 좋은 규제 조치가 필요할 것"이라고 강조했다. 대형 금융기관을 움직이는 금융 총수지만 과도한 규제만 아니라면 어느 정도의 규제는 받아들일 수 있다는 의견을 피력한 셈이다.

금융 개혁도
국제 공조 필요하다

금융 규제와 관련, 글로벌 공조가 전제돼야 한다는 얘기가 많이 나왔다. 개별 국가 금융 시스템에 발생하는 문제만 해결하는 식으로 은행 규제에 나설 경우 문제가 발생한다. 개별적인 규제를 통해 자국 금융 시스템 위험은 줄일 수 있겠지만 다른 나라에서 또 다른 문제를 만들어낼 수 있기 때문이다. 예를 들면 특정 국가가 금융권 유동성을 높이기 위해 노력할 경우 다른 나라 인플레이션 압력이 높아지는 나비효과가 발생할 수 있다. 그래서 국가 간 금융 개혁 조율은 매우 중요한 이슈다.

스트로스칸 IMF 총재는 "위기 극복의 중요한 교훈인 국제적 조율을 잊어버려서는 안 된다"며 "금융 개혁도 국제적인 조율이 필요하다"고 강조했다.

안드레이 코스틴 러시아 VTB뱅크 회장 겸 CEO는 "관건은 지역별로 다른 규제와 다른 종류의 솔루션을 만들어서는 안 된다는 것"이라며 "지역별로 상이한 규제 시스템 구축에 나설 경우 전 세계적인 금융개혁안을 도출하기 힘들다. 이 경우 또 다른 규제문제가 발생할 수 있다"고 지적했다.

트리셰 ECB 총재도 "글로벌 금융 시스템을 강하게 만들려면 더 많은 규제가 아니라 더 좋은 규제가 필요하다. 은행이든 신용평가기관이든 회계기준이든지 간에 하나를 희생양으로 삼으면 다른 것들은 빠져나갈 수 있다는 점에서 희생양을 만드는 것은 삼가야 한다"며 "만약 해결책이 국내·지역·대륙별로 따로 나올 경우 재앙을 초래할 수 있다"고 경고했다.

데니스 낼리 PwC 회장은 "만약 우리가 글로벌 해결책을 도출하도록 노력하지 않는다면 우리는 앞으로 나아가지 못하고 뒷걸음질을 치게 될 것"이라고 경고했다.

아커만 도이체방크 회장은 "글로벌 레벨에서 완벽한 조율이 필요한 부분은 바로 적정자본비율, 유동성 등"이라며 "주택담보시장 등 금융분야별로 다른 규제가 있는 것도 조율해야 한다"고 주문했다.

이와 관련 소로스 소로스펀드 회장은 2년 전 글로벌 보안관(global sheriff)이 필요하다고 말한 바 있다. 그리고 다보스 포럼 현장에서 글로벌 보안관 역할을 G20가 주도해야 한다는 주문이 많았다.

글로벌 금융 규제가 개도국 자금 유입에 어떤 영향을 미칠지도 중요하다. 규제 개혁이 금융보호주의의 위장된 형태로 변질될 수도 있기 때문이다. 이런 문제를 해결하기 위해 G20의 주도적인 역할이 중요하다. G20 회원국이 모두 참여하는 *금융안정위원회(Financial Stability Board)와 바젤위원회에 금융 개혁·규제안을 마

"우리는 새로운 시대에 들어섰다.
일부 구조적 변화와 감독규정 변화가
필요하다. 국제적 조율이
필요하다는 점에 동의한다."

련하도록 위임한 점은 그나마 다행이다.

글로벌 규제 시스템 구축을 위해 어느 정도 개별 국가의 주권을 포기해야 한다는 주장도 나왔다. 마이클 에반스 골드만삭스 아시아 회장은 "우리는 새로운 시대에 들어섰다. 일부 구조적 변화와 감독규정 변화가 필요하다. 국제적 조율이 필요하다는 점에 동의한다"며 "주권을 포기할 부분이 있다"고 진단했다.

인드라 누이 펩시코 회장의 경우 금융산업은 물론 일반기업들의 글로벌 경영이 활성화되려면 기업영업 활동에 대한 글로벌 기준도 필요하다는 점을 강조했다.

사실 전 세계 각국에서 영업을 하는 대다수 다국적 기업들은 매우 어려운 상황에 처해있다. 식품안전, 배출가스, 세제, 마케팅 · 건축, 엔지니어링 등 많은 부분에서 표준화된 기준이 없기 때문이

"글로벌 감독기관이 규정을
업데이트하고 어떻게 기업들이
이들 지켜나가도록 할지에 대해
기업과 국가를 교육시키는
역할을 해야 한다."

다. 글로벌 기준이 없을 때 기업들은 해당국 기준을 활용할 수밖에 없다. 그러나 NGO 등이 문제를 제기할 때는 글로벌적으로 가장 높은 기준을 요구한다. 왜 해당국에서 글로벌기준으로 영업을 하지 않느냐고 압박한다.

누이 회장은 "다국적 기업들이 기업운영원칙으로 활용할 수 있는 매우 명확한 글로벌 기준이 필요하다"며 "글로벌 감독기관이 규정을 업데이트하고 어떻게 기업들이 이들 지켜나가도록 할지에 대해 기업과 국가를 교육시키는 역할을 해야 한다"고 주장했다.

포퓰리즘(populism)

대중주의, 인기영합주의 등으로 번역된다. 1890년 미국의 공화당·민주당에 대항하기 위해 생겨난 인민당(populist party)이 농민과 노조층의 지지를 얻기 위해 경제적 합리성을 도외시한 정책을 표방하자 이를 비판하기 위해 만들어진 용어. 선거에서 유권자들의 표심을 의식해 경제논리에 맞지 않는 선심성 정책을 펴는 것도 포퓰리즘의 대표적인 사례다.

볼커룰(Volcker rule)

볼커룰은 버락 오바마 미국 대통령이 발표한 은행 규제방안을 일컫는 말이다. '폴 볼커' 백악관 경제회복자문위원회 의장 제안이 대거 반영됐다고 해서 '볼커룰'이라 불린다. 볼커룰은 상업은행(CB)과 투자은행(IB) 분리, 자기자본투자(PI) 금지 등 강력한 은행 규제방안을 담고 있다. 폴 볼커 백악관 경제회복자문위원회 의장은 1979년부터 1987년까지 미국 연방준비제도이사회 의장을 역임한 바 있다.

자기자본투자(PI, proprietary investment)

자기자본투자는 은행이 사내에 쌓아둔 잉여금, 자본금이나 혹은 외부에서 돈을 빌려 자체 책임으로 주식, 채권, 파생상품 등 금융상품이나 부동산에 투자하는 것을 말한다. 여기서 발생한 손실이나 이익은 다 금융기관 책임이다. 자기자본투자가 문제가 되는 것은 과도한 차입, 즉 레버리지(leverage)를 활용하기 때문이다.

글로벌 금융 위기를 촉발시킨 미국 투자은행들은 자기자본의 30배에 달하는 돈을 빌려 위험성이 높은 상품에 투자했다가 투자 실패로 파산위기에 처했다. 증권사들이 자기자본을 가지고 직접 주식, 채권, 부동산 및 인수·합병(M&A)딜에 투자해 수익을 얻는 것도 자기자본투자다.

바젤 II

국제결제은행(BIS) 자기자본비율은 금융기관이 다양한 위험에 적극적으로 대처할 수 있을 만큼 충분한 자본을 확보하고 있는지 판단하는 은행 자본적정비율 지표다. 금융기관이 보유하고 있는 위험가중자산을 자기자본으로 나눈 비율로 표시된다. 기존 BIS 비율 산출 기준은 '바젤 I'이었다. 지난 2006년부터 은행의 적정자본요건을 한층 강화한 '바젤 II'가 도입돼 적용되고 있다.

금융안정위원회(FSB, financial stability board)

FSB는 1999년 선진 7개국(G7)이 아시아 외환위기 재발방지와 국제협력을 목적으로 설립한 금융안정화포럼(FSF, financial stability forum)이 모태다. 다자주의 시대의 새로운 의사결정기구로 자리매김한 G20 정상회담을 통해 FSB로 재탄생했다. FSB는 2008년 글로벌 금융 위기 발생 후 금융기관 규제감독을 강화하기 위한 글로벌 규제 틀을 마련하는 역할을 담당할 예정이다. 또 각국 거시경제와 금융 위험성을 점검하고 이를 조정하는 권한도 갖게 됐다. 글로벌 금융경찰 기능을 IMF와 FSB가 함께 담당하는 셈이다.

2
과도한 **금융 규제**, 그리고 **혁신**

　금융 시스템에 대한 과도한 규제가 성장의 걸림돌이 될 것이라는 진단이 적지 않다. 과잉 규제는 금융기관의 투명성과 위험관리 역량을 높이는 대신 금융 시스템에 더 큰 비용을 발생시킬 수 있다. 특히 선진국의 은행 규제방안을 신흥국가들이 앞다퉈 받아들일 경우 경제성장에 커다란 악재가 될 수 있다는 주장도 있다.

　라잔 시카고대 경영대학원 교수는 "정치인들이 실질적으로 해야 할 일은 내팽개쳐놓고 눈에 보이는 문제만 집중적으로 다루는 위험에 처해있다"고 지적했다. 또 그는 "가장 큰 위험은 신흥국가들이 선진국들이 취하는 규제수단을 똑같이 따라할 경우"라며 이 경우 금융 시스템 성장에 해가 될 것으로 내다봤다.

　또 글로벌 경제 위기 후 정책결정권자와 규제당국은 포퓰리스트적인 정책 시행의 유혹을 받는다. 그래서 경영진 보수 제한 등 금융 시스템의 부수적인 문제에 매달리고 있다는 지적도 있다.

과도한 금융 규제,
사베인스 옥슬리법의 재림?

분식회계를 저지른 기업·금융기관 경영진에 대한 혹독한 사법처리를 규정한 사베인스 옥슬리법(Sarbanes Oxley Act) 때문에 많은 기업과 금융기관들이 뉴욕을 떠나 런던으로 이동했다는 주장이 있다. 사베인스 옥슬리법안을 과잉 규제에 따른 실패작으로 규정하는 전문가들의 이야기다. 오바마 대통령의 금융 규제안도 사베인스 옥슬리법안처럼 기업가정신을 훼손할 것이라는 주장이 있다.

그러나 아무런 규제 조치 없이 과거의 올드 노멀로 돌아가는 것도 해결책은 아니다. 에델만에 따르면 전 세계 22개국을 대상으로 산업신뢰도를 조사한 결과, 가장 신뢰받는 산업분야는 기술분야로 80% 이상의 신뢰도를 보였다. 반면 가장 신뢰도가 떨어진 분야는 금융분야였다. 지난 2008년만 하더라도 68%의 신뢰도를 확보, 가장 신뢰받는 분야 3위였던 금융은 2009년 조사 때는 28%의 신뢰밖에 받지 못해 최하위로 곤두박질쳤다.

결국 어느 정도의 규제를 하되 혁신과 기업가정신을 옥죄지 않는 선에서 규제의 균형을 찾는 것이 중요하다.

은행 규제와 혁신 사이의
트레이드 오프

　　　　　　금융 규제와 관련해 결국은 *트레이드 오프(trade off) 관계를 생각하지 않을 수 없다. 금융 시스템 규제에 나선 것은 금융 위기 발생을 최소화하기 위해서다. 그렇다면 얼마나 금융 시스템을 안정화시키기 원하는가, 동시에 금융산업이 실물 경제를 지지하고 일자리를 창출하는 역할을 얼마나 하기를 원하는가라는 질문을 던질 수 있다. 물론 둘 다 우리가 원하는 결과물이다. 그러나 문제는 금융 시스템 안정성과 효율성 사이에 트레이드 오프 관계가 존재한다는 점이다.

금융안정화에 과도하게 무게 중심을 두다가는 금융산업 혁신이 줄어들고 실물 경제에 악영향을 미칠 수 있다. 이는 일자리 창출에도 도움이 안 된다.

실례로 은행 안정성을 높이기 위해 적정자본율 수준을 크게 상향 조정하는 등 규제수위를 급격히 높이면 은행 대출 재원이 큰 폭으로 줄어들 수밖에 없다. 그만큼 시장의 돈줄이 말라붙게 되고 신용경색으로 자금 조달에 어려움을 겪는 기업들이 늘어나게 된다. 또 은행들의 특정 영업에 규제를 가할 때도 시장 효율성과 유동성에 부정적인 영향을 줄 수 있다.

반대로 금융기관 자율성과 효율성에만 방점을 찍다가는 2008년 겪었던 글로벌 금융 위기가 또다시 발생할 개연성을 배제하기 힘들다. 이처럼 안정성과 효율성 사이에 최적화(optimization)된 균형을 찾는 것은 쉽지 않은 일이다.

피터 샌즈 SCB CEO는 "보다 안전한 금융 시스템을 만드는 것
과 보다 역동적인 경제와 일자리 창출을 지지할 수 있는 금융 시스
템과의 균형을 맞춰야 한다"며 "안정화부분을 조절하지 못하면 새
로운 위기를 맞게 되고 다른 쪽을 간과할 경우에도 경기회생의 모
멘텀이 줄고 일자리 창출이 어렵게 된다"고 지적했다.

아커만 도이체방크 회장은 "리스크를 감수하고 좀 더 창의적으
로, 그리고 강한 성장을 추구할 것인가 아니면 안정에 집중할 것인
가라는 이분법적인 대립 관계가 나타나고 있다"고 전제한 뒤 "안정
(security)과 자유(liberty)라는 트레이드 오프 관계에서 자유에 더 많
은 무게 중심을 둬야 한다. 사람들이 위험을 감수할 수 있도록, 또
한 새로운 기업을 창업하고 일자리를 창출할 수 있도록 하는 것이
중요하다"고 강조했다.

금융산업의
미래

1987년 미국 금융시장 폭락, 1997년 아
시아 금융 위기는 글로벌 자본시장에 장기적이고 구조적인 변화를
가져왔다. 지난 2008년 금융시장 위기는 자본시장의 역할, 장외파
생상품, 새로운 규제, 적정자본율(capital adequacy requirements)에
대한 근본적인 질문을 던지게 만들었다.

다보스 참석자들은 금융공학의 시대가 끝났다고 말했다. 은행들
이 기본으로 돌아가고 자기자본거래(proprietary trading activities)를

중단하고 은행이 위험을 보유하기보다는 위험을 전달하는 중개자 역할을 수행해야 한다고 주장했다. 분명한 것은 실물 경제에 자금을 대주는 역할을 하는 전통적인 은행모델은 지속적으로 살아남을 것이라는 점이다.

*사모펀드시장의 경우 더 이상은 충분한 유동성과 레버리지를 기대하기 힘들어졌다. 사모펀드도 장기적 투자에 나서야 한다.

미국 오바마정부의 은행 규제 강화 방안이 핫 이슈로 떠오른 가운데 세계 경제포럼(WEF)은 〈세계 금융 시스템의 미래(The future of global financial system)〉 보고서를 공개했다. 보고서는 정부가 금융기관 경영진의 권한을 보장하고 개입을 최소화하라고 주장한다. 최근 불거진 규제당국과 금융기관 간 다툼에서 사실상 금융기관의 손을 들어준 셈이다. 세계 경제포럼과 글로벌 금융컨설팅업체 올리버 와이먼이 작성한 이 보고서에 칼라일그룹을 비롯해 알리안츠, 바클레이즈 캐피탈, 블랙스톤, JP모건, KKR 등 대형 금융기관들이 주도적으로 참여했기 때문으로 해석된다.

보고서는 먼저, 공적자금 투입을 통해 지분을 확보한 정부가 주주로서의 역할과 위기상황 속에서 금융산업에 개입해야 했던 정부로서의 역할을 명확히 분리할 필요가 있다고 주장했다. 주주 역할과 정부 시장개입 역할 구분이 불명확해지면 그만큼 금융기관 경영진이 더 큰 부담을 느낄 수밖에 없기 때문이다.

둘째, 이미 금융기관 지분을 인수해 급한 불을 껐다면 명확한 운영 원칙을 정할 필요가 있다고 지적했다. 정부 입장에서 정책목표 달성, 세금으로 충당한 투자원금 회수 등에 대한 명확한 원칙을 세워야 한다.

셋째, 지분 관리를 위해 독립적 지배구조를 만들어야 한다고 주장한다. 사실상 금융기관 경영이 정부로부터 독립돼 이뤄질 수 있도록 해야 한다는 얘기다.

넷째, 금융기관에 대한 정부 영향력을 이사회 구성이나 의결권 이슈로 제한해야 한다고 요구했다. 정부는 굵직한 의사결정에만 참여해달라는 요구인 셈이다.

보고서는 또 금융기관의 우수한 경영진을 보호하고 이들에게 더 많은 권한을 부여할 것을 제안했다. 정부가 먼저 투명성과 신뢰성을 높이는 전략을 써야 한다는 제안도 담았다.

한편 보고서는 세계 금융 시스템이 자산버블 붕괴 가능성이라는 커다란 위협을 안고 있다고 진단했다. 막대한 달러캐리트레이드 확대에 따른 자본흐름 단기화, 천문학적인 수준으로 높아진 국가 채무가 또 다른 화약고가 될 수 있다고 충고했다.

또 위기 후 금융서비스 산업의 행태가 변화할 것이라는 점에서 금융기관도 뉴 노멀에 맞춰 금융산업의 변화에 대비해야 한다면서 다음 세 가지를 주문했다.

첫째, 그동안 고수익에 익숙해있었던 금융산업 종사자들이 앞으로 상당기간 '저수익'을 감안한 비즈니스 모델을 고안해야 한다. 단기·중기적으로 금융산업 수익률은 줄어들 것이다. 여기에 맞춰 금융기관들은 비즈니스 모델과 인적자산 모델을 재창출해야 한다.

둘째, 고객에 더욱 초첨을 맞춰야 한다. 금융산업 수익성이 떨어지고 고객들과 규제당국은 금융기관에 더욱 많은 것을 요구할 것이다. 결국 고객이나 사회를 위해 상당한 가치를 창출해야만 성공할 수 있다. 이를 위해 금융기관들은 사회적 책임을 다해야 한다.

셋째, 경쟁전략의 차별성이 필요하다. 투자자와 규제당국의 감독이 강화되는 상황에서 금융기관들은 자신들의 전략에 맞춰 활동지역, 판매상품, 그리고 위험감수전략을 펼칠 것으로 보인다. 위험선호도 등 금융기관 취향에 따라 전략이 크게 차별화될 수 있는 여지가 커지는 셈이다.

지속 가능성이 중요하다

변동성과 *차익거래가 금융가들에게는 이익을 낼 수 있는 기회가 될 수 있다. 그러나 실물 경제에는 도움이 안 된다. 금융 시스템이 실물 경제를 흔드는 것이 아니라 본연의 역할인 실물부분 자금 조달 매개체 역할을 통해 실물 경제를 지지해야만 금융 시스템의 지속 가능한 성장이 가능하다. 개가 꼬리를 흔들어야지 꼬리가 개를 흔드는 * '왝 더 도그(wag the dog)' 현상이 나타나서는 안 된다.

또한 금융 규제는 실물 경제 성장과 투자활성화를 이끄는 방향으로 이뤄져야 한다. 위기 후 금융 시스템의 뉴 노멀은 실물 경제를 지지하는 본연의 임무로 돌아가는 것이다. 규제당국은 단순히 금융기관의 덩치에 집중하기보다는 은행 자본적정수준, 위험노출 정도(risk concentration), 그리고 금융기관처럼 행동하는 사모펀드

◐ 금융기관과 지속 가능성

1. 지속 가능한 수익을 위한 비즈니스 모델을 갖춰라.
2. 직원들과 소통하라.
3. 지역사회에 대해 책임감을 가져라.

등 *쉐도우 뱅킹 감독에 집중해야 한다.

금융기관은 NGO가 아니다. 자선단체가 아니라 기업이다. 수익을 내야 한다. 그러면서도 사회적 책임을 다해야만 지속 가능한 비즈니스 모델을 가질 수 있다. 지속 가능성(sustainability)이 중요한 이유다.

지속 가능성은 세 가지를 의미한다. 일단 지속 가능한 수익(sustainable profits)을 낼 수 있도록 수익성 있는 비즈니스 모델(profitable business model)을 갖추고 있어야 한다.

둘째, 직원들과의 소통(people engagement)이다. 직원들이 진정한 자산이다. 직원들의 자발적인 참여를 이끌어내지 못할 경우 지속 가능한 비즈니스 모델을 만들어낼 수 없다.

셋째, 지역사회에 대한 책임감(responsible commitment to the communities where we do business)이다. 환경, 기후변화 등 지역사회에 보다 많은 책임감을 갖고 은행업을 영위해야 한다.

플린 KPMG 회장은 "실물 경제와 금융 시스템을 분리해서 생각할 수 없다. 제대로 작동하는 금융시장 없이는 실물 경제도 없기 때문"이라며 "지속 가능한 경제성장을 위해 장기적으로 안정적인 금융 시스템을 구축해야 한다"고 조언했다.

트레이드 오프(trade off)

어느 한쪽에 무게 중심을 두면 다른 한편은 소홀해지는 것을 설명하는 용어다. 또 고수익을 추구하면 안정성이 줄고 안정성을 추구하면 수익성이 떨어지는 것도 트레이드 오프 관계라고 볼 수 있다. 물가와 고용도 트레이드 오프 관계로 설명할 수 있다. 즉, 경제가 완전고용 상태에 근접하면 물가가 필연적으로 상승하고 반대로 물가상승이 주춤하면 실업이 증가하는 반비례 관계가 나타난다. 이 같은 물가와 고용의 상관관계를 나타내는 곡선은 창시자인 필립스 오스트레일리아국립대 교수의 이름을 따서 필립스 곡선이라고 부른다.

사모펀드(PEF, private equity fund)

소수의 투자자들로부터 자금을 모아 주식이나, 채권 등에 투자하는 펀드다. 사모펀드는 크게 '일반 사모펀드'와 '사모투자전문회사'로 불리는 PEF로 나뉜다. 일반 사모펀드는 소수 투자자들로부터 단순 투자 목적으로 자금을 모아 운용하는 펀드다. 주식형 사모펀드가 대표적이다. 이에 비해 사모투자전문회사는 특정기업 주식을 대량 인수해 경영에 참여하는 방식으로 기업 가치를 높인 뒤 되팔아 수익을 남기는 펀드다. 반면 공모펀드의 경우 불특정 다수의 일반 투자자를 대상으로 자금을 모집한다. 공모펀드는 펀드 규모의 10% 이상을 한 주식에 투자할 수 없고 주식 외 채권 등 유가증권에도 한 종목에 10% 이상 투자할 수 없다. 사모펀드는 이 같은 제한을 받지 않는다.

차익거래(arbitrage trading)

동일한 상품이 다른 두 개의 시장에서 서로 다른 가격대에 팔릴 경우 가격이 낮은 시장에서 그 상품을 매입한 뒤 가격을 높게 받을 수 있는 시장에서 팔면 차익만큼 이익을 볼 수 있다. 재정거래라고도 한다. 이처럼 차익거래는 가격변동위험에는 노출되지 않으면서 확실한 이익을 얻을 수 있는 거래다.

왝 더 도그(wag the dog)

'꼬리가 몸통을 흔들다'라는 의미로, 주객(主客)이 바뀌었음을 뜻한다. 경제에서는 선물(先物, 꼬리)이 현물(現物, 몸통) 주식시장을 흔드는 현상을 의미한다. 현물시장을 따라가야 하는 선물시장 규모가 과도하게 커지면서 선물이 오히려 몸통인 현물시장을 뒤흔드는 현상이 나타날 경우 '왝더독 현상'이라고 부른다.

쉐도우 뱅킹(shadow banking system, 그림자금융 시스템)

머니마켓펀드·헤지펀드·사모펀드를 비롯한 비은행 금융주체들이 고수익·고위험 채권을 사고파는 과정에서 유동성을 새롭게 만들어낸다. 전면에 드러나지 않고 대형 은행이나 보험회사 그늘에 가려 있다 해서 '그림자금융'이라는 말을 쓴다.

▬ **마이클 포터** 하버드대 교수

마이클 포터 하버드대 교수

"한국 등 아시아 기업들이 상대적으로 글로벌 경제 위기를 잘 극복한 것은 아시아 금융 시스템이 서구에 비해 더 건전하고 튼튼했기 때문이다."

다보스 포럼 현장에서 만난 경영이론의 대가 마이클 포터 하버드대 교수는 이처럼 글로벌 금융 위기상황에서도 선진국 금융 시스템에 비해 상대적으로 덜 충격을 받은 아시아 금융 시스템 덕분에 아시아 경제가 신속한 반등을 이뤘다고 진단했다. 또 중국·인도 경제가 성장세를 지속하면서 아시아시장이 크게 위축되지 않은 점도 아시아 기업들의 성공적인 회복을 이끌어낸 원인으로 꼽았다.

글로벌 경기회복에 대해서도 긍정적인 시각을 내비쳤다. 포터 교수는 "내가 접촉하고 있는 대다수 기업들은 글로벌 경기침체 충격에도 불구하고 성장은 물론 수익도 내고 있다"며 "글로벌 경제가 전반적인 회복세에 접어든 것으로 보인다"고 설명했다.

최근 문제가 되고 있는 고용문제도 조심스럽지만 긍정적으로 바라봤다. 포터 교수는 "높은 실업률이 경기회복의 발목을 잡을 것으로 걱정하고 있지만 앞으로 주택시장이 회복되고 소비도 점진적으로 회복될 것"으로 기대했다. 포터 교수는 "지난 2008년 9월 글로벌 경제가 침체국면에 접어들자마자 북미 기업들은 2~3개월 만에 대규모 해고를 단행했다"며 "이제 경기가 회복세에 접어들면 기업들이 곧바로 부족한 인력을 수혈할 것"이라고 내다봤다.

그러면서도 포터 교수는 금융 규제 내용의 불확실성을 글로벌 경제 회생을 가로막는 가장 큰 위협요인으로 지목했다. 포터 교수는 "원칙적으로 은행 규제에 대해 반대하지 않지만 오바마 대통령이 시장을 불안하게 만들고 있다"며 "규제는 필요하지만 어떤 규제를 해야 하는지에 대해 조율과 합의가 이뤄지지 않은 채 은행 때리기를 하고 있는 것처럼 보인다. 이것은 잘못된 것"이라고 지적했다.

포터 교수는 "가장 큰 위협은 나쁜 정책이 초래하는 불확실성"이라며 "현재 오바마정부 정책은 시장이 뭘 해야 할지에 대해 고민하도록 만들고 있다"며 "모든 금융 규제는 국제적인 조율을 통해 일관성을 갖추는 방향으로 시행해야 한다"고 주문했다.

또 상업은행과 투자은행을 분리하는 것에 대해서도 회의적인 시각을 내보였다. 포터 교수는 "과도한 투자와 위험을 잡으려면 지급 준비율 상향 조정 등 다른 수단을 써도 충분할 것으로 믿는다"고 강조했다.

new normal

제3차 녹색산업혁명 6

1
코펜하겐은 **실패**했나

"*코펜하겐 유엔 기후변화회의는 명확한 해결책을 내놓지 못했다. 이제 각국 정부·기업·시민사회는 어떤 행동을 취해야 하는가?"

기후변화 이슈를 걱정하는 다보스 포럼 참석자들의 공통된 질문이다. 2009년 12월 7~18일 덴마크 코펜하겐에서 열린 제15차 유엔기후변화협약 당사국 총회는 기대만큼 뚜렷한 성과를 만들어내지 못한 채 막을 내렸다. 코펜하겐 기후변화 총회는 1992년 리우, 1997년 교토에 이어 세 번째로 전 세계국가 정상들이 한 자리에 모여 기후변화가 인류에게 미치는 영향을 논의하고 기후변화를 초래하는 온실가스 감축 수단 마련을 위해 머리를 맞댄 자리였다.

코펜하겐 총회 이전의 이른바 교토 체제는 선진국들에게 탄소 배출 감소 의무를 부과했다. *교토의정서 체결 당시 유럽국가들을 중심으로 한 선진 39개국은 2008년부터 2012년까지 온실가스 배출량을 1990년 대비 5.2% 감축하기로 합의했다. 그러나 교토 체제는 세계최대 산업대국 미국이 빠진 데다 중국, 인도, 브라질 등 탄소배출량이 많은 신흥경제대국들이 감축 의무 대상에서 제외된 반쪽짜리 체제였다.

코펜하겐 총회는
절반의 성공

코펜하겐 총회는 2012년 만료되는 교토 의정서를 대체하고, 개발도상국들에게 적절한 온실가스 감축 의무를 부과해야 하는 과제를 안고 막을 올렸다. 전 세계의 이목이 쏠린 가운데 수많은 환경단체 관계자들은 행사장 밖에 진을 쳤다. 그리고 '지구를 구할 마지막 기회'라는 플래카드를 내걸고 총회 참가국들의 온실가스 배출 감축 합의 도출을 압박했다.

그러나 선진국과 개발도상국 협상단 사이의 첨예한 입장 차이로 감정싸움이 격화되면서 합의 도출에 어려움을 겪었다. 급기야 행사 중간인 2009년 12월 14일 아프리카연합(AU) 소속 협상단은 회의를 보이콧하겠다고 선언했다.

선진국과 개발도상국은 기본적으로 누가 기후변화에 대해 근본적 책임을 져야 하는지에 대해 타협점을 찾기 힘든 의견 대립을 드러냈다. 개도국들은 온실가스 배출 문제는 선진국이 과거 산업화 과정에서 일으킨 문제라고 생각한다. 그러므로 당연히 선진국이 온실가스 배출량 감축을 위해 자발적으로 더 큰 책임을 져야 한다고 본다. 반면 선진국들은 향후 더 많은 온실가스 배출이 개도국에서 발생할 것이란 점을 강조한다. 미래에 대한 책임을 강조하는 셈이다.

결국 모두가 기후변화를 막기 위해 이산화탄소 배출을 줄여야 한다는 데 공감하면서도 과거 책임과 미래 책임이라는 이슈를 놓고 힘 겨루기가 계속됐다.

코펜하겐 회의에서 주요 선진국들은 이산화탄소 감축 목표치를 제시하지 못했다. 또 개도국들에게 온실가스 배출을 줄일 수 있는 녹색기술 개발을 위해 얼마만큼의 재정 지원을 할지에 대한 구체적인 방안도 내놓지 못했다. 대신 개도국에게 탄소배출 감축 책임을 부과하는 데에만 집중했다. 미국 등 주요 선진국의 속내에는 개도국 그늘에 숨어있는 중국을 겨냥한 측면도 있었다.

선진국과 개도국 간 이견차를 좁히지 못한 채 결과적으로 참가국들은 지구 기온 상승을 섭씨 2도 이내로 억제하는 데 필요한 감축 목표치를 제시하지 못했다. 또 개도국에 지원할 재원을 어떻게 마련할지, 코펜하겐 합의문은 어떤 법적 성격을 갖는지도 규정하지 못했다. 이것이 코펜하겐이 남긴 객관적인 성적표다.

티모시 워스 유엔재단 총재는 다보스 포럼 현장에서 "코펜하겐 총회의 가장 중요한 목적은 전 세계 모든 국가들이 함께 기후변화와 관련한 글로벌 전략을 논의하고 조약을 디자인하는 데 있었다"고 운을 뗐다. 워스 총재는 "코펜하겐 총회는 기후변화에 대한 확고한 과학적 인식 위에 마련된 사실상 첫 번째 회의이기도 했다"며

티모시 워스 유엔재단 총재

"지구온난화의 가장 큰 책임은 인류에게 있다는 것은 돌이킬 수 없는 사실"이라고 강조했다.

워스 총재는 "협상 과정이 전체적으로 혼란스러웠고, 유엔이 그 같은 협상을 수행할 능력이 부족하다는 점이 드러난 것은 부정적 측면"이라면서도 "선진국들이 코펜하겐 이후 2020~2050년까지 1,000억 달러의 재정 지원을 실시하기에 앞서 100억 달러 지원안에 합의한 것은 성과"라고 평가했다.

물론 선진국들이 2012년까지 연간 100억 달러씩 개도국에게 재정 지원을 하기로 한 것에 대해 조지 소로스 등은 "턱없이 부족한 액수"라고 비난했다.

이산화탄소를 제대로 감축하려면 개도국에 연간 1,000억 달러가량이 지원돼야 한다는 게 환경단체나 개도국들의 일반적 주장이

다. 하지만 워스 총재는 코펜하겐은 어디까지나 '첫 걸음'이라는
점에 애써 의미를 부여했다.

코펜하겐은
기후변화 대책 첫 걸음

이보 드 보어 유엔 기후변화협약(UNFCCC)
사무총장는 코펜하겐 총회가 실패로 끝났다는 주장에 동의하지 않
았다.

보어 사무총장은 "코펜하겐 총회가 새롭고 법적 구속력이 있는
제도를 만드는 데 실패했다"는 점은 인정했다. 그러나 보어 사무총
장은 "코펜하겐은 기후변화에 장기적으로 대처하기 위한 긴 여정
의 첫 걸음"이라고 강조했다. 국제사회가 처음부터 코펜하겐에 너
무 큰 기대를 걸었다는 얘기다.

보어 사무총장은 "코펜하겐에서 무엇을 이루지 못했는지가 아니
라 무엇을 이뤘는지가 중요하다"며 "코펜하겐에서 온실가스 감축
에 대한 의미 있는 정치적 공감대가 형성됐다는 것 자체가 큰 성
과"라고 말했다. 120여 명의 국가 정상이 모여 큰 방향에서 합의를
이룬 것 자체에 의미를 둬야 한다는 얘기다. 보어 사무총장은 "코
펜하겐은 법률가들을 만족시키진 못했지만 정치인과 경제학자들
에겐 의미 있는 신호를 던졌다"고 비유적으로 표현했다.

개도국을 대표해 관련 세션에 참석한 시암 사란 인도 특임대사
도 "유엔 시스템과 다자 협의 자체가 실패했다는 주장에 동의하지

않는다”고 말했다. 사란 대사는 “어떤 다자간 협상이든지 간에 따로 소그룹들이 모여 옆방에서 별도로 협의하기 마련이다. 중요한 점은 옆방에서 별도로 협의하던 대표들이 다시 본회의장으로 돌아온다는 것”이라며 “국제사회는 기후변화와 관련, 절대로 다자간 협의 틀을 버려선 안 된다. 유엔 기후변화협약 총회 차기 개최지인 멕시코 칸쿤에서 다음 과정을 진행시켜야 한다”고 강조했다.

2
멕시코 칸쿤 **기후변화협약**

코펜하겐의 과제는 이제 멕시코 칸쿤으로 넘어갔다. 제16차 기후변화협약 당사국 총회는 2010년 말 멕시코 칸쿤에서 열린다.

다보스 포럼 기후변화 세션에 참여한 펠리페 칼데론 멕시코 대통령은 "우리는 코펜하겐에서 교훈을 얻어야 한다"며 "당사국 간 신뢰와 자신감을 회복하는 것이 중요하다"고 강조했다. 칼데론 대통령은 "개도국은 물론 선진국 간에도 이해관계가 상충한다"며 "모든 다양한 목소리를 듣고, 이해관계가 서로 다른 모든 국가를 협상 테이블로 끌어낼 것"이라고 약속했다.

유엔은 물론 기후변화협약 실무자 그룹과도 연중 면밀한 협의를 진행할 계획이다.

기후변화협약
인센티브가 필요하다

　　　　　칼데론 대통령은 "합의 부족은 결국 각 국의 경제적 문제와 관련돼 있다"며 "기후변화를 막으려면 경제적 대가를 치러야 하기 때문"이라고 지적했다.

　칸쿤에서 실질적 결과를 도출하기 위해선 선진국과 개도국 모두에게 정당한 인센티브를 제공하기 위한 경제적 메커니즘을 찾아내야 한다는 얘기다. 이와 관련, 칼데론 대통령은 재미있는 제안도 내놨다. 주요 국가 정상 사이에 자주 인터넷을 활용해 대화를 나누자는 것이다.

　그는 매주 수요일 라르스 뢰케 라스무센 덴마크 총리나 케빈 러드 호주 총리 등과 인터넷 채팅을 하고 있다고 소개했다. 기후변화 협상 이슈에 대해 정상 간 비공식적 인터넷 대화를 자주 갖자는 제안을 한 셈이다.

　또 칼데론 대통령은 선진국들이 2010년부터 탄소배출량 절감 기술 개발을 위해 개도국에 지원할 녹색지원자금을 어떻게 활용할지에 대해 질문을 던졌다. 이와 관련 칼데론 대통령은 반드시 성과 중심의 원칙을 세워야 한다고 주장했다. 지원자금이 제대로 활용되는지 그 성과를 투명하게 측정할 수 있는 방법을 강구해야 한다는 진단이다.

"합의 부족은 결국 각국의
경제적 문제와 관련돼 있다.
기후변화를 막으려면 경제적 대가를
치러야 하기 때문이다."

대규모 탄소배출 국가
BASIC 역할

칼데론 대통령은 탄소배출량이 많은 개도국을 묶어 놓은 'BASIC' 국가의 중요성도 강조했다. 'BASIC'이란, 브라질(Brazil), 남아프리카공화국(South Africa), 인도(India), 중국(China)의 앞 글자를 딴 조어다. 이들은 탄소배출량이 많은 개도국 그룹의 핵심이다. 칼데론 대통령은 여기에 자국 멕시코를 더해 'G5'라고 지칭하고 이들 국가들이 먼저 머리를 맞대고 탄소배출량을 줄일 수 있는 실질적 방법을 도출해야 한다고 주문했다.

탄소배출량 절감 세션에 참여한 카를로스 곤 르노닛산 회장은 "가장 중요한 것은 지금부터 과연 무엇을 해야 하는가의 문제"라며 "명확한 목표가 필요하다"고 지적했다. 이와 관련 자동차 업계 내

협력을 어떻게 유도할지가 중요하다고 진단했다. 곤 회장은 수년 간 자동차업체들이 기후변화 공동 대처를 논의했지만 막상 모든 업체들의 참여를 이끌어내는 것이 불가능했다고 회고했다. 자동차 이산화탄소배출량을 제대로 줄이려면 우선 '누구도 책임을 피할 수 없다(nobody escapes his responsibility)'라는 원칙이 중요하다는 것이 곤 회장의 생각이다. 또 자동차 업계뿐 아니라 정유업계·화학업계가 동시에 협력해야 탄소배출량 감축 규모를 확대할 수 있다는 시각도 내비쳤다.

곤 회장은 희망적 메시지도 던졌다. 배터리로 구동하는 전기자동차의 경우 5년 전 우리가 현 수준의 기술 진보를 예상하지 못했다. 이처럼 5년 뒤 어떤 수준이 될지를 지금 예단하기 어려울 정도로 기술이 혁신적으로 발전, 탄소배출 절감에 획기적으로 기여할 수 있다는 점을 강조했다.

유럽전력 수요
15%를 태양광으로

카이오 코크 웨서 도이체방크 부행장은 "코펜하겐의 결과는 물이 절반만 찬 컵과 같다"고 비유했다. 절반의 성공, 절반의 실패라는 얘기다. 코크 웨서 부행장은 탄소배출량 감축을 위해 세 가지 접근방식을 제안했다.

첫째, 차기 총회 주최국인 멕시코의 강력한 리더십과 함께 다자간 협상의 틀인 유엔 중심의 프로세스를 그대로 유지하는 것이다.

둘째, 비슷한 지향점을 가진 국가들로 소그룹을 만들어 이들이 탄소배출량 감축과 관련된 아젠다를 먼저 만들도록 유도하는 것이다. 아무런 준비 없이 난상토론을 하기보다 이슈를 미리 좁혀가자는 뜻이다.

셋째, 민간분야가 기후변화 대처를 무거운 짐이 아니라 비즈니스 기회로 인식하도록 만드는 일이다. 그래야 기업들이 기술 혁신과 녹색기술이 들어간 메가 프로젝트에 도전할 수 있게 된다.

도이체방크는 몇몇 독일 기업들과 함께 사하라 사막에 대규모 태양광 발전소를 건설, 2050년까지 유럽 필요 전력의 15%를 생산하는 프로젝트를 기획하고 있다고 전했다.

3

도하와 코펜하겐의 공생

유엔 기후변화협약과 도하개발아젠다(DDA, Doha development agenda)가 어떻게 공존할 수 있을까? 일각에선 탄소배출 감축의무 부과 여부를 놓고 무역 분쟁이 발생할 가능성을 제기하는 반면 다른 한편에선 국제무역 활성화가 저탄소 녹색성장을 견인하는 역할을 충분히 수행할 수 있다고 주장하고 있다. 가장 이상적인 모습은 모든 국가와 기업·개인들이 기후변화협약에 자발적으로 참여하는 것이다.

기후협약을 체결한 뒤에는 공통의 목표에 따라 각국 상황에 맞는 감축 목표를 정해 이행하면 된다. 모든 나라가 공정하게 탄소 감축을 해나간다면 '국경조정조치(border adjustment measures)'와 같은 무역장벽을 구축할 필요가 사라진다.

국경조정조치의 위협

'국경조정조치'란 국가마다 탄소배출 감축 속도와 규모가 서로 다르기 때문에 발생하는 무역 불평등 문제를 해소하기 위해 만든 무역제재 수단의 하나다. 나라마다 탄소배출 목표 감축량이 다르기 때문에 형평성에 맞도록 수입·수출 제품에 대해 보조금을 주거나 관세를 매기는 방식이다.

예를 들어 탄소배출 규제를 받는 A국 제품은 규제를 받지 않는 B국의 동일한 제품보다 가격 경쟁력이 약화될 수밖에 없다. 탄소배출 감축을 위해 제품 생산과정에서 추가적인 비용이 투입되기 때문이다. 따라서 A국이 B국 제품을 수입할 때는 별도의 관세나 벌금을 부과해 가격 차이를 보전, 자국 제품을 불공정한 경쟁에서 보호해야 한다는 논리다.

이 같은 움직임에 대해 개발도상국은 우회적인 보호주의 정책이라고 강력 반발하고 있다. 또 완전한 자유무역을 추구하는 도하라운드 정신과도 부합하지 않는다는 비판이 만만치 않다. 이런 비판을 의식, 유럽연합(EU)은 지난 2008년 유럽연합 기업들이 요청한 탄소 국경조정세 적용을 한 차례 승인하지 않기도 했다.

그러나 여전히 일부 EU 국가를 중심으로 국경조정세 도입을 추진해야 한다는 목소리가 강하게 나오고 있다. 가뜩이나 높은 유로화 가치 때문에 유럽산 제품 수출가격경쟁력이 위축된 상황에서 유럽국가들만 탄소배출량 감축의무라는 또 다른 족쇄에 묶여 불공정한 경쟁을 하고 있다고 생각하고 있기 때문이다.

코펜하겐과
도하개발아젠다

　　　　자유로운 국제무역이 전 세계의 부를 증
가시키는 데 큰 역할을 했음을 부인하는 사람은 많지 않다. 자유무
역이 활성화되려면 '공정한 경쟁의 장(level playing field)'이 꼭 필요
하다. 공정한 경쟁의 장이라는 대목에서 기후변화협약과 전 세계
자유무역의 틀을 만들어가는 도하개발아젠다 간 이해관계 상충이
발견된다.

2010년 현재 기후변화협약에 따른 탄소배출 감축의무가 각국에
차별적으로 적용되고 있기 때문이다. 이 경우 기업들도 차별적인
영향을 받을 수밖에 없다. 어떤 기업이든 기후변화협약이 모든 기
업들에게 똑같이 적용되지 않고 자신들에게만 적용되는 현상을 달
갑게 여기지 않을 것이다. 그래서 기후변화협약의 적용을 받는 유
럽 등 선진국들이 탄소배출량에 따라 관세를 매기는 탄소세 부과
등 환경무역장벽을 세울 것이라는 불안감이 커지고 있다. 기후변
화협약이 자유무역체제의 근간을 흔드는 장애물이 될 수도 있다는
얘기다.

실제로 다보스 포럼에 참석한 라시드 모하메드 라시드 이집트
통상산업부 장관은 "탄소세가 보호무역 방패로 쓰이게 될 것"이라
며 경계심을 나타냈다.

운송수단이 배출하는 온실가스에 대한 규제도 무역문제와 직접
적으로 연관된다. 도리스 로이타르트 스위스연방 대통령은 "탄소
감축을 위해 제품에 대한 관세만 이야기할 게 아니라 무역의 근간

을 이루는 운송 수단 문제도 따져 봐야 한다"고 지적했다. 실제로 탄소배출의 70~75%가 지상 교통수단에서 발생하고 있다. 자동차 등 운송수단에 대한 환경 규제가 앞으로 더욱 강화될 것으로 보인다.

또 친환경제품에 대한 재정의가 필요하다는 지적도 나왔다. 전 세계적으로 통용되는 친환경제품과 친환경기술은 무엇인지 그 정의가 아직 모호하기 때문이다. 로이타르트 스위스연방 대통령은 "친환경제품에 대한 명확한 정의가 내려져야 환경친화적이지 못한 제품에 대해 관세를 매기는 국경조정조치가 실시될 수 있을 것"으로 진단했다.

한편 파스칼 라미 세계무역기구(WTO) 사무총장은 기후변화협약에서 다자간 동의 과정이 반드시 선행돼야 한다는 의견에 반기를 들어 관심을 끌었다. 다자간 동의가 선행되지 않더라도 탄소 감축이 충분히 이뤄질 수 있다는 것이 그의 주장이다. 라미 사무총장은 1987년 *몬트리올의정서를 예로 들었다. 오존층 파괴 물질인 프레온 가스 규제를 위해 모였던 이 모임에서 규제 방향성은 나왔지만 다자간 합의가 완벽했던 것은 아니었다. 그럼에도 프레온 가스를 줄이는 데 큰 성과를 거뒀다는 것이다.

라미 사무총장은 완벽한 틀을 갖춘 뒤 탄소 감축과 탄소세 부과에 나서기보다 몬트리올의정서처럼 먼저 시작한 뒤 시행착오를 거쳐 가면서 완성하는 것이 더 효과적일 수 있다고 충고했다.

사실 개도국들이 탄소배출량 감축의무를 쉽사리 받아들이지 못하는 데는 이유가 있다. 선진국들의 경우 이미 상당부분 저탄소기술을 개발해놨기 때문에 탄소배출량 감축의무를 져도 큰 문제가 없다. 그러나 개도국들의 경우 이 같은 녹색기술을 갖고 있지 못하기 때문에 탄소배출량 절감을 위해 상당한 비용을 쏟아부어야 하는 부담을 안고 있다.

그러므로 개도국들이 탄소배출량 감축에 적극 참여하도록 하려면 선진국들이 탄소 절감 기술을 개발도상국에 무상 이전하는 방안을 적극적으로 검토해야 한다. 그러나 선진국들이 천문학적인 돈을 투자해 어렵게 개발한 탄소 절감 기술을 인도주의적 차원에서 헐값에 개발도상국에 제공하기는 말처럼 쉽지 않을 것이라고 다보스 포럼 참석자들은 진단했다.

몬트리올의정서(Montreal protocol)

지구 오존층 고갈을 막기 위해 CFCs(프레온 가스), 할론 등 오존층 파괴물질 사용을 규제한 국제환경협약이다. 1974년 미국 과학자들이 에어컨 냉매로 쓰이는 CFCs 사용 규제에 관한 논의를 시작한 이후 10년간 환경전문가와 정부 간 회의를 거친 뒤 1985년 3월 '오존층 보호에 관한 비엔나협약'이 도출됐다. 이후 1987년 9월 몬트리올의정서가 정식 채택돼 1989년 1월부터 발효됐다. 한국은 1992년 5월 몬트리올의정서 가입국이 됐고 이후 CFCs 사용을 금지했다.

저탄소 경제 패러다임 시프트

4

전 세계 모든 국가들이 그린산업을 육성하고 있다. 한국도 예외가 아니다. 이명박정부는 녹색산업을 신성장동력으로 삼아 적극적인 투자를 하고 있다. 경기회복을 앞당기는 성장엔진 중 하나가 그린산업이 될 것이라는 진단이다.

아짐 프렘지 위프로 회장은 "저탄소 경제(low carbon economy)로 가는 과정에서 정부는 잡다하게 여러 가지를 지원하기보다는 집중적으로 지원할 분야를 정하는 것이 좋다"며 "태양광, 혹은 풍력 등 집중할 분야를 선택해야 한다"고 조언한다.

지속 가능한 재생에너지(상품) 자유무역지대[SEFTAs, sustainable energy (and product) free trade areas] 구축은 저탄소 경제로의 이행을 앞당길 하나의 아이디어다. SEFTA 내에서 저탄소기술·상품들은 저관세로 유통된다. 이 같은 인센티브 제공은 저탄소기술·상품시장을 창출해 저탄소 경제로의 패러다임 시프트를 가속시킬 수 있다.

물론 저탄소 경제로 이행하는 일이 말처럼 쉬운 것은 아니다. 저탄소 경제로 이행하려면 중국, 인도, 브라질 등 개발도상국들이 발전 속도를 늦춰야 하기 때문이다. 그러나 여전히 희망을 얘기하는 사람들이 많다.

2010년 다보스 포럼에서도 저탄소 경제 시대에 각광받을 수 있는 비즈니스 모델에 대한 다양한 논의가 이뤄졌다. 물론 2030년까지 기후변화에 대처하고 저탄소 경제로 이행하는 데 매년 최대 5,000억 달러가량이 필요하다는 대목에 다다르면 자연스럽게 떠오르는 의문이 있다. '저탄소 경제로 가는 데 필요한 돈은 어떻게 마련할 것인가' 하는 것이다.

스트로스칸 IMF 총재는 "코펜하겐 기후변화총회 이슈는 탄소배출 감축은 물론 저탄소 경제로 가는 데 필요한 자금 조달(financing)에 대한 것이었다"며 "개도국들의 경우 기후변화문제에 적응하고 온실가스를 줄이는 데 필요한 자금력이 부족하다는 게 문제"라고 지적, 자금조달문제가 해결돼야 저탄소 경제로의 이행도 가능하다는 점을 강조했다.

그린펀드 조성과 관련, 선진국들이 우선 1,000억 달러 규모의 지원기금을 조성하겠다고 천명했다. 하지만 이 역시 어떤 방식으로 실행될지는 아직 불투명한 상황이다.

제임스 카메론 영국 클라이밋체인지캐피탈 부회장은 "재원을 마련하겠다고 나선 자체는 큰 성과지만 금액은 절대적으로 필요한 수준에 턱없이 모자란다"고 지적했다. 카메론 부회장은 "1,000억 달러는 공공 자본과 민간 자본을 합친 것"이라며 "그러나 어떻게 조성할지는 여전히 분명치 않다"고 지적했다.

아마존펀드
벤치마크하자

저탄소 경제로 이행하는 과정에서 결국 필요한 자금은 민간에서 나와야 한다는 주장이 제기됐다. 케네스 허쉬 미국 NGP에너지캐피탈매니지먼트 최고경영자(CEO)는 "주로 민간 자본에서 재원을 충당하는 방법 외에는 대안이 없다"며 "만약 각국 정부가 예산으로 에너지 보조에 나서면 모두가 파산하게 될 것"이라고 단언했다.

허쉬 CEO는 "자본을 제공하는 민간 기업들에게 별도의 인센티브를 제공할 필요는 없다"며 "결국 경제성이 있으면 자연스럽게 자본이 유입될 것"이라고 말했다. 민간자금이 유입될지 여부는 각종 에너지저감기술이 경제성 있는 수준으로 올라설 수 있을지에 달렸다는 시각이다.

사이몬 자덱 스위스 맹어소시에이츠 대표는 재원 마련은 의지문제라고 지적하며 "매년 전 세계적으로 애완동물 사료에만 400억 달러가 쓰이는 마당에 기후변화를 막기 위해 쓰이는 1,000억 달러가 많다는 주장은 어불성설"이라고 지적했다.

지원펀드 조성 역시 '아마존펀드' 사례를 참고하면 큰 이슈가 되지 않는다는 주장이다. 브라질정부가 아마존 지역 삼림 복구를 위해 국제적으로 조성 중인 아마존펀드의 경우 공적 자금이나 민간 자본이 뒤섞여 있는 상태로 기금 마련이 순조로운 편이다. 아마존은 지구 전체 산소공급량의 20%를 담당하는 지구의 허파다.

아마존펀드는 2021년까지 210억 달러 기금 조성을 목표로 하고 있다. 여기엔 수많은 민간 단체나 기업뿐 아니라 노르웨이정부가 자발적으로 2015년까지 7년간에 걸쳐 10억 달러 이상을 기부할 예정이다. 독일정부도 기부를 약속했고 일본, 스위스, 미국 등 다른 선진국들도 기부를 검토하고 있다. 아마존펀드의 교훈처럼 누군가 먼저 행동을 시작하는 것이 중요하다는 지적은 귀담아들을 만하다.

저탄소 경제 비즈니스 1
: 이동거리를 줄여라

매년 10억 명의 사람들과 100억 톤의 화물이 세계를 '여행'한다. 그리고 사람들은 하루 평균 80분을 이동하는 데 사용한다. 저탄소 비즈니스 기회도 바로 '교통'분야에서 출발할 수 있다. 지난 20년간 항공 신기술이 계속 등장했지만 항공기 배기가스 배출은 매년 1.5%가량 줄어드는 데 그쳤다. 반면 항공 교통량은 매년 4.5%씩 증가했다. 앞으로 혁신적인 신기술이 개발돼 운송수단의 배출가스를 획기적으로 줄이겠지만 당장은 이동거리를 줄이는 것이 바로 저탄소 경제로 가는 첩경이다.

이처럼 출장 등 이동거리를 줄여 탄소배출을 줄인다는 아이디어에서 출발한 저탄소 비즈니스가 바로 '텔레프레즌스(tele-presence)'라는 화상회의 시스템이다. 이미 3차원 입체영상을 제공하는 수준까지 화상회의 기술이 발달했다. 화상회의가 대세가 되면 비즈니스 목적 여행을 크게 줄일 수 있다. e-북의 등장은 인쇄 화물의 운송량을 줄이고 있다. 또한 이산화탄소 절감차원의 온라인 쇼핑이 확산되면서 대형 쇼핑몰 같은, 이른바 '빅 박스(big box)'가 줄어드는 추세가 강화될 수도 있다.

예를 들어 오렌지 농장의 경우 화학비료를 많이 써야 하는 지역에서 친환경 농업이 가능한 지역으로 이전할 수도 있다. 이 경우 화학비료 운송을 위한 교통량이 줄어 이산화탄소배출을 줄일 수 있다.

저탄소 경제 비즈니스 2
: 원자력 발전

원자력 발전도 저탄소 경제로 이행하는 과정에서 커다란 주목을 받는 산업분야다. 원자력 발전은 OECD 국가 전력량의 21%를 제공한다. 2050년에는 원자력 발전소가 1,800개로 늘어나고 생산량은 1,250기가와트(GW)에 이를 전망이다.

영국은 원자력 발전소 건설을 용이하게 만들기 위한 새로운 제도까지 도입했다. 한국·중국·인도에도 새로운 원자력 발전소가 들어서고 있다. 원유와 천연가스 부존국인 아부다비도 아랍권 최초로 원자력 발전소 건설을 결정했다.

저탄소 경제 비즈니스 3
: 스마트 그리드

*스마트 그리드(smart grid) 역시 *블루 오션 중 하나다. 전문가들은 스마트한 전력 관리를 통해 향후 40년간 2,270억 달러에 달하는 비용을 절감할 수 있다고 분석한다. 스마트 그리드는 우리가 에너지를 생산하고 송전하고 소비하는 방식을 어떻게 바꿀 수 있을까? 이미 스마트 그리드 상용화에 필요한 기본적 기술은 대부분 확보됐다는 게 전문가들의 분석이다. 다만 어떻게 스마트 그리드를 실제 전력 시스템에 적용할지가 과제다.

스마트 그리드는 차세대 전력망 시스템으로 전력 생산·운반·소비 과정에 정보통신(IT) 기술을 접목, 전력 사용의 효율성을 극대화하는 기술이다.

지금 우리가 사용하는 전기는 실제 사용량보다 10% 정도 많이 생산하도록 설계돼 있다. 실제 사용량 대비 전력을 추가 생산하는 것은 전력을 평상시보다 더 많이 사용하는 비상상황이 발생할 경우에 대비하기 위해서다. 그러나 이 과정에서 에너지 효율성은 떨어질 수밖에 없고 불필요한 이산화탄소가 추가적으로 배출된다. 스마트 그리드를 이용해 꼭 필요한 만큼 전기를 생산하거나 생산량에 맞춰 전기를 사용하는 등 전기를 더 효율적으로 이용하면 지구온난화 현상을 완화시킬 수 있다.

스마트 그리드를 활용하면 실시간으로 전력 필요량과 소비량을 모니터할 수 있게 된다. 이를 통해 가장 싼 비용으로 전기 자동차를 충전하고 가전제품을 사용할 수 있다.

아마존펀드

브라질정부는 2008년 아마존 삼림파괴를 막는 한편 복구 활동을 지원하기 위한 목표를 가지고 '아마존펀드'를 창설했다. 아마존펀드는 국제사회의 자발적인 기부를 전제로 2017년까지 170억 달러, 2021년까지 210억 달러의 기금을 모집할 계획을 세워 놓고 있다. 아마존 삼림자원 보호가 전 세계적인 관심을 끌면서 노르웨이정부가 1억 1,000만 달러를 기부했고 2015년까지 7년간에 걸쳐 10억 달러를 추가로 기부할 방침이다. 노르웨이정부 외에 전 세계 국가들의 참여가 이어지고 있다.

스마트 그리드(smart grid)

지능형 전력망을 의미한다. 기존 전력망에 정보기술(IT)을 접목, 스마트한 전력 공급을 지향한다. 전력공급자와 소비자가 양방향으로 전력수요에 대한 실시간 정보를 교환, 에너지 효율을 최적화하는 차세대 전력망이다. 스마트 그리드는 소비자 입장에서 최적의 요금 시간대를 찾아 에너지를 사용, 에너지 비용을 줄이는 것을 목표로 한다. 스마트 그리드를 활용하면 세탁기를 돌리는 것이나 전기자동차를 충전하는 것이나 전력수요가 필요할 경우, 전력비용이 가장 저렴한 시간대에 맞춰 전력을 활용할 수 있다. 전력 공급자 입장에서도 필요한 전력 수요에 맞춰 전력을 공급할 경우 생산성의 효율을 기할 수 있다. 이전에는 혹시 있을지 모르는 비상상황에 대비, 평상시 전력 공급량의 10%에 달하는 추가 전력을 공급하는 등 굳이 필요하지 않은 전력 생산을 위해 과도한 비용을 낭비했다.

블루오션(blue ocean)

블루오션(푸른 바다)은 싸우지 않고 이길 수 있는, 그래서 경쟁이 없는 무경쟁시장을 말한다. 블루오션을 창출하려면 경쟁자들이 없는 새로운 틈새시장을 찾아내거나 경쟁자들이 가지고 있지 않은 제품·서비스·마케팅기법을 활용, 경쟁기업과 뚜렷한 차별화를 이뤄내야 한다. 유럽최고 경영대학원 인시아드의 김위찬 교수와 르네 모보르뉴 교수가 지난 1990년대 중반 내놓은 기업 경영전략이다. 블루오션과 반대되는 개념으로 똑같은 제품과 서비스를 가지고 경쟁하는 레드오션(red ocean, 붉은 바다)이 있다.

5

글로벌 에너지 전망

2008~2009년 경기침체에도 불구하고 다보스 포럼에 참가한 석유메이저들의 글로벌 에너지 전망은 전혀 바뀌지 않았다. 에너지 수요가 앞으로 20년간 40%가량 늘어날 것이라는 것이다. *신재생에너지 개발 노력, 그리고 선진국의 이산화탄소배출 규제에도 불구하고 브릭스(BRICs)를 중심으로 석유 수요가 지속적으로 증가할 수밖에 없기 때문이다. 2030년이면 전체 원유 소비의 3분의 2를 비OECD 국가가 차지할 것이란 분석도 나왔다.

2010년 1배럴당 70~80달러 선 유지

"국제유가는 상당기간 70~80달러 선에

다니엘 예르긴 IHS CERA 회장

서 안정적으로 유지될 것이다."

다보스 포럼에 참석한 세계적인 에너지 전문가 다니엘 예르긴 IHS CERA 회장은 "2010년 석유가격이 글로벌 경기회복 형태에 따라 좌우될 것"이라면서도 "엄청난 변수가 발생하지 않는 한 2010년 한 해 동안 1배럴당 석유가격이 70~80달러 수준에서 안정적으로 움직일 것"으로 내다봤다.

일함 알리예프 아제르바이잔 대통령도 "2010년 현재 유가 수준인 70~80달러는 소비자 입장에서 받아들일 만한 가격이고 생산자 입장에서도 이윤을 남겨 재투자를 할 만한 가격대"라며 "2010년 유가가 현 수준에서 안정적인 모습을 보일 것"으로 전망, 예르긴 박사와 엇비슷한 진단을 내놨다.

토니 헤이워드 영국 브리티시페트롤리엄(BP) CEO, 프랑스 토탈

칼리드 알 팔리 아람코 CEO

의 티에리 데스마레스트 회장, 피터 보서 로열더치쉘 CEO 등 석유메이저들도 2010년 원유 가격 변동성이 크지 않을 것으로 진단했다.

헤이워드 BP 최고경영자는 "늘어나는 수요에 맞추려면 세계 석유 생산량을 하루 8,400만 배럴에서 1억 배럴 수준으로 늘려야 한다"며 "이라크가 정치적으로 안정되면 하루 1,000만 배럴까지 추가 생산이 가능할 것"으로 기대했다.

토탈의 데스마레스트 CEO는 "원유 생산량을 지금보다 10% 늘어난 하루 9,500만 배럴 수준까지 늘리는 것은 현실적으로 쉽지 않다"며 "문제는 원유 매장량 부족 때문이 아니라 원유 생산시설 등 인프라 부족 때문"이라고 말했다.

칼리드 알 팔리 아람코 CEO는 "화석연료를 전혀 사용하지 않는 시대가 도래할 것이라는 것은 말장난에 불과하다. 화석연료는 우리가 생각하는 것 이상으로 오랫동안 우리와 함께 할 것"이라며 "잘못된 정보가 기업들로 하여금 화석연료에 대한 투자를 꺼리도록 만들고 있다"고 주장했다. 피터 보서 쉘 CEO는 "수요 증가에 대응해 공급량을 늘리려면 향후 20년 동안 27조 달러의 투자가 필요하다"고 설명했다.

신재생에너지(new renewable energy)
사용량에 한계가 있는 기존 화석연료 대신, 영구적인 에너지 원천인 햇빛, 물, 지열, 생물 유기체가 영구적인 에너지원인 신재생에너지 역할을 할 수 있다. 한국의 경우 8개 재생에너지(태양열, 태양광발전, 바이오매스, 풍력, 수소에너지, 지열, 해양에너지, 폐기물 에너지)와 3개 분야 신에너지(연료전지, 석탄액화가스화, 수소에너지) 등 총11개 분야를 신재생에너지로 지정하고 있다.

ⅠⅠⅠⅠ **카를로스 곤** 르노닛산 회장

카를로스 곤 르노닛산 회장

카리스마 넘치는 구조조정 전도사인 카를로스 곤 르노닛산 회장은 "친환경차가 자동차 산업의 미래를 주도하는 것은 당연한 것"이라고 본다. 곤 회장은 또 "가격대만 획기적으로 낮추면 인도·중국·멕시코·러시아·아프리카시장에서 초저가 자동차시장이 급성장할 가능성이 크다"며 "타타자동차의 초저가차 나노와 엇비슷한 가격대의 초저가차를 내놓을 것"이라고 밝혔다.

타이어 회사 미쉐린에서 잔뼈가 굵은 카를로스 곤 르노닛산 회장은 지난 1999년 닛산 회장에 취임한 뒤 전체 직원의 15%를 해고, 파산 위기에 내몰렸던 닛산을 되살린 주인공이다. 냉정한 구조조정으로 커터(cutter)란 악명도 얻었다. 아침 7시에 출근, 밤 11시에 퇴근하는 일벌레로 '세븐일레븐'으로 불리기도 한다. 강력한 카리스마와 추진력으로 드물게 일본에서 성공을 거둔 외국인 최고경영자(CEO)다. 레바논계 프랑스인으로 브라질 시민권도 갖고 있다.

Q. 글로벌 자동차시장이 재편되고 있다. 최후의 승자는 누가 될 것인가?

A. 카를로스 곤 회장　글로벌 자동차시장 판도가 어떻게 바뀔지 누가 최후의 승자가 될지 당장 예측하기는 힘들다. 몇 년 전부터 시작

된 글로벌 자동차시장 재편작업이 아직도 현재 진행형이기 때문이다. 상당기간 자동차 업체 간 인수합병(M&A), 구조조정(리스트럭처링), 업체 간 합종연횡과 제휴가 계속되면서 자동차 산업 지도가 쉴 없이 바뀔 것이다. 자동차 산업은 끊임없이 변화하는 특징을 가지고 있다. 특정시점에 특정 업체가 승자로 떠오를 수 있지만 패자가 다시 자동차 패권게임에 진입, 승자의 자리를 꿰찰 수 있는 곳이 바로 자동차 산업이다. 특정 시점의 어려움을 극복하지 못하고 파산, 자동차 산업지도에서 사라지는 기업들이 진짜 패자다.

Q. 글로벌 경제 위기로 2009년 세계 자동차 업계는 어려운 한 해를 보였다. 다행스럽게 자동차 판매가 2009년 9월 이후 회복조짐을 보이고 있는데 2010년 세계 자동차시장을 전망한다면?

A. 카를로스 곤 회장　　　글로벌 자동차시장이 2009년에 비해 성장은 하겠지만 성장률 자체는 미미할 것이다. 중국, 브라질, 인도 등 신흥시장과 미시장이 10%가량 성장할 것으로 보고 있다. 반면 유럽시장은 6~7%가량 시장규모가 줄어들 것으로 보인다. 이처럼 일부 시장은 성장하고 다른 시장은 추락, 전체적으로 2~3%가량 미약한 성장세를 보일 것으로 전망하고 있다.

Q. 최근 글로벌 자동차 업계 이슈 중 하나는 초저가차다. 3개월 전 타타그룹 라탄 타타 회장을 뭄바이에서 만났다. 타타 회장이 초저가차 나노에 대해 상당한 기대감을 갖고 있다는 것을 느꼈다. 타타 그룹의 초저가차 나노가 전 세계 자동차시장에 어떤 영향을 미칠 것으로 보는가?

A. 카를로스 곤 회장　　　자금여력이 크지 않은 신흥시장 소비자들은 자동차를 구매할 만한 자금력을 갖고 있지 않다. 때문에 신흥시장에

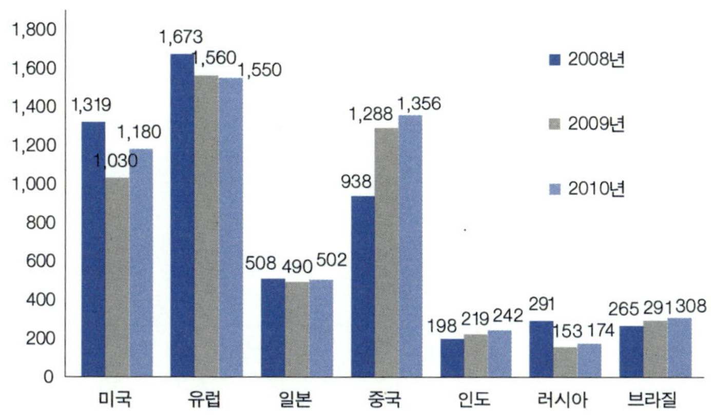

출처: 한국자동차산업연구소

서 자동차 수요기반을 확대하려면 자동차 가격을 획기적으로 낮춰
야 한다. 저가차가 바로 해결책이다. 인도는 물론, 중국, 러시아, 멕
시코, 아프리카 등 신흥시장에서 저가차가 새로운 자동차 수요기반
을 창출할 것으로 본다. 초저가차가 잠재력이 큰 새로운 자동차 세
그먼트로 부상할 것이다. 르노닛산도 초저가차 개발 프로젝트를 서
두르고 있다. 인도 자동차 업체 바자지와 함께 초저가차를 개발 중
이다. 가격대는 나노와 비슷한 수준이 될 것이다.

Q. 글로벌 업체들이 앞다퉈 전기차 개발에 나서면서 전체 자동차시장에서 차
지하는 전기차 비중이 예상보다 더 빨리 확대될 것이란 분석이 있다.

A. 카를로스 곤 회장　　　글로벌 자동차 업체들의 친환경차 개발·판
매 현주소를 파악하려면 두 가지 분야를 살펴봐야 한다. 먼저 자동
차 업체가 뛰어난 연비와 유해가스를 배출하지 않는 친환경차를 개

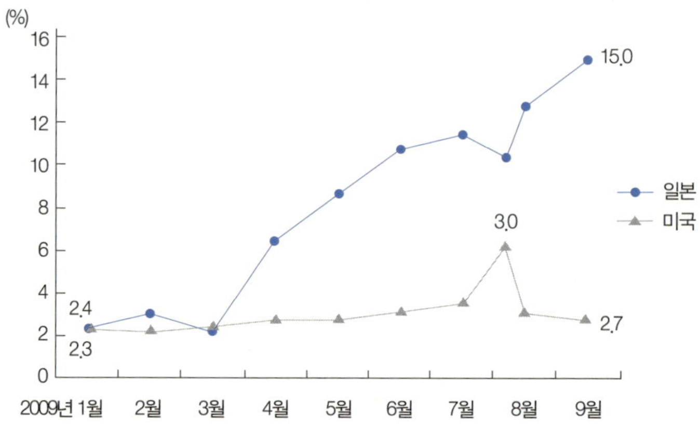

출처: Ward's, 일본자동차공업회

발할 수 있는 기술력을 갖추고 있는지 여부다. 둘째, *하이브리드, 전기차, *연료전지차 등 어떤 차종을 일반대중에게 판매(매스마켓)할 예정인지다. 일단 전기차나 연료전지차 제조기술이 없는 자동차 업체들도 있다. 어떤 업체는 친환경차를 생산할 수 있는 기술력은 있지만 실제 판매에 나서지 않고 있다. 가격문제 등 제약조건이 많기 때문이다. 르노닛산의 경우 하이브리드, 전기차, 연료전지차 등 모든 친환경차 개발 기술을 가지고 있고 시장에서 판매도 하고 있다. 미국시장에서 알티마 하이브리드를 판매하고 있다. 하이브리드차 시장에서 리더십을 쥐려고 하지는 않는다. 이미 하이브리드시장에서 리더십을 확보한 업체(도요타)가 있기 때문이다. 그러나 특정 하이브리드 차종에 관심이 있는 고객들이 있을 것으로 믿고 알티마 하이브리드를 내놨다. 전기차의 경우 르노나 닛산 모두 전기차 양산체제에 들어가 시장에서 확고한 리더십을 확보할 방침이다.

Q. 곤 회장은 경쟁업체 자동차를 자주 운전하는 것으로 알고 있다.

A. 카를로스 곤 회장　　　경쟁업체들이 생산하는 차량을 분석하려면 직접 차를 운전해봐야 한다. 르노닛산의 엔지니어가 제출하는 보고서만으로는 안 된다. 때문에 가능한 한 많은 경쟁사 차량을 직접 몰아본다.

Q. 곤 회장은 1990년대 말 어려움에 빠진 닛산을 회생시켰다. 때문에 일본에서 가장 성공한 외국인 경영자로 아직까지 회자되고 있다. 자동차 산업에 관심이 있는 아시아 젊은이들에게 조언을 한다면?

A. 카를로스 곤 회장　　　자동차 산업은 끊임없이 변화하는 도전적인 산업이다. 변화와 이노베이션을 좋아하는 사람들이 참여할 만한 산업이라고 본다. 차는 매우 매력적인 제품이고 자동차 사업도 매력적인 산업이다. 자동차는 일반적인 상품(commodity)이 아니라 차별화가 분명한 상품이다. 디자인과 기술적 진보로 차는 끊임없이 변화한다.

용어 설명

하이브리드차(hybrid car)

기존 자동차 내연기관(엔진)과 전기모터(배터리)를 함께 사용하는 차세대 차량을 의미한다. 시동을 걸거나 가속할 때는 전기 모터를 사용하고 시속 60~80km로 시내주행을 할 때는 전기배터리를 활용하는 차량이다. 하이브리드차는 이처럼 전기모터를 함께 사용하기 때문에 가솔린차에 비해 연비가 높고 배출가스가 적어 친환경차로 불린다.

연료전지자동차(fuel cell car)

수소와 산소가 화학 반응을 일으키면 에너지가 발생한다. 이처럼 수소와 산소의 화학 반응을 이용한 것이 바로 연료전지다. 연료전지를 활용해 전기모터를 구동시키는 미래형 자동차가 연료전지자동차다. 연료전지차는 전기차와 마찬가지로 유해 가스를 전혀 배출하지 않는 친환경차다.

new normal

스마트 IT와 인구폭탄 7

1
커지는 **소셜네트워크 파워**

2010년 40회를 맞은 다보스 포럼이 세계와 소통하는 방식에서 예년과 달라진 대목이 있다면 *소셜네트워크서비스(SNS, 온라인 인맥구축서비스) 활용도가 크게 늘었다는 점을 꼽을 수 있다.

다보스 포럼 사무국은 글로벌 SNS *트위터, 페이스북, 마이스페이스 등을 통해 다보스 포럼 일부 세션을 실시간으로 중계했다. 마이스페이스는 아예 기존 언론처럼 리포터를 현장에 파견, 다보스 포럼 소식을 전하기도 했다. 다보스 포럼 내용을 짧은 단문으로 중계하는 트위터 공식 사이트에 3만 명이 '폴로잉(following)'했고, 페이스북을 통해 진행한 전자투표에 전 세계 20여 만 명이 참여하기도 했다.

소셜네트워크서비스(SNS)란 인터넷상에서 네티즌들의 인맥을 연결하는 식으로 회원을 확보한 뒤 광고를 붙여 수익을 내는 인터넷 비즈니스 모델이다. 한국의 경우 싸이월드가 대표적인 예다.

소셜네트워크의
위력

　　　　　　　　다보스 포럼 현장에서 에반 윌리엄스 트위터 최고경영자(CEO)는 트위터를 부분적으로 차단하고 있는 국가에 진출할 수 있는 새로운 기술을 모색하고 있다고 밝혀 눈길을 끌었다. 윌리엄스 CEO는 "중국과 이란 등에서 트위터를 부분적으로 차단하고 있다"며 "여기에 맞서는 가장 생산적인 방법은 중국과 싸우는 것이 아니라 장벽을 뚫을 수 있는 기술적 방법을 찾는 것"이라고 말했다.

트위터가 기술 개발을 통해 일부 국가의 검열 정책에 도전한다는 얘기로 정치적으로 민감한 사안이다. 트위터는 2009년 이란 대선 후 발생한 부정선거 규탄 시위 소식을 실시간으로 중계, 전 세계적으로 정치적 영향력을 행사한 바 있다.

윌리엄스 CEO는 자신의 발언에 대한 정치적 논란이 확대 재생산될 조짐이 감지되자 다음날 자신의 발언 내용을 부인하기도 했다. 윌리엄스 CEO의 검열 장벽 무용지물화 논란은 해프닝으로 마무리됐지만 그만큼 소셜네트워크가 커다란 힘을 발휘할 수 있음을 보여준 사례로 받아들여졌다. 일개 인터넷 사이트가 거대 국가권력에 도전할 만큼 성장한 신 시대가 도래한 셈이다. 실제로 2억 명의 회원을 가진 페이스북을 국가로 본다면 인도네시아에 이어 세계

5위 인구대국으로 볼 수도 있다.

SNS 파괴력이 확산될 수 있는 배경은 바로 SNS의 파급속도에서 찾을 수 있다. 소셜네트워크서비스는 전 세계적으로 폭발적 성장세를 구가하고 있다. 소셜미디어가 얼마나 강력한 힘을 발휘하는지는 수치를 보면 금방 알 수 있다. 오디언스 500만 명을 확보하는 데 라디오는 38년, TV는 13년, 인터넷은 4년이 걸렸지만 소셜네트워크서비스인 페이스북은 2년밖에 안 걸렸다.

인터넷 조사기관인 컴스코어(comScore)에 따르면 전 세계에서 가장 접속자가 많은 15개 웹사이트 중 7곳도 소셜사이트다. 유튜브(YouTube) 같은 비디오 공유 사이트, 마이스페이스(Myspace)나 페이스북(Facebook)과 같은 소셜네트워킹사이트, 트위터(Twitter)로 대표되는 마이크로*블로그가 최고의 주가를 올리고 있다.

이제 네티즌들은 온라인상에서 이메일을 보내는 것보다 소셜네트워크와 블로그에서 보내는 시간이 더 많다. 호주의 경우 300만 명이 매일 평균 22분씩 페이스북에 접속한다. 호주 디킨대 스테펜 퀸 교수는 "SNS 활용시간이 단순 인터넷 접속시간보다 3배 이상 빠르게 늘어나고 있다"며 "SNS가 독자와 소통할 수 있는 강력한 채널이 될 것이다. 기업들이 소셜미디어에 관심을 더 많이 갖는 이유"라고 설명했다.

한편 최근 연구에 따르면 소셜네트워크를 이용하는 미국인들은 소셜네트워크를 이용하지 않는 사람들에 비해 주변 이웃과 친교를 나눌 확률이 30% 정도 떨어지지만 절친한 친구 그룹은 12%가량 더 넓은 것으로 나타났다.

소셜미디어
소통 방식을 바꾸다

소셜미디어는 세계를 어떻게 변화시키고 있을까? 이미 소셜미디어는 단순한 인터넷 공간을 넘어, 사람들이 서로 교류하는 근본적 방식을 바꾸고 있다. 미국 소셜네트워크 기업 닝(Ning)의 지나 비안키니 CEO는 "소셜미디어는 국경을 넘나드는 최적의 수단"이라고 분석했다.

다보스 포럼 참석자들은 소셜네트워크 영향력이 상품 구매는 물론 미디어 산업에도 강력한 영향을 미치고 있다고 지적했다. 소셜네트워크 이용자들은 상품은 물론 미디어도 자기들끼리 정보교환을 통해 '선택 구매'하는 한편 직접 뉴스를 확대 재생산한다. 심지어 "콘텐츠가 전통 뉴스 소스가 아닌 소셜미디어를 통해 분배되고 있다"는 말까지 등장했다.

기업 문화도 바꾸고 있다. 소셜네트워크는 새로운 협력 플랫폼을 기업에 제공한다. 과거 상명하달식 구조는 소셜네트워크가 기업에 도입되는 순간 깨질 수밖에 없다. 부조리한 의사결정은 순식간에 비판의 도마에 오른다.

또 다보스 참석자들은 소셜미디어가 '양날의 칼'이라는 데 공감했다. 2010년 1월 12일 아이티에서 대지진이 발생했을 때 그 비극을 전 세계에 전하고 수백만 달러의 구호 기금을 조성하는 데 소셜미디어는 분명 긍정적인 역할을 했다. 2009년 이란 선거 과정에서 유튜브나 트위터가 수행한 역할은 소셜미디어가 민주주의를 고양하는 행동가나 조직들을 도울 수 있다는 점을 확인시켜줬다. 그러

나 이 같은 SNS 소통 기술은 이란 정부가 친정부 세력을 규합하는
데도 동일하게 활용할 수 있다는 의미로 해석될 수 있다.

소셜네트워크서비스의 급성장과 함께 사생활 보호 문제도 걱정
거리다. 개인·기업·정부가 회원들의 사생활 정보를 남용할 가능
성이 있기 때문이다. 반면 사생활 보호법이나 제도는 기술 발전 속
도를 따라가지 못하고 있는 상황이다.

소셜네트워크서비스(SNS, social network service)

온라인상에서 불특정 다수와 관계를 맺어 인맥을 넓힐 수 있는 서비스다. 인터넷 인맥
구축서비스로 불리기도 한다. 이용자들은 SNS를 통해 인맥을 새롭게 쌓거나, 기존 인
맥과의 관계를 강화시킨다. 국내의 대표적인 SNS로는 싸이월드가 있다. 전 세계적으
로 SNS의 인기가 높아지면서 SNS 대표주자인 페이스북의 2007년 방문자 숫자가
4,721만 명에 달했다. SNS를 활용한 사업기회가 확대되면서 미국 언론재벌 루퍼트 머
독은 5억 8,000만 달러의 천문학적인 자금을 투자, SNS 사이트인 마이스페이스를
인수했다.

트위터(Twitter)

트위터는 휴대폰과 인터넷을 통해 140자 이내의 짧은 메시지를 전달하는 무료 소셜네
트워크서비스(SNS) 겸 마이크로블로그서비스다. 휴대폰 문자메시지와 페이스북과 같은
소셜네트워크서비스, 그리고 MSN과 같은 실시간 메신저를 결합한 것으로 보면 된다.
2006년 초 처음 모습을 드러낸 트위터는 나오자마자 실리콘밸리 IT기업가들 사이에서
선풍적인 인기를 끌었다. 이후 버락 오바마 미국 대통령, 방송인 오프라 윈프리 등 유
명인들이 하나둘씩 트위터를 활용하면서 전 세계적인 인기를 끌기 시작했다.

블로그(blog)

인터넷 게시판 형식을 띠는 개인 미디어로 외형은 인터넷 게시판이나 방명록과 비슷하
지만 사용과 관리가 훨씬 편하다는 장점이 있다. 블로그는 블로그 간 링크 기능이 있어
블로그 사용자끼리 거대한 온라인 커뮤니티를 구축할 수 있다. 또 1인 미디어로 독특한
콘텐츠를 지속적으로 업데이트, 수준 높은 여론 형성의 장을 만들고 있다. 블로그는 게
릴라 언론매체로 불리기도 한다.

2

디지털 네이티브 세대

지금 청소년기에 접어드는 신세대는 인류 역사상 처음으로 디지털 시대에 태어난 세대다. 이른바 '*밀레니얼(millennial)' 세대로 불리는 디지털 세대는 TV을 보면서 음악을 듣고, 숙제를 하면서 온라인 채팅을 할 수 있다. 아주 효과적으로 여러 가지 일을 병행한다. 그들의 부모는 기껏해야 다섯 가지 정도의 디지털 기기를 다룰 수 있다. 하지만 디지털 세대는 7~9개의 디지털 기기를 동시에 사용할 수 있다. 우리 사회에 거대하고 예측하기 힘든 결과를 초래할 커다란 변화가 진행되고 있는 셈이다.

인간의 행동을 이해하는 것은 기업 전략이나 정치적 지배체제 구축에 매우 중요한 영감을 제공한다. 끊임없이 연결돼 있고 멀티태스킹을 수행하는 디지털 세대가 주도하는 미래 사회가 지금보다 더 나은 미래를 가져다줄지 아니면 그 반대일지 확신하긴 어렵지만 분명 지금과는 완전히 다른 미래를 가져다 줄 것이다.

디지털 세대가 여는
신 세계

　　　　　기성 세대는 기술 측면에서 젊은 세대가 리드하는 것에 익숙해지고 있다. 새로운 기술은 전자책·트위터를 통한 캠페인 등 지식과 창의성을 이용하는 새로운 문화를 창조하고 있다. X세대 이후 등장한 밀레니얼(Millenials) 세대는 스마트폰, 소셜네트워킹, SMS 메시징 등을 일상생활의 일부로 흡수했다. 휴대폰으로 TV를 보고, 지하철 요금을 내고, 심지어 음료수값까지 휴대폰으로 지불한다. 일본에서는 휴대폰으로 소설을 쓰는 것이 유행처럼 확산되고 있다. 몇몇 베스트셀러 서적도 이 같은 방법으로 탄생했다.

　이러한 것들은 5년 전만 해도 찾아볼 수 없던 행동 패턴이다. 기성 세대는 이 같은 행동이 지식을 약화시킬 것을 염려한다. 그러나 기술은 지식·지성·창조성의 개념까지 바꿨다. 정보는 지성을 쌓기 위한 기초가 아니라 원할 때 언제든 접근할 수 있는 데이터 개념으로 변했다. 또 디지털기술은 젊은 기업가들에게 상호 소통할 기회도 제공한다. 이미 전 세계에 걸쳐 수천만 명의 JA(junior achievement, 청소년들에게 자유시장경제와 기업가정신을 가르치는 국제 비영리단체) 수료생들이 있다. 이들은 트위터나 휴대폰으로 언제든 서로 소통하며 가치를 공유하고 비즈니스 기회를 모색한다.

인터넷 세상을 계승할 신 기술은 '인류를 위한 신경 시스템(a nervous system for humanity)'으로 명명된다. 언제 어디서든 인터넷에 연결할 수 있는 모바일기술과 유저 위치까지 파악하는 위성항법장치(GPS)기술이 조합된 형태로 마치 거대한 신경망과 같은 모습이라고 보면 된다.

이 같은 신경시스템을 활용하면 과거에는 10년에 한 번 정도밖에 못하던 인구조사 대신 매 20분마다 사람들이 무엇을 하며 어떻게 여가를 즐기는지 쉽게 파악할 수 있게 된다.

휴대폰도 인간 행동 분석을 위한 데이터 취합 도구가 될 수 있다. 예를 들어 블루투스 센서는 다른 기기들이 어디에 있는지 추적해 사용자의 이동성을 계량하는 측정기기 역할을 한다. 이미 이 같은 기술들을 활용해 사람들에게 가장 빠른 길을 알려주거나 교통량이 몰리는 지역은 피하도록 하는 서비스를 제공하게 됐다.

모바일이
세상을 바꾼다

휴대폰의 혁명적 진화는 개발도상국들이 대규모 유선통신 인프라를 구축해야 할 필요성을 반감시키고 있다. 10년 내에 휴대폰 배터리기술이 혁신적으로 진화할 경우 디지털정보 격차를 의미하는 *디지털 디바이드(digital divide)가 급격히 줄어들 것이란 전망이다. 또 휴대폰으로 모든 사람들이 연결되면 수많은 모바일 애플리케이션을 모두가 활용할 수 있게 된다. 그야 말로 모바일 혁명이 눈앞에서 벌어지고 있는 셈이다.

전통적인 교육방식도 모바일기술에 의해 변화하고 있다. 유럽에 만 4,000여 개에 달하는 대학이 있다. 모바일기술로 물리적 거리 가 단축되면 그만큼 교육의 혜택을 받는 사람들의 숫자가 늘어날 수 있다.

의료분야에서도 큰 변화가 예상된다. 멀리 떨어져 있는 의사에 게 모바일기기를 통해 실시간 상담을 하는 '텔레메디슨(tele-medicine)'은 이미 선진국에서 시작돼 아프리카로 전파되고 있다. 또한 *클라우드 컴퓨팅 기능을 잘 활용하면 의료분야에서 엄청난 혁명을 일으킬 수 있다. 방대한 클라우드 컴퓨팅기술을 활용하면 가족 병력과 DNA를 분석해 개인의 미래 건강상태를 예측하는 의 료 서비스 제공도 가능해진다.

농업에도 영향을 미친다. 칠레 농림부는 기상이변 발생 가능성 이 있으면 농민들에게 모바일을 통해 알려준다. 최적의 수확 시기 나 파종 시기도 휴대폰을 통해 제공한다.

정치·경제분야도 마찬가지다. 이미 모바일기기는 민주주의 형 태에 큰 변화를 가져왔다. 과거의 민주주의는 모바일에 기초한 직 접 민주주의 형태로 진화하고 있다.

모바일을 포함한 디지털기술은 문화·예술분야에도 커다란 변 화를 몰고 왔다. 기술 발전으로 예술을 소비하는 수요층 범위가 넓 어졌다. 이에 따라 더 많은 작품을 즐길 수 있게 됐다. 이는 콘텐츠의 질을 더 중요하게 만들었다. 기술은 예술 작품과 소비자 간 거리도 좁혔다. 이런 기술 덕분에 지하철역에도 예술 작품이 등장하고 수천 년간 감춰졌던 작품도 세상에 등장했다.

디지털 시대의
그늘

디지털기술의 빠른 진보는 '그늘'도 함께 만들어내고 있다. 기술지상주의적인 세대에 대한 염려가 적지 않다. 이들 세대가 실생활과 디지털 페르소나(digital persona) 사이의 간극을 잘 메울 수 있을지가 기성 세대의 걱정거리다. 대면 접촉이나 긴 대화를 불편해하는 행동양식이 사회화를 지체시키는 요인이 될 수 있기 때문이다.

또 사이버 보안도 문제다. 지난 2년 새 200만 개가 넘는 바이러스, 웜, 트로이 목마 웜(Trojan) 등 악성 코드가 세상에 나왔다. 개인들뿐 아니라 기업이나 정부도 사이버 공격 대상이 되고 있다.

산업뿐 아니라 군사 스파이도 사이버상에서 활개를 치고 있다. 가장 큰 문제는 누가 사이버 공격 배후에 있고 어디서 공격이 시작됐는지를 파악하기가 쉽지 않다는 점이다. 사이버 범죄는 국경을 초월해 이뤄지기 때문에 추적이 결코 쉽지 않다. 이미 전 세계적으로 최소 10여 개국이 국가정보기관을 이용해 사이버 범죄를 저지르고 있는 것으로 추정된다. 그러나 문제는 어느 정도의 사이버 공격을 전쟁행위로 규정할 것인지가 모호하다는 점이다.

다보스에 모인 정치인과 IT전문가들은 이 대목에서 국제적 협력 필요성을 강조했다. 전 세계 45억 명의 인터넷 사용자들이 준수할 하나의 '프레임 워크'를 만들자는 의견이다.

전통적으로 사이버 안전의 개념은 악성 바이러스를 막기 위해 인터넷 상에 방어적인 성벽과 해자를 만드는 것이다. 그러나 미래에는 모든 사용자들이 인터넷에 접속할 때 반드시 공인인증서를 사용해야 할지도 모른다. 인터넷은 익명성을 허용하는 자유 공간이었지만 안전성을 높이기 위해 치러야 할 대가도 분명 존재한다. 사이버 안전과 인터넷 세상의 미덕이었던 익명성 간 적절한 균형을 찾는 일이 지속적인 도전 과제가 될 전망이다.

데이터 홍수도 문제다. 전 세계적으로 생산되는 데이터 양이 18개월마다 두 배씩 증가한다는 분석이 있다. 2012년이면 전체 데이터 양이 인류 역사 상 쓰인 모든 책의 5,000만 배에 달할 것으로 전망된다. 20곳의 가정이 생산하는 데이터 양이 1995년 당시 한 해 동안 인터넷에서 만들어낸 모든 데이터와 맞먹을 것이라는 분석도 있다. 앞으로 8년 뒤 데이터 양은 지금보다 5,600%나 증가한다고 한다.

엄청난 속도로 증가하는 데이터에 비해 보안 방식은 한참이나 뒤떨어져 있다. 기업이나 개인에게 사생활과 데이터 보안은 큰 문제다. 금융기관과 인터넷 기업들은 고객정보 보호를 위해 긴장을 늦출 수 없는 반면 매출 증대를 위해선 고객 정보를 계속 확대하고 이용해야 한다.

데이터 보안에 대한 막연한 믿음은 금물이다. 개인 정보가 올라와 있는 구글을 믿지 못하면서 자신의 PC는 바이러스에 무방비로 방치하는 경우가 빈번하다. 스스로 개인정보를 적절히 관리하려는 인식 변화가 필요하다는 얘기다.

이와 관련해 이른바 *'선한 해커(white-hat hacker)'를 잘 활용해야 한다는 주장도 흥미롭다. 해커들의 영역은 이미 PC 세계를 넘어섰다. 이들은 원격 자동차 키를 조작하거나 호텔방에 있는 텔레비전 시스템, 휴대폰 음성 사서함까지 공격한다. *블루투스 기기나 *전자태그(RFID)가 장착된 신용카드도 공격대상이다. 사람들은 그들의 일상생활에서 해커들의 공격에 거의 무방비로 노출돼 있다. 그러나 해커들의 진취적 의식과 기술력을 잘 활용하면 사이버 안전을 강화하는 것은 물론 새로운 산업기술까지 만들어낼 수 있다.

마이크로소프트 최고기술책임자 출신인 네이든 미어볼드가 세운 특허관리전문회사(NPEs, non practicing entities)인 IV(Intellectual Ventures)는 전 세계에서 특허를 사들이는 것뿐 아니라 해커 출신 기술자들을 활용해 새로운 사업을 광범위하게 구상 중이다. 핵폐기물을 이용해 전력을 생산하는 방법, 폐타이어를 이용해 만든 해상 구조물로 허리케인을 막는 방법까지 고안하고 있다.

밀레니얼 세대(millennial generation)

1982~2005년 사이에 태어난 세대를 지칭하는 말이다. 베이비붐 세대의 자녀들로 앞으로 시장주도 계층이 될 것으로 전망된다. 스마트폰, 소셜네트워킹, SMS 메시징 등을 일상생활로 만들어버린 세대다.

디지털 디바이드(digital divide)

21세기는 디지털 시대다. 급변하는 정보화 흐름에 적절히 대응하고 이를 활용하는 계층과 그렇지 못한 계층 간 격차가 점차 심화될 것이라는 전망에서 나온 용어.

클라우드 컴퓨팅(cloud computing)

클라우드 컴퓨팅이란 한마디로 특정한 소프트웨어와 데이터 저장 공간 등이 필요한 컴퓨터 이용자가 사업자가 구축해 놓은 소프트웨어, 데이터 저장공간, 시스템 등을 필요할 때 필요한 만큼 빌려 쓰고 이에 대한 사용요금을 지불하는 서비스다. 클라우드 컴퓨팅의 초기 형태로 볼 수 있는 것이 웹 메일이다. 웹 메일을 사용하는 개인들은 개별 PC에 특정 소프트웨어를 깔거나 저장공간 등을 두지 않고 웹메일에 접속해 메일을 보내거나 저장한다. 사업자가 만들어 놓은 이메일 소프트웨어와 저장공간을 빌려 쓰는 셈이다. 이처럼 클라우드 컴퓨팅은 이용편리성이 높고 산업 파급효과가 커 제2의 디지털 혁명을 주도할 차세대 인터넷 서비스로 주목받고 있다.

선한 해커(white hacker, white-hat hacker)

순수하게 공부와 학업을 목적으로 해킹을 하는 사람들을 지칭하는 용어다. 정보보안 전문가라고도 한다. 개인적인 목적 때문에 악의적으로 해킹하는 나쁜 해커를 의미하는 '블랙 해커(black hacker)'와 차별화시키기 위해 만든 용어. 선한 해커는 서버의 취약점을 연구해 해킹 방어전략을 구축하는 역할을 한다.

블루투스(bluetooth)

PC, 프린터, 전화, 팩스, 휴대폰, 개인휴대단말기(PDA) 등 정보 통신기기는 물론 TV, 냉장고 등 가전제품까지 무선으로 연결해주는 기술이다. 블루투스는 10세기경 덴마크와 노르웨이를 통일한 바이킹 왕 해럴드 블루투스의 이름에서 유래됐다. 블루투스 왕이 북유럽을 통일했던 것처럼 각종 디지털 기기를 하나로 묶어 통신환경을 구축한다는 점을 의미한다.

RFID(Radio Frequency IDentification)

무선주파수 인식 시스템 또는 보통 전자태그로 불린다. IC칩을 내장해 무선으로 관련 정보를 관리하는 차세대 인식 기술이다. 출입 통제 시스템이나 전자 요금 지불 시스템에 많이 이용된다.

3

디지털 시대 유망기업

다보스 포럼은 매년 청정기술·건강·바이오테크·정보기술·뉴미디어분야에서 '기술 선각자(technology pioneer)'를 선정한다. 대부분 설립된 지 얼마 안 되는 기업들이다. 2010년에는 26개 혁신기업이 선정됐다. 이 가운데 그룹별 투표로 인류에게 큰 영향을 미칠 가능성이 높은 5개 기업을 따로 뽑았다.

첫째, 아우라 바이오사이언스(Aura Biosciences)다. 스페인계 여성 분자 생물학자 엘리자벳 피노스가 미국 보스턴에 세운 바이오 회사다. 암 환자에게 투입되는 화학 약물을 나노 크기의 단백질 세포막에 담는 신기술을 개발 중이다. 이 제품은 바이러스가 세포를 공격하는 방식에 착안, 암세포를 죽이는 약물이 건강한 세포를 피해 직접 종양에 도달할 수 있도록 한다. 다만 시장에 출시되려면 동물 실험과 임상실험 등을 포함해 8년은 더 소요될 것으로 보인다.

둘째, 바이오퓨얼박스(BioFuelBox)다. 식물에서 기름, 지방 등을 분리한 뒤 디젤엔진 연료로 사용할 수 있는 바이오연료를 추출하는 기술을 개발하고 있다. 화학물질 대신 온도와 압력으로 연료를 추출하기 때문에 친환경적이다.

셋째, 휴대폰 결제업체 오보페이(Obopay)다. 휴대폰 사용자 사이에 송금이 가능한 시스템을 개발했다. 오보페이 계좌를 개설하면 신용카드 등을 통해 타인 휴대폰으로 바로 돈을 보낼 수 있다. 이 회사는 미국, 인도, 케냐 등에서 이미 휴대폰 결제 서비스를 시작했다. 18개월 만에 600만 명 이상이 서비스에 가입했다. 특히 오보페이 결제 시스템은 금융기관이 절대적으로 부족한 저개발국에서 각광받을 것으로 전망된다. 노키아가 오보페이에 투자하면서 유명세를 타기도 했다.

넷째, 딜리디엄(Dilithium)이다. 어떤 기기로든 멀티미디어 콘텐츠를 주고받을 수 있는 일종의 모바일 비디오 인프라 솔루션을 제공하는 글로벌 업체다.

끝으로 니비오(Nivio)라는 클라우드 컴퓨팅 회사가 꼽혔다. 넷북 가격의 4분의 1 정도의 돈을 지불하면 키보드와 모니터가 딸린 셋톱박스가 제공된다. 일종의 온라인 데스크톱 컴퓨터인 셈이다. 저렴한 비용으로 윈도우 기반 컴퓨터를 사용할 수 있기 때문에 저개발국 인터넷 유저들에게 매력적인 제품으로 등장했다.

바이오기술 및 헬스 부문

아우라 바이오사이언시스 (Aura Biosciences)		퍼시픽 바이오사이언시스 (Pacific Biosciences)	
코벤티스 (Corventis)		프로티온 쎄라퓨틱스 (Proteon Therapeutics)	
마이크로칩스 (MicroCHIPS)			

에너지 및 환경 기술 부문

바이오퓨얼박스 (BioFuelBox)		에퓨라메트 (Epuramat)	
블룸 에너지 (Bloom Energy)		이쏠라 (eSolar)	
보스톤-파워 (Boston-Power)		리하이 테크놀로지스 (Lehigh Technologies)	
이노비드 (Innovid)		메타볼릭스 (Metabolix)	
VNL		시리어스 머티리얼스 (Serious Materials)	
케어 일렉트릭 에너지아 (Care Electric Energia)			

아미안도 (Amiando)	amiando event registration & ticketing	플레이피시 (Playfish)	playfish
아모비 (Amobee)	Amobee Media Systems	링센트럴 (RingCentral)	RingCentral® MAKING COMMUNICATIONS EASY
콜라브넷 (CollabNet)	COLLABNET.	스트림베이스 (StreamBase)	streambase
딜리디엄 네트웍스 (Dilithium Networks)	Dilithium	트위터 (Twitter)	twitter
오보페이 (Obopay)	obopay go mobile with your money.	우샤히디 (Ushahidi)	Ushahidi

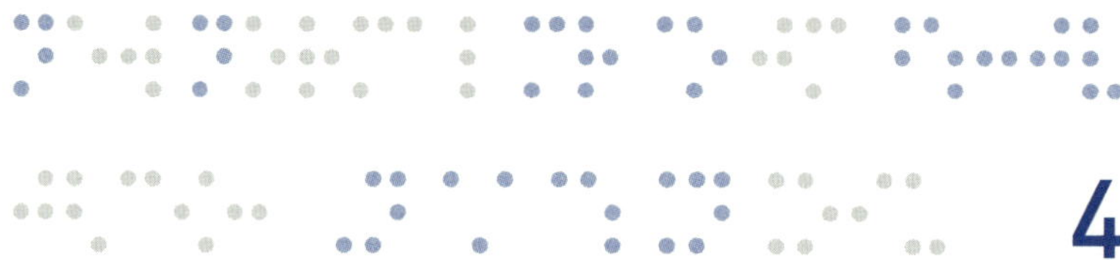

4
붐비는 세상(overcrowded world)

전 세계 인구는 60억 명에 달한다. 이 중 절반은 도시에 산다. 2050년이 되면 전체 인구의 70%가 도시 지역에 살게 될 것이다. 전 세계적으로 10억 명의 사람들이 슬럼지역·빈민가에 살고 있다. 만약 아무런 조치가 없다면 급속한 도시화로 인구 과밀화에 따른 심각한 빈곤과 광범위한 슬럼화가 나타날 것이다. 30년 내에 빈민 숫자가 20억 명에 이르게 될 것이라는 암울한 진단도 있다.

인구
폭탄

세계 인구가 10억 명에 도달하는 데 5만

년이 걸렸다. 최근 출생률이 뚝 떨어지고 있지만 2050년에는 세계 인구가 2010년 현재 60억 명에서 92억 명으로 증가할 전망이다. 앞으로 40년 안에 인구 모멘텀(population momentum)이 발생, 30억 명이 넘는 인구증가가 나타날 것이라는 이야기다.

지난 세기의 '인구 폭탄(population bomb)'과 비교해 현 세계는 '인구 클러스터 폭탄(population cluster bombs)' 앞에 직면해 있다. 서구와 일본 등 선진국에서는 인구가 줄고 있지만 후진국을 중심으로 빠른 인구 성장세가 계속되고 있기 때문이다.

르완다의 경우 세계 평균 출산율(2.3%)의 두 배를 넘어서는 5.5%의 출산율을 기록하고 있다. 정부가 100만 명의 인구를 빈곤에서 구제하기 위한 프로그램을 실시하는 와중에 또 다른 100만 명이 출생하는 셈으로 그만큼 빈곤구제에 어려움을 겪을 수밖에 없다.

도시화의
폐해를 막으려면

빈곤층과 빈민가 거주자들을 정책결정 과정에 참여시켜야 효과적인 빈민구제가 가능하다. 뭄바이(Mumbai)의 일부 불법 거주자들은 철로를 따라 거주하고 있다. 새로운 대량 운송 시스템 개발을 위해 이들 불법 거주자들의 재배치가 필요했다. 많은 불법거주자들이 이주할 의사를 내비쳤지만 더 나은 곳으로 갈 경우에만 이주하겠다고 버텼다. 경찰에 의한 강제퇴거는 폭동을 불러일으킬 소지가 있었다.

3년간의 교섭과정을 거친 후, 정부 관료들과 건축회사는 재배치 지역의 설계과정에 불법 거주자 대표의 참여를 허용했다. 재배치 계획에 불법거주자들의 참여를 허락한 뒤 2만 8,000세대가 단 한 차례의 폭력사태 없이 이주를 마칠 수 있었다.

빈민가지역 재배치계획이 성공적으로 완수되려면 거주 인프라와 고용 기회도 제공해야 한다. 정부가 모든 해결책을 제공할 필요는 없다. 그러나 민간부문과 지역사회가 움직일 수 있는 환경을 만들어 줘야 한다.

마닐라에서 수자원이 민영화된 후, 처음으로 판자촌 주민들에게 물을 공급하기 시작했다. 수도 회사가 공기업일 때는 불법 거주자인 판자촌 주민들에게 물을 제공하기 힘들었다. 불법이기 때문이다. 불법거주 주민들은 물탱크 트럭에서 기존 물 가격보다 10배나 높은 가격에 물을 구입했다.

그러나 민영화 이후 부자들은 수도세를 약간 더 지불했고, 빈곤층은 보조금을 받아 수도요금을 냈다. 수자원에서 수도꼭지까지 도달하는 중 사라지는 물의 양이 65%에서 17%로 줄었고, 가난한 불법거주자들도 수도꼭지를 갖게 됐다.

또 새로운 기술이 도시화 문제에 혁신적인 해결책을 제공할 수 있다. 최근 '스마트 더스트(smart dust)'에 대한 관심이 높다. 똑똑한 먼지를 의미하는 스마트 더스트는 먼지처럼 작은 초소형 센서를 의미하는 말이다. 먼지 크기의 초소형 센서를 건물이나 의복, 지하철 등에 뿌려 놓으면 필요한 각종 정보를 습득할 수 있다. 스마트

더스트를 활용할 경우 건물 유지·보수 등 다양한 문제들을 실시간
으로 해결할 수 있다. 대도시 자동차 교통상황을 핸드폰을 이용해
모니터할 수도 있다.

다보스 포럼이란?

다보스 포럼의 정식명칭은 세계 경제포럼(WEF, world economic forum)이다. 매년 1월 말 스위스 다보스에서 열리기 때문에 보통 다보스 포럼이라는 별칭으로 불린다.

다보스 포럼은 현 스위스 제네바대 교수이자 다보스 포럼 창립자인 클라우스 슈밥 교수가 지난 1971년 '유럽 경영심포지움' 이라는 이름으로 만들었다. 처음에는 유럽 기업인들을 모아놓고 유럽 경제 문제를 논의하는 지역적 특성이 강하게 반영된 지역 포럼 형태였다. 그러나 1987년 포럼 명칭을 세계 경제포럼으로 바꾸고 정계 · 재계 · 학계 · 미디어 · 사회단체분야 글로벌 거물들을 대거 초청하면서 다양한 지구촌 현안을 다루는 세계 최대 포럼으로 성장했다.

다보스 포럼은
값 비싼 포럼

다보스 포럼은 참석하고 싶다고 해서 아무나 참석할 수 있는 포럼이 아니다. 포럼에 참석하려면 세계 경제포럼 사무국으로부터 초청장을 받아야 할 만큼 폐쇄성이 강한 포럼이다. 초청장을 받았더라도 포럼 참가를 위해 지불해야 할 돈이 만만치 않다.

포럼 회원의 경우 포럼 사무국에 매년 지불해야 하는 회원비용만 4만 스위스 프랑을 훌쩍 넘어선다. 원화환율을 감안하면 5,000만 원에 가까운 돈이다. 또 참가비만 2만 스위스 프랑을 넘어선다. 결국 포럼회원도 7,000~8,000만 원대의 돈을 내야만 포럼에 참석할 수 있다는 얘기다. 항공과 숙식도 스스로 해결해야 한다. 3성급 호텔이라도 하루 숙박비가 40만 원을 훌쩍 넘어선다.

전 세계 언론도 쉽게 다보스 포럼을 취재할 수 없다. 다보스 포럼 취재허가를 받기가 어렵기 때문이다. 사실 세계 경제포럼 사무국으로부터 취재허가를 받을 수 있는 한국 언론매체는 1~2곳에 불과하다. 전 세계 모든 언론매체들이 다보스 포럼을 취재하고 싶어 하지만 기자실 수용인원이 한정돼 있기 때문이다.

다보스 포럼에
왜 세계의 눈과 귀가 쏠릴까

이처럼 값 비싼 포럼인데도 불구하고 왜 전 세계 거물들은 다보스 포럼에 열성적으로 참여하려고 할까? 매년 전 세계 거물 2,500여 명이 다보스 포럼을 즐겨 찾는 데에는 몇 가지 이유가 있다.

첫째, 포럼 콘텐츠를 활용하기 위해서다. 다보스 포럼에 참석하는 전 세계 학계·재계·정계 글로벌 리더들이 내놓는 한 마디 한 마디가 모두 세계 질서와 글로벌 경제 흐름에 대한 통찰력과 혜안을 제시한다. 연초에 글로벌 거물들이 제시하는 그해의 트렌드와 주요 이슈를 미리 점검하고 기업·정부 경영에 활용하기 위해 다보스 포럼을 찾는다.

둘째, 네트워킹, 즉 인맥관리 차원이다. 기업이나 국가를 경영할 때 네트워킹은 중요한 역할을 한다. 당장은 몰라도 네트워킹을 잘하는 사람이 나중에 성공할 확률이 높다. 글로벌 리더들에게 네트워킹 차원에서 다보스 포럼만큼 더 좋은 자리는 없다. 전 세계에서 영향력을 행사하는 사람들을 한 자리에서 만날 수 있다는 것은 상당한 매력이다. 실제로 다보스 포럼에 참석하면 공식 세션 외에 참석자 간 네트워킹을 할 수 있는 기회가 많이 제공된다. 200여 개를 넘는 공식 세션 외에 오찬이나 저녁 만찬은 모두 네트워킹을 위한 이벤트로 보면 된다.

2010년 다보스 포럼에는 전 세계 90여 개국에서 2,500여 명이 참석했다. 이만큼 다양한 지역에서 다양한 부류의 사람들이 참석하는 민간 차원의 국제 포럼은 한국에서 열리는 세계지식포럼 외에 다보스 포럼이 유일하다. 다보스 포럼이 민간 유엔기구로 불리는 이유다.

셋째, 다보스 포럼이 중립국가인 스위스에서 열리는 점도 다보스 포럼의 성공요인 중 하나다. 이념의 굴레에 빠져들지 않고 글로벌 리더들이 모여 부담 없이 자신들의 생각을 펼칠 수 있다는 점에서 중립국인 스위스는 매력적인 포럼 장소로 간주된다.

또 일각에서는 스위스의 아름다운 자연환경도 다보스 포럼 성장에 기여한 것으로 본다. 다보스는 해발 1,540m에 위치한 전형적인 스키 휴양지로 눈 덮힌 주변경치는 탄성을 자아낼 정도로 아름답다. 때문에 평소에 시간을 내기 힘든 기업 CEO들이 아름다운 자연 환경 속에서 여유로움을 즐기며 포럼에 참석하기 위해 다보스를 찾는다는 설명이다.

2010 다보스 포럼이
다룬 주제

다보스 포럼의 정식 명칭은 세계 경제포럼이다. 그러나 경제문제만 다루는 것은 아니다. 다보스 포럼은 다양한 분야의 글로벌 전문가들과 리더, 그리고 지도급 인사들이 경제문제는 물론 에너지, 과학, IT, 사회적 불균형, 고령화 등 다양한 사안을 놓고 대화를 통해 개선 · 발전방향을 만들어가는 자리다.

2010년 다보스 포럼은 1월 27일부터 31일까지 닷새간 다보스에서 열렸다. 2010년 40주년을 맞은 다보스 포럼의 주제는 '더 좋은 세상 만들기 : 재사고, 재디자인, 재건설(Improve the sate of the world : rethink, redesign, rebuild)' 이었다. 제2의 대공황이 될지 모른다는 불안감을 안겨줬던 2008~2009년 글로벌 경제 · 금융 위기가 안정 국면에 접어들면서 이제부터는 더 좋은 세상을 만들기 위해 현재의 도전과 미래 위험을 해결할 수 있도록 세계의 틀을 다시 생각하고 다시 디자인하는 한편 다시 세워나가자는 의미다. 또 그동안 글로벌 리더들이 대거 참석하는 다보스 포럼이 단순히 화려한 말잔치에 그치고 있다는 비판을 받았던 만큼 이번에는 생각에만 그치지 말고 실제 행동으로 옮길 수 있는 대안을 내놓자는 의미도 담고 있다.

사실 2009년 1월 다보스 포럼이 열릴 때만 해도 제2의 대공황, 일자리 대란, 생존전략, 디프레션 등의 암울한 단어가 포럼 분위기를 압도했다. 주제도 탈위기 후 세계질서 재편으로 잡을 만큼 한 치 앞을 내다보기 힘든 불확실성 속에 뒤덮여 있었다. 그러나 1년여 만에 상황이 확 달라졌다. 2010년 다보스 포럼 이슈는 글로벌 경기 회생, 일자리 창출, 유동성 긴축, 금리 인상 등 출구전략, 기업 투자확대 전략, 그리고 신 세계질서에 맞는 신자본주의 구축하기 등에 맞춰졌다.

2010 다보스 포럼에는 빌 게이츠 게이츠재단 공동창업자, 조지 소로스 소로스펀드 회장, 에릭 슈미츠 구글 회장, 존 체임버스 시스코 회장, 양 위앤칭 레노보 회장, 인드라 누이 펩시 회장, 아짐 프렘지 위프로 회장, 누리엘 루비니 뉴욕대 교수 등이 참석했다.

한국만의 특별한 행사
'코리아 나이트'

2009년에 이어 2010년 다보스 포럼 현장에서 한국 재계는 한국 브랜드 가치를 끌어올리기 위한 '코리아 나이트(Korea night)' 행사를 개최했다.

이명박 대통령 숙소 호텔인 모로사니 슈바이처호프 호텔에서 열린 코리아 나이트 행사에 400여 명의 다보스 참가자들이 대거 참석하는 성황을 이뤘다. 2010년 코리아 나이트는 'Green Greetings(녹색 인사)'를 주제로 다양한 한국 문화와 G20에 대한 한국의 준비상황을 알리는 데 초점을 맞췄다. 식사로 삼색 황제김치, 꼬치 갈비, 나물반찬, 비빔밥 등 한식이 제공됐고 대통령 특별기로 공수된 막걸리도 곁들여졌다.

코리아 나이트에 참석한 최태원 SK 회장은 "코리아 나이트가 2010년 다보스에서 열린 가장 핫(hot)한 이벤트였다"며 "코리아 나이트 행사에 참석한 글로벌 연사들의 수준과 숫자만 보더라도 한국에 대한 세계의 관심이 어느 정도인지 알 수 있다"고 호평했다. 문정인 연세대 교수는 "2009년 코리아 나이트 행사 때보다 훨씬 많은 사람이 모였다"며 "한국의 위상이 그만큼 높아졌다는 방증"이라고 평가했다.

조양호 한진그룹 회장은 "미주나 유럽 대신 아시아, 특히 한국에 대한 국제사회 관심이 점점 커지고 있어 기쁘다"며 "평창 동계올림픽을 준비하는 데도 많은 도움이 될 것"으로 기대했다.

이 날 행사에 참석한 해외 글로벌 거물들도 코리아 나이트 행사를 치켜세웠다. 차히야 엘벡도르지 몽골 대통령은 "한국은 몽골에 항상 영감을 심어주는 나라"라며 "몽골이 민주주의를 확립하고 자유시장 시스템을 강화하는 데 한국이 벤치마킹 대상"이라고 전했다. 엘벡도르지 대통령은 "코리아 나이트 행사가 한국 문화의 우수성과 국제사회에서의 한국의 위상을 보여주는 자리가 됐다"고 덧붙였다.

앙헬 구리아 경제협력개발기구(OECD) 사무총장은 "이명박 대통령의 다보스 특별 강연 내용이 참석자들의 공감을 사면서 코리아 나이트 행사에도 글로벌 리더들이 많이 참여한 것 같다"고 덕담을 건넸다.

빌 로즈 시티그룹 부회장도 "코리아 나이트 행사를 성대하게 치러낸 것처럼 한국 정부가 2010년 G20 행사도 훌륭하게 치러낼 것 같다"고 기대했다.

2010년 코리아 나이트 행사에 참석한 해외리더들은 벨기에 필립 왕세자 내외, 차히야 엘벡도르지 몽골 대통령, 앙헬 구리아 OECD 사무총장, 모건 창기라이 짐바브웨 총리, 도미니크 바튼 맥킨지 회장, 케네스 로고프 하버드대 교수 등이다.

국내 인사로 조석래 전경련 회장, 장대환 매일경제신문·TV 회장, 최태원 SK 회장, 김승연 한화 회장, 조양호 한진 회장, 류진 풍산그룹 회장, 정의선 현대차 부회장 등이 참석했고 정몽준 한나라당 대표를 비롯해 나경원 한나라당 의원 등 10여 명의 정치인도 자리를 함께 했다. 사공일 G20 정상회의준비위원장, 곽승준 미래기획위원장 등 정부 인사들도 대거 참석했다.